アメリカ合衆国(アラスカとハワイを除く)と

国勢調査の地域分類

Ⓐニューイングランド	Ⓓ西北中部	Ⓖ西南中部
Ⓑ大西洋沿岸中部	Ⓔ大西洋沿岸南部	Ⓗ山岳部
Ⓒ東北中部	Ⓕ東南中部	Ⓘ太平洋沿岸

初期アメリカの連邦構造

内陸開発政策と州主権

櫛田久代❖著
hisayo kushida

北海道大学出版会

THE FEDERAL STRUCTURE IN EARLY AMERICA
National Internal Improvement Policies and States' Rights
Hisayo KUSHIDA
Hokkaido University Press, 2009

目次

初期アメリカの連邦構造——内陸開発政策と州主権

年間の運河建設状況

Charles Scribner's Sons, 1984), pp.124-25 より作成。

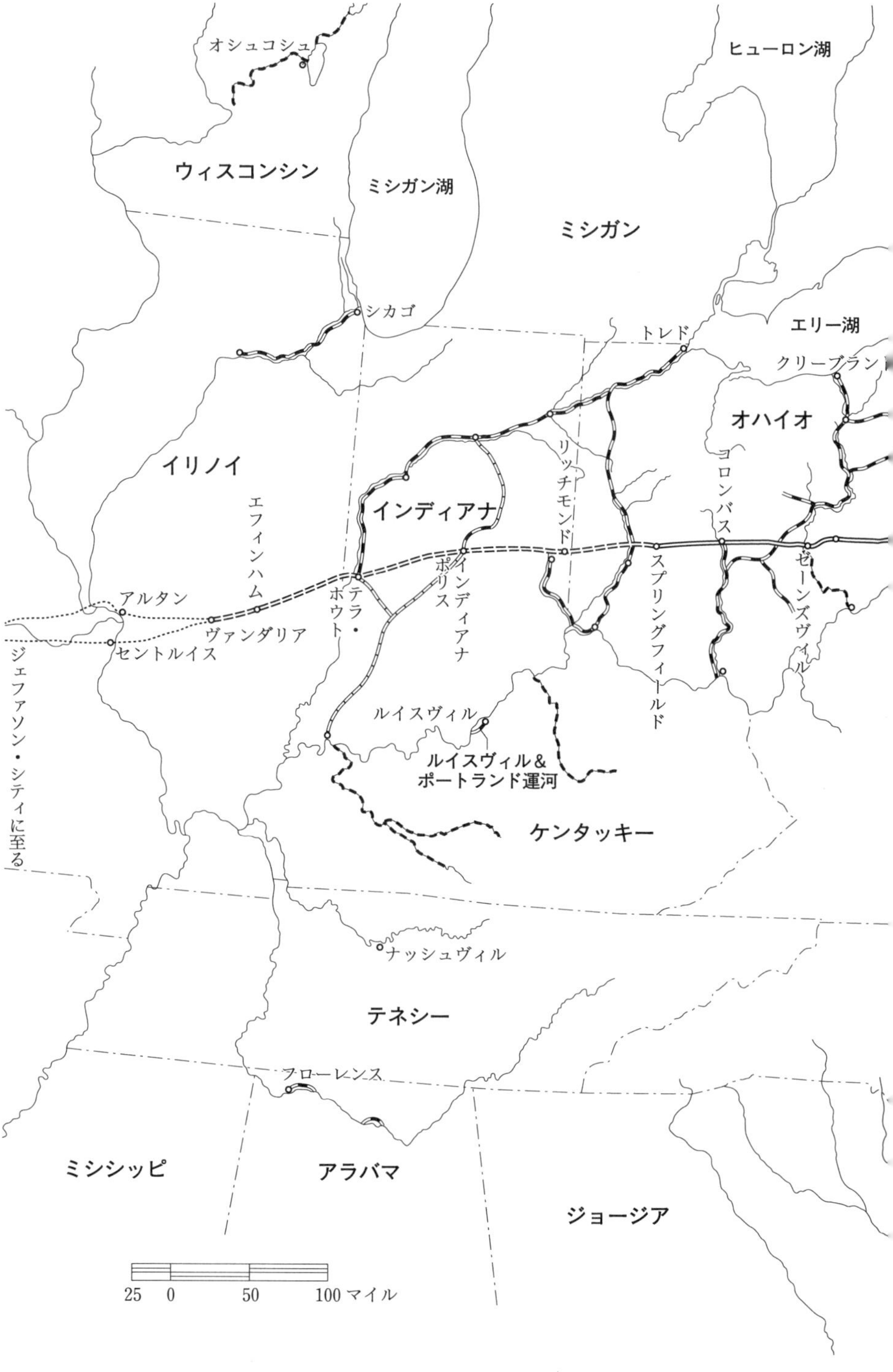

地図1　カンバーランド国道建設事業および1785-185

出所）*Atlas of American History*, 2nd ed. (New York

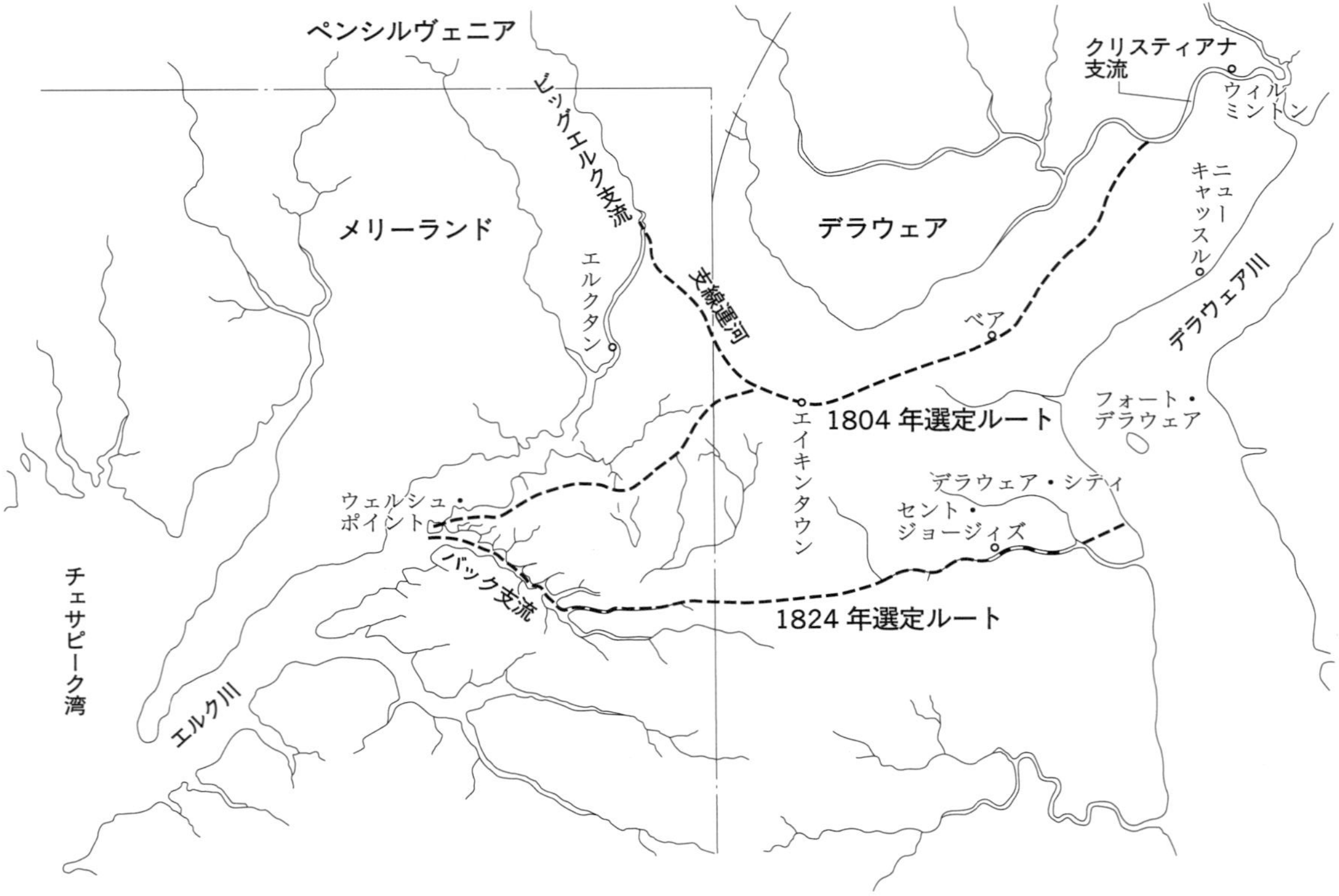

地図 2　チェサピーク＆デラウェア運河（1804 年ルート／1824 年ルート）

出所） Ralph D. Gray, *The National Waterway: A History of the Chesapeake and Delaware Canal, 1769–1985*, 2rd ed. (Urbana: University of Illinois Press, 1989).

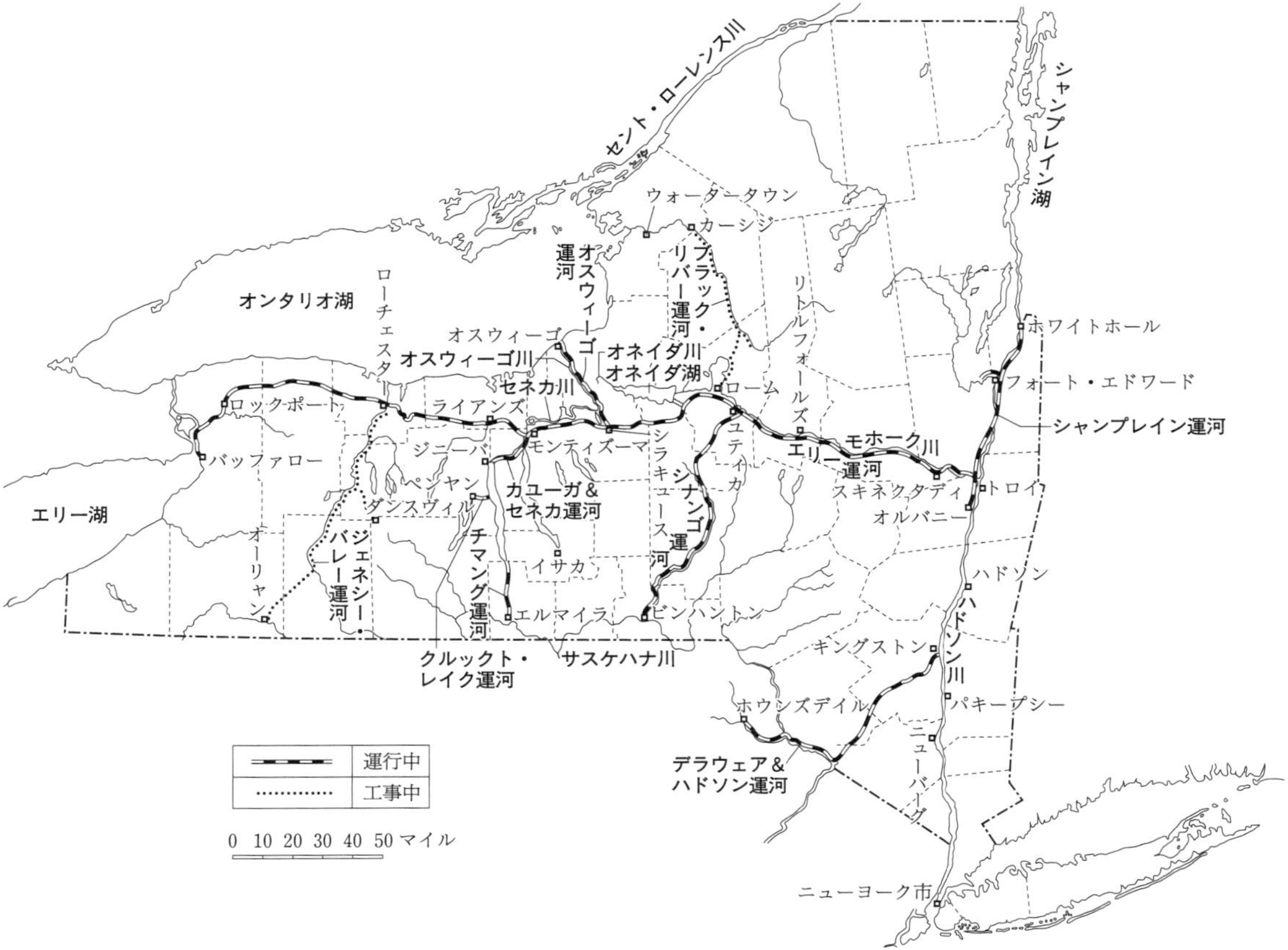

地図3　1838年当時ニューヨーク州内の運河：エリー運河，シャンプレイン運河他

出所）Nathan Miller, *The Enterprise of a Free People: Aspects of Economic Development in New York State during the Canal Period, 1792-1838* (Ithaca: Cornell University Press, 1962).

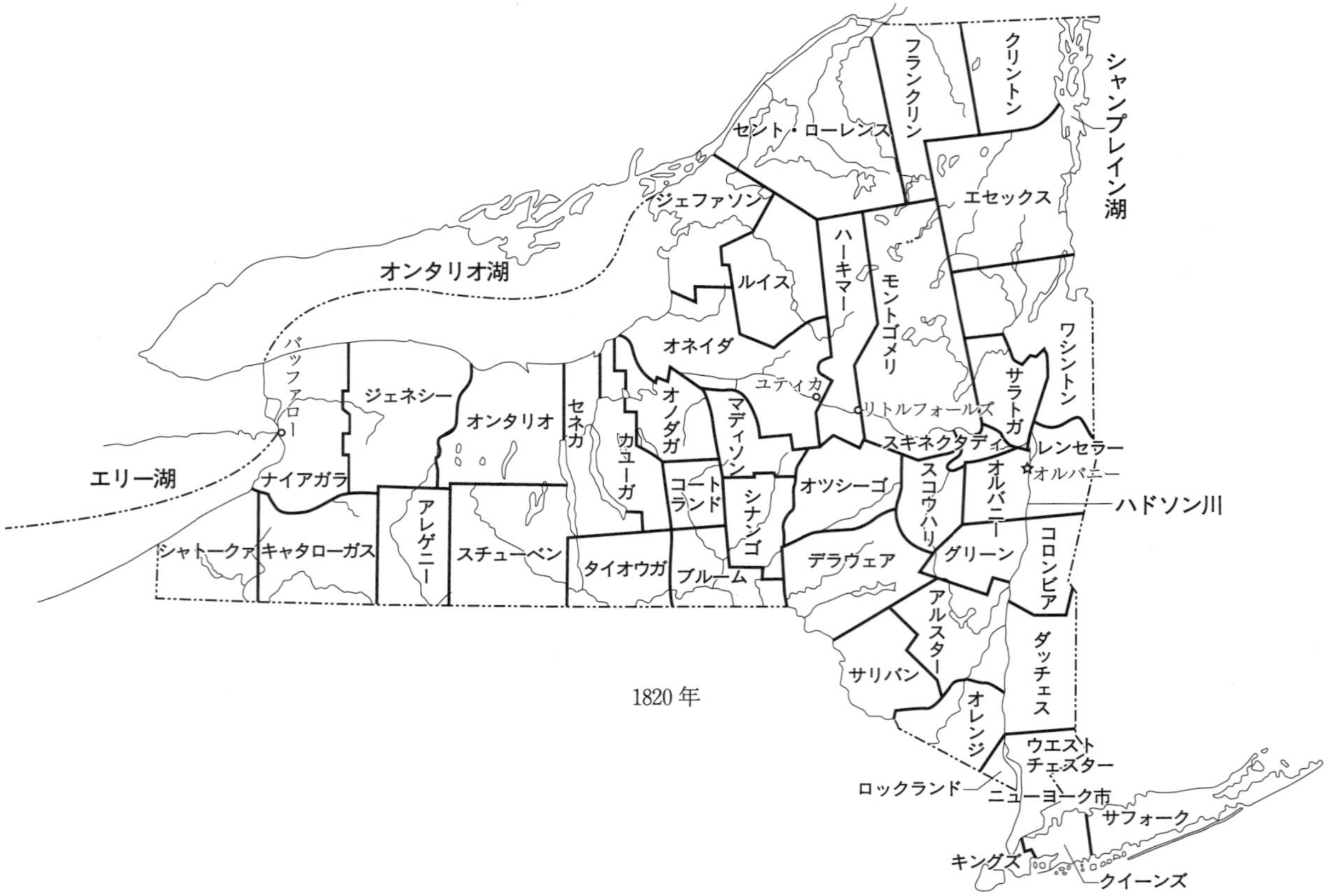
エリー湖
オンタリオ湖
シャンプレイン湖
ハドソン川
バッファロー
ユティカ
リトルフォールズ
オルバニー
シャトークァ
キャタローガス
ナイアガラ
ジェネシー
アレゲニー
スチューベン
オンタリオ
セネカ
カユーガ
タイオウガ
オノダガ
コートランド
ブルーム
マディソン
シナンゴ
オネイダ
ルイス
ジェファソン
セント・ローレンス
フランクリン
クリントン
エセックス
ハーキマー
モントゴメリ
ワシントン
サラトガ
スキネクタディ
レンセラー
オルバニー
スコウハリ
オツシーゴ
デラウェア
グリーン
コロンビア
アルスター
サリバン
ダッチェス
オレンジ
ウエストチェスター
ロックランド
ニューヨーク市
サフォーク
キングズ
クイーンズ
1820年

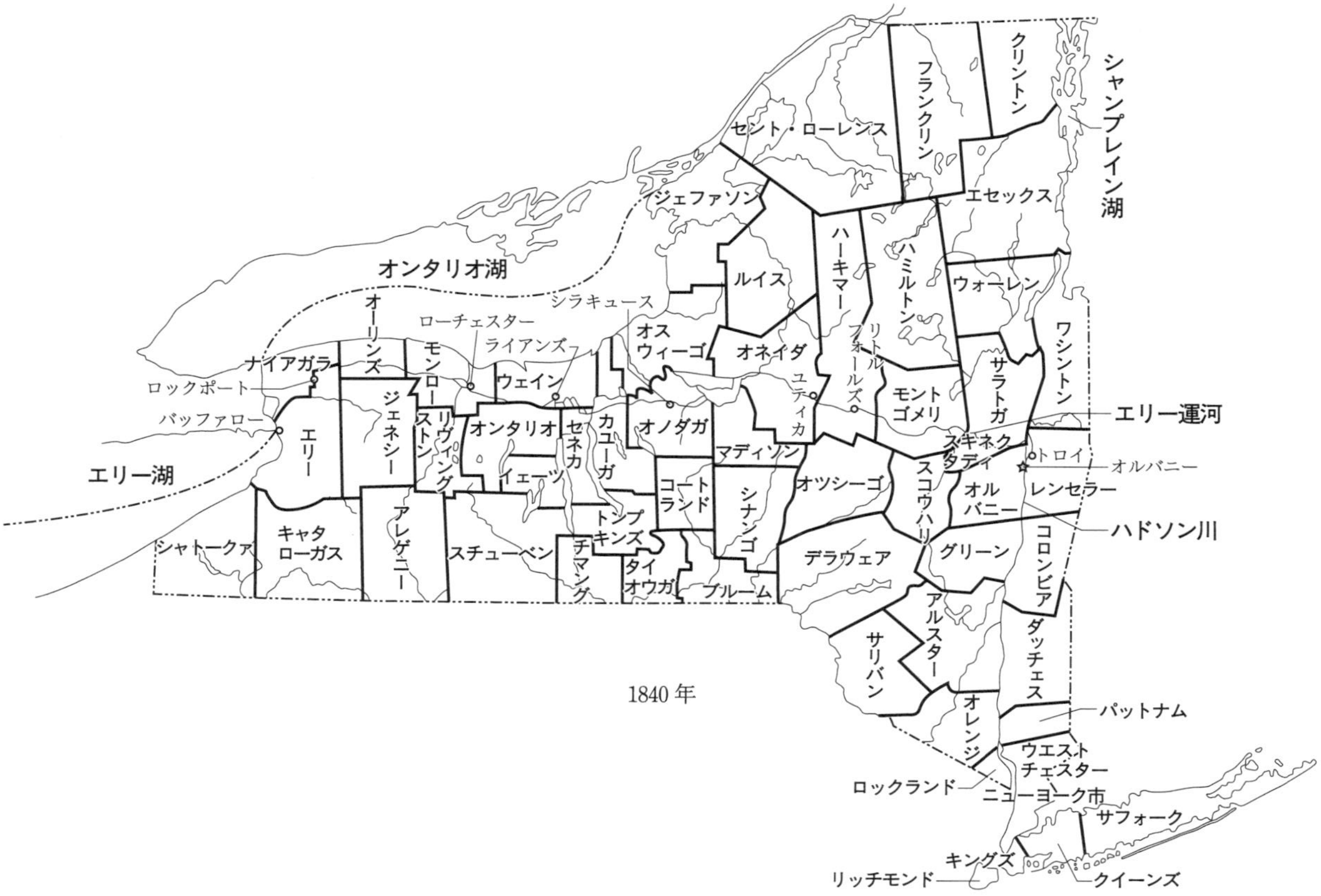

地図4　ニューヨーク州のカウンティ（1820年／1840年）

出所）Roger E. Carp, "The Erie Canal and the Liberal Challange to Classical Republicanism, 1785-1850" (Ph. D. diss., University of North Carolina at Chapel Hill, 1986).

序章　問題の所在

一九世紀アメリカ合衆国の歴史は、領土拡張とそれに伴う州の増加、連邦制の領域的拡大の歴史であるといってよい。アメリカの領土は、当初大西洋からミシシッピ川に至る地域を含めたにすぎなかった。しかし、一八〇三年、フランスからルイジアナ地域を購入したことで、その領土は、独立時一七八三年の二倍に拡大した。その後も、フロリダ購入、テキサス併合、カリフォルニアおよびニューメキシコ購入、国境画定によるオレゴン地域編入と見られるように、購入ないしは併合等によって内陸部の地域が次々とアメリカ領に加えられていった。建国から約六〇年で、アメリカは大西洋と太平洋にまたがる大陸国家になるのである。建国時一三州であったアメリカ合衆国の構成州は一八六〇年までに三三州になる。しかも、南北戦争後の一八六七年には、ロシアからアラスカ地域を購入し、アメリカの領土拡張はさらに続くのである。

第一節　初期アメリカの内陸開発論争

一　連邦政府の開発権限をめぐって

初代大統領となるジョージ・ワシントンは早くからアメリカ国内の交通網開発の必要性を認識していた人物の一人である。アメリカの大西洋側は内陸部に入ると、峻厳なアパラチア山脈が、北はアレゲニー山脈、南はブルーリッジ山脈等と幾重にも折り重なるように南北を走っており、これらの山脈が大西洋沿岸部の東部と内陸部の西部という二つの地域を隔てていた。独立戦争前からワシントンは、東西を結ぶ主要通商河川として地元ヴァージニアを流れるポトマック川の河川改修を積極的に推進していた。同時に、ポトマック川、オハイオ川、ミシシッピ川とメキシコ湾岸のニューオリンズを結ぶ広域の水上交易網を構想していたことで知られる。

ところで、イギリス植民地時代のアメリカの交通網開発は、主に各植民地単位で行われてきた。ニューイングランドではタウン、その他の地域ではカウンティの地方行政機関が橋梁、道路などの建設、維持、補修に当たっており、各地の河川では植民地議会ないしカウンティ当局から認可を受けた民営の渡し船が運航していた。合衆国の誕生とともに、軍事的、通商的、人的交流の観点から、各地で州間を越えた交通網開発を推進する動きはあったものの、交通政策は独立後もそれぞれの州の管轄事項である点に変わりはなかった。連邦政府が交通網の開発主体としての役割を担うかどうかが議題となるのは、一七八七年にフィラデルフィアで開かれた合衆国憲法制定会議においてである。そこでは、連邦政府に国内の道路ならびに運河の開発権限を与えるかどうかが争点となった。

同会議において道路や運河の開発権限を連邦政府に付与しようとした推進派には、フェデラリスツ(federalists)として知られるペンシルヴェニア州代表のベンジャミン・フランクリン、ジェイムズ・ウィルソン、ヴァージニア州代表のジェイムズ・マディソンがいた。推進派は、連邦政府が開発主体となることで交通網が整備され、国内の人的交流、通商の発達を促進し諸州間の結びつきを強めることになるという利点を主張した。一方、マサチューセッツ州代表のルーファス・キング、コネチカット州代表のロジャー・シャーマンのアンティフェデラリスツ(antifederalists)は反対派としての論陣を張った。反対派の意見には、連邦権限の拡大を制限しようとする意図が明らかに見受けられた。また、彼らは中央政府が開発権限をもつことで、かえって、一部地域の利益を促進することになり、州間対立を生じさせる可能性を問題視したのであった。連邦強化を目指すフェデラリスツと、中央集権的連邦強化に反対し緩やかな連邦制の下で州の自律性を確保しようとするアンティフェデラリスツとの対立が、連邦政府の交通網開発権、すなわち内陸開発権をめぐっても顕著に見られたのである。結局、憲法制定会議では、郵便局および郵便道路を整備する連邦政府の権限は支持されたものの、運河の開発権限は否決されたため、成立した合衆国憲法の中で道路ないし運河に関して明確な開発規定がおかれることはなかった。

一七八八年に批准されたアメリカ合衆国憲法はその第一条第八節において、連邦議会の権限、すなわち、連邦政府の管轄領域を具体的に明示する。そこでは、税金、公債発行、通商規制、貨幣の鋳造と度量衡の標準設定、郵便制度、裁判所の設立、軍隊の維持といった事業が列挙され、最後に、憲法上「必要かつ適切なすべての法律を制定する」権限が付け加えられている。さらに、第一回連邦議会発足直後マディソンによって提案され、批准に必要な州の賛成を得て一七九一年成立した修正第一条から一〇条、いわゆる「権利の章典」の中の修正第一〇条では、連邦政府に付与されていない権限は州および個人にあると定められた。連邦政府の開発権限に関して、憲法上明確な規定がないことが、後年連邦政府の内陸開発権限をめぐっての論争を呼ぶことになるのである。

この内陸開発論争について敷衍していえば、憲法制定会議におけるフェデラリスツとアンティフェデラリスツ間の論争は、連邦政府の内陸開発権を積極的に認める支持派とそれを否定する反対派との論争へと受け継がれていくことになる。この憲法論争において、支持派は憲法を広義に解釈し文言を柔軟に捉え直したのに対し、反対派は厳格解釈に基づいてそれを否定した。フェデラリスツの思考的枠組みを継ぐ支持派は国家的な観点から連邦政府の内陸開発政策を推進し、ナショナリストの様相を呈することになる。一方、アンティフェデラリスツの流れを汲む反対派は反中央集権主義的観点から州権論を強く唱え、州を基盤とするアンティフェデラル(反連邦主義的)な様相を強めていく。そして、憲法論争を伴うこの政策論争は、連邦制をいかに捉え機能させていくかという問題と深くかかわっていくのである。ところで、厄介なことに、上記の両者の対立は、地元の地域利害にかかわる開発事業が争点となったとき、ナショナリストも反連邦主義者もともにセクショナリスト(地域主義者)の様相を呈するという側面が見られた。そのため、連邦政府の内陸開発政策が形成される過程は、合衆国憲法の拡大解釈を行う推進派と厳格解釈にこだわる反対派との間の単純なイデオロギー上の二項対立では捉えられない側面もあったのである。

ちなみに、憲法制定後、反連邦主義の立場から連邦制を明確に定義したものが、一七九八年のヴァージニア決議およびケンタッキー決議である。ヴァージニア決議は、合衆国憲法制定期にフェデラリスツの代表的論者として知られた後の第四代大統領ジェイムズ・マディソンが、また、ケンタッキー決議は後の第三代大統領トマス・ジェファソンが起草したものである。マディソンは、ワシントン政権発足後、アレグザンダー・ハミルトン財務長官の財政政策に反対し、ハミルトンらフェデラリスト(Federalist)党に対抗して、ジェファソンとともにデモクラティック・リパブリカン党を結成し、外交政策の上でも親英路線をとるワシントン政権に対する批判を強めていくのである。なおこの党派対立は厳密には近代政党制とは異なるが、一般に第一次政党制と称されており、本

書では「党」という名称を便宜上用いる。(1)

第二代ジョン・アダムズ大統領時代には、外国人・治安諸法への反対から、マディソンは前述のヴァージニア決議を起草するに至った。同決議は合衆国憲法に対する確固とした支持を表明しつつも、フェデラリスト政権とは異なる憲法解釈を展開したものであった。(2)決議は「連邦政府が当協約によって認可されない他の権限を、故意にあからさまにかつ危険に行使する場合、協約の当事者である諸州は、その悪しき展開を阻止し、州に属する権限、権利そして自由を、その各々の限界内に維持するために、干渉する権利と義務がある」(3)という。これは連邦強化に反対して州主権を基盤とする緩やかな連邦制を擁護し、また、州にとって違憲な連邦法を無効と宣言する権利を容認することで、各州内で州の主権が優位に立つことを明確にしたものである。このヴァージニア決議はジェファソンが起草したケンタッキー決議と並んで、州権の立場から連邦制を再定義するものとなった。

連邦政府権力の解釈をめぐってマディソンの政治思想が一七九〇年代に変節したのかどうかについては研究者の間で諸説ある。(4)ヴァージニアおよびケンタッキー両決議は、その後「九八年の精神」あるいは「原則」として合衆国憲法の厳格解釈論、州権論の古典となる。一八二八年から三三年にかけてサウスカロライナ州で繰り広げられた保護関税法の無効宣言論争においてもその論拠として用いられた。ちなみに、論争当時存命であったマディソンは、自らかかわった決議が間違って援用されていると無効宣言派を批判し、むしろ無効宣言を違憲とみなし連邦維持に邁進するアンドルー・ジャクソン大統領を支持するのである。(5)

二　初期アメリカにおける連邦内陸開発政策

さて、南北戦争前の国内交通網の発達を概観しておこう。一般的に、建国期から一八一〇年代はペンシルヴェニア州のランカスター有料道路の成功によって代表される「道路の時代」、一八二〇年代から三〇年代は一八二五年に全面開通したニューヨーク州のエリー運河の成功に刺激され始まった「運河の時代」、一八五〇年代は「鉄道の時代」と称される。(6) 連邦政府の開発政策は、連邦議会の審議の場でしばしば反連邦主義者から憲法違反として激しい非難を受けることになったとはいえ、連邦政府は、道路の時代も、運河の時代も、鉄道の時代も、何らかの形で国内交通網の開発にかかわってきた。港湾整備、カンバーランド国道、郵便道路の整備等である。それでは、連邦政府はどのように内陸開発政策を実施してきたのか。

連邦政府による交通網整備の第一歩といえるのが、ワシントン政権発足後の一七八九年八月に成立した連邦政府による港湾整備法である。これは連邦資金で国内の船舶の安全航行を確保するために灯台、ブイ、桟橋等の港湾整備を行うものである。同法は港湾整備の対象地域に対して州政府が連邦政府に管轄権を移譲するという法的措置をとり、合衆国憲法の範囲内で州の管轄権と抵触しないように工夫していた。以後、交易の盛んな地域に若干偏りがあったものの、同様な方式を用いて港湾整備が全国で実施されていった。もう一つの事例としては、ジェファソン政権期のカンバーランド国道建設がある。これは一八〇二年オハイオが準州から州に昇格した際、公有地の売却益の一部を州際道路建設に充てる基金が設立されたことに端を発している。その後一八〇六年に成立したカンバーランド国道建設法は、道路が通過する州の同意を条件に連邦政府が州際道路を建設するきっかけとなった。いずれも開発対象地域の選定をめぐって利害対立が起こったとはいえ、諸州の利害を調整しながら連邦政府が国内交通網を整備する際の先例となった。

一九世紀初期、連邦政府による内陸開発政策を支持したのは、民間資本が未発達で財政基盤の弱い地域や、新規加盟州ならびに準州だけではなかった。内陸部に広大な後背地を抱えるペンシルヴェニア州やニューヨーク州も熱心に連邦議会に請願活動を行っていた。その一方で、交通網の整備が進んでいたニューイングランドの諸州では交通事業は州管轄であるとの考え方が強かったため、連邦政策に対して諸州間には明白な対立があった。連邦の内陸開発政策をめぐる議論の中で画期となったのが一八〇八年の「道路と運河に関する報告書」である。これは、合衆国憲法の範囲内で可能な内陸開発計画を提言するもので、カンバーランド国道の構想に深くかかわったジェファソン政権の財務長官アルバート・ギャラティンが、連邦上院の求めに応じて提出したものであった。同報告書は、連邦政府が初めて公式に発表した国家規模の体系的な開発計画である。その後の内陸開発政策をめぐる議論は、報告書が提案した連邦助成方法ならびに国家的に意義があると認められた一連の開発事業を軸に、繰り広げられていくのである。

ギャラティンの報告書は連邦の内陸開発政策論議を活発化させることになったのであるが、連邦政府による開発政策が具体化するのは、一八一二年英米戦争後である。戦後の経済復興の一環として国内交通網の整備を政策課題として掲げたマディソン政権末期において、連邦法としては初めて連邦資金を用いた内陸開発法案（ボーナス法案）が上下両院で可決をみたからである。しかし、このときは、マディソン大統領が拒否権を発動したことで、国内交通網の開発政策は頓挫することになった。

ボーナス法案に対するマディソンの拒否権は、現行憲法の中で連邦政府に開発権限がなく違憲であると表明したものであった。マディソンの拒否権発動の意図は、ヴァージニア決議の再主張といえなくもないが、当時の政治的な文脈という点で見れば、連邦政府の開発権限を定義するものとなった点は認められる。しかしながら、これによって連邦政府の内陸開発権限問題が収束したわけではなかった。連邦制の解釈をめぐる政策論争は、次期ジェイムズ・モンロー政権にも受け継がれたからである。モンロー政権では、カンバーランド国道の維持補修費用の出所をめぐり憲法問題が再燃することになるのである。

とはいえ、同国道の維持補修問題の解決を契機に、モンロー政権はこれまでの内陸開発政策方針を大きく転換させることになる。その後、連邦政府が国内の交通網開発事業の測量を含めた事前調査を支援する一八二四年の全体調査法が成立しただけでなく、連邦政府による国内の内陸開発事業に対する助成が活発化した。この流れは次期ジョン・Q・アダムズ政権においても受け継がれ、モンロー、アダムズ両政権が進めた連邦の内陸開発政策は、連邦政府の助力によって国内経済の自立的発展を目指すアメリカン・システム（アメリカ体制）の一部を構成したのである。ここにおいて、分権的な政治構造の中でいかに連邦政府による内陸開発助成を実施するのか、という長年の争点がひとまず決着をみた。

しかし、続くアンドルー・ジャクソン政権は、全体調査法を支える陸軍工兵隊の活用縮小に転じ、全体調査法に基づく開発支援方式を骨抜きにした。しかも、ジャクソン大統領は、一八三〇年にケンタッキー州内のメイスヴィル有料道路会社出資法案に拒否権を発動しただけでなく、これまで行われてきた国内の開発事業に対する助成政策の見直しを図っていった。これら内陸開発政策論争は、国内で連邦政策をめぐる対立軸を形成し、民主党とホイッグ党からなる第二次政党制への政界再編を促していくことになるのである。この第二次政党制はアメリカ合衆国における本格的な政党政治の幕開けとなるものである。

ところで、いわゆる、アメリカン・システムの時代においてすら、国内においては反連邦主義的傾向は一向に衰えることはなかった。それどころか、連邦制の中で、連邦政策への不満から、一部の州では州権論の主張が急進化し連邦離れを招く結果にもなった。皮肉なことに、かつて連邦政府による内陸開発政策の積極的支持者であり、先述のボーナス法案の起草者でもあったジョン・C・カルフーンは、連邦政府に対する苛烈な批判派に転じていく。彼は、一八一〇年代にはナショナリストの言説で知られた人物であり、一八一二年英米戦争の開戦を強硬に主張した主戦論者の一人であった。ボーナス法案が当初提示した体系的な国内交通網の開発構想は、ハミルトン、ギャラティンの内陸開発構想の系譜に連なるもので、カルフーンは革命第二世代の中でも正統派のナショナリストに位置づけられる人物であった。ところが、ナショナリストで知られたカルフーンは、その後セクショナリストに転じ、反連邦主義的傾向の強固な州権論の観点から南部に不利益をもたらす連邦政策を激しく批判していくのである。

カルフーンがナショナリストから反連邦主義者への転向を鮮明にするのは、ジャクソン政権の副大統領時代のことであった。彼は、一八二八年末、保護関税法への反発から、連邦法に対し州の立場から違憲無効と宣言する理論を展開し、地元サウスカロライナ州をはじめ南部において反連邦主義の理論的リーダーとなっていくのである。一八三〇年代初めの反連邦主義は実際に連邦の解体をもたらすものではなかったし、その意図もなかった。この連邦法の否定がアメリカ連邦制の否定、すなわち連邦からの離脱に向かう南北戦争に至るまでには、さらに三〇年弱の年月を要する。その間、奴隷制度をはじめとした地域間の政治的、社会的かつ経済的対立が連邦制の枠組みの中で解決できないまでに積み重ねられ、民主党と共和党からなる第三次政党制への再編ならびに南部の連邦離脱に始まる南北戦争に発展していくのである。

第二節　本書の目的――先行研究の概観を通して

反連邦主義は、合衆国憲法制定期のアンティフェデラリスツの流れを汲む。一般に反連邦主義は、一九世紀の第1四半世紀における経済史の観点から見れば、国民経済の形成を阻害する地域主義すなわちセクショナリズムの問題であり、政治史の観点から見れば、アメリカ民主主義の一側面、州権論でありかつセクショナリズムの台頭と見ることができる。いずれも脱ないし反中央集権的傾向を踏襲するものであるが、反連邦主義は視点によって様々な捉え方がありうるものである。

この反連邦主義思想の史的展開を合衆国憲法制定期からジャクソン大統領就任までの時代で包括的に論じたサウル・コーネル『その他の建国の父祖たち――反連邦主義とアメリカの異なる伝統一七八八―一八二八年』(一九九九年)は、連邦強化に反対する点では一致しながら、論者によって反連邦主義の考え方がいかに多様であるかを明らかにする。憲法制定期における反連邦主義は脱中央集権的で民主主義的なアメリカ政治文化の源泉であったと分析したコーネルの研究は、反連邦主義者の革新性を再評価したものである。(7) また、州権論の合衆国憲法観に着目したリチャード・E・エリス『危機に瀕した連邦――ジャクソニアン民主主義、州権論、ならびに連邦法無効宣言危機』(一九八七年)は、ジャクソン大統領の州権論と、一八二〇年代末から三〇年代初めにかけて連邦の保護関税政策に反対したサウスカロライナ州の連邦法無効宣言論争を中心に、州権論そのものの多様性を明らかにするのである。(8)

本書は、一九世紀初期の反連邦主義の政治形態をアメリカ民主主義の一側面として抽出してみたいと考えている。一九七〇年代に隆盛を極めた共和主義史観は、アメリカ政治における共和主義の影響を考察することと並んで、公徳や公共善を政治行動の基本とする共和主義文化が利益や個人を基本とする民主主義文化にいつ変容したのかが主要な研究関心であった。(9) 共和主義史観が衰えたとはいえ、一九世紀の第1四半世紀はまだ民主主義という言葉がアメリカ政治になじまない時代である。一八二四年の大統領選挙を機にアメリカ政治において近代政党制が萌芽し、教養あるエリート層出身ではないアンドルー・ジャクソンが一八二八年に第七代大統領に当選して以降、白人男子普通選挙制の広がりとともに、アメリカ政治の大衆化が進み、政治エリートの時代は終わりを告げた。より民主的で平等指向の強い大衆民主主義時代の到来は、アメリカ内部の社会経済的変容と密接な関係があることは改めて指摘するまでもない。この時期の飛躍的な交通網の発展がアメリカにもたらした重層的な変化を、チャールズ・セラーズ『市場革命――ジャクソン時代のアメリカ　一八一五―一八四六年』(一九九一年)に由来して「市場革命」(market revolution)と総称する動きもある。市場革命に関しては、言葉の厳格な定義をめぐって論争があり、特に経済分野の研究者から批判も上がっているが、この時代のアメリカ社会の変化を端的に示していることは疑いない。(10)

内陸開発政策に関するこれまでの研究は、各地の道路、運河の開発、河川改修等の諸事業の研究分野において、豊かな研究蓄積がある。国内外の先行研究を概観すると、一九世紀前半における内陸開発政策や事業の展開を扱った研究は、その研究対象や視点によって、時に相矛盾する多面的なアメリカ像を浮かび上がらせる場合があり、全体像が把握しにくい分野であるといってよい。

このような中で、先行研究の成果として次の三つの知見は重要であろう。

第一に、南北戦争前の国内交通網の開発は、基本的に個別の開発事業主や州主導で行われてきたという点である。例えば、全米でも有数の運河、鉄道事業を率先したペンシルヴェニア州の開発事業の実態を題材に、資本主義が未発達な時代における起業家精神の豊かさと州政府の公的支援の実態を通して、アメリカ資本主義の発展過程における政府の役割を実証的に明らかにした、ルイス・ハーツの『経済政策と民主主義思想――一七七六年から一八六九年のペンシルヴェニア』(一九四八年)はその好例である。(11)

初期アメリカにおける交通網の発達が地方・州政府の法的、財政的支援によって推進されてきたことに異論がないとはいえ、第二の点として、分権的な連邦構造の中で連邦政府はアメリカ合衆国内の交通網の発達に対して一定の役割を果たしてきたこともまた否定できない。この点で、州、地方政府だけでなく、一九世紀初期の連邦政府による財政的な開発支援を明らかにしたのが、カーター・グッドリッチとその研究グループである。彼らは、計量的手法を用いて政治経済学の分野から連邦、州、地方政府の役割に着目して内陸開発史を分析し、『アメリカの運河と鉄道分野における政府の開発推進――一八〇〇―一八九〇年』（一九六〇年）[12]をはじめとした優れた著作を残している。さらに、内陸開発技術の発展に寄与した陸軍工兵隊の技術支援に関しては、フォレスト・G・ヒルの『道路、鉄道、そして運河――陸軍技師と初期の交通』（一九五七年）[13]があり、連邦政府の財政的および技術的支援の実態が明らかにされている。

第三に、第二の点を補強する事実として、最近の研究では財政支出の点から、南北戦争前、内陸開発関連拠出総額では、連邦拠出が州拠出よりも大きかったことが知られるようになった。州ならびに連邦政府の財務報告書や公文書等の丹念な調査からこの点を明らかにしたのがチャールズ・F・ホルトの『一九世紀アメリカ経済における州政府の役割一八二〇―一九〇二年――計量研究』（一九七七年）[14]である。このホルトの研究を連邦政府の立場から補強したローレンス・J・マローンの『西部を拓く――一八六〇年以前の連邦の内陸開発事業』（一九九八年）[15]は、一八六〇年以前の連邦の開発助成金額は州や地方の支出額を上回ったという事実を明らかにする。マローンは、南北戦争前のアメリカの内陸交通網の開発と国内の経済的発展についてはこれまでのグッドリッチの通説に問題があることを指摘するのである。その理由は、第一に連邦政府による財政支援が州・地方政府の財政支援をはるかに上回っていたこと、第二にジャクソン政権後に連邦政府の財政支出は減少するどころか、増加していること。特に、一八〇〇年から一八六〇年の六〇年間における一〇年ごとの連邦政府の助成総額を比較したとき、一八三〇年代が最も助成総額が多いという。また、人口密度が低い西部フロンティア地域の開発は、連邦政府の交通網整備のための資本投下が呼び水となっているのではないか、という見方を示し、アメリカの国内経済発展に連邦政府が主導的な役割を果たしたと結論づけるのである。ジャクソン政権下、国家計画がなくなったことで、一八六〇年以前は州および地方政府の開発支出が連邦政府の開発支出を上回っていたというグッドリッチの通説は、マローンの実証的かつ計量的分析の成果によって、覆されたといってよい。

とはいえ、近年ホルトやマローンが明らかにした事実が、南北戦争前の連邦政府の強大化をそのまま実証するわけではない。確かに、政府の財政支出額に注目することで連邦政府の役割を評価できよう。しかしながら、なぜ分権的なアメリカ連邦制において歴代政権が連邦資金を拠出することができたのか、また、一八二〇年代のアメリカン・システム政策の下でどのような内陸開発政策が実施されたのか、さらには、なぜ開発政策に消極的であったジャクソン政権時代に財政拠出額が減少しないのか、といった問いに対して十分に答えるものではないからである。そのため、これらの問いに答えるには丹念な政策過程研究が必要になる。この点で、南北戦争前の連邦ならびに州における内陸開発政策史を扱った中で最も包括的なものが、ジョン・L・ラーソンの『内陸開発――初期合衆国における全国的な公共事業と人民による政治の約束』(二〇〇一年)である。[16]

ラーソンの『内陸開発』は、一九八七年に発表した二本の論文、「「共和国を結びつけよう」――国家的な統合と内陸開発制度に向けての闘い」(『アメリカ史学会誌』所収)、「橋、ダム、川――初期共和国における自由と革新」(『初期アメリカ史学会誌』所収)で論じた内容の対象領域を空間的にも領域的にも広げ、南北戦争前のアメリカの国内交通網の発達過程を実証的に扱ったものである。[17]なお、先行した論文「共和国を結びつけよう」では、バーナード・ベイリン、ゴードン・S・ウッド、J・G・A・ポコックに代表される、一九六〇年代から七〇年代にアメリカ政治思想史の分野で隆盛を極めた共和主義史観を踏まえ、アメリカ合衆国規模の共和国建設の鍵となるものとして各地を結びつける交通網の発達に強い関心をもった建国の父祖たちの理想と、利益誘導につながりかねない開発援助政策への葛藤がワシントン政権期より存在したことが指摘される。そして、マディソン政権末期のボーナス法案の挫折を通して、公共性を前提とする共和主義的政治の後退と自己利益の実現を可能にする民主主義の台頭を鮮やかに描き出した。それは、アメリカ史における共和主義的伝統を、言説だけでなく現実の政治過程の中で論証し、アメリカの共和主義の実態について一石を投じる研究であった。

本書の成り立ちはラーソンの先行研究に負うところが大きいが、研究関心の相違について簡単に説明したい。ラーソンの『内陸開発』は、革命期から南北戦争までの内陸開発を対象とし、「道路や運河それ自体ではなく、政府に、そしてさらに特定すると、内陸開発計画を推進することで共和主義的自由の目的を達成するために州および連邦レベルのアメリカ人が繰り広げた闘い[18]」に焦点を当てる。ラーソンは同書の序において研究の目的を次のように述べている。

どのようにアメリカ共和国をつくったのか。――(中略)共和国の目的は高潔でその真理は「自明」であると信じる建国者たちのレトリックに導かれて、二世紀の間アメリカ人はアメリカ的自由の意味は明白で、それに続くすべての歴史や実際の政治は創始者の本来の意図で判断されうるものであると議論してきたし、今も議論している。そのように構築された経験を具体化することは、アメリカの共和主義がどのように形となりアメリカの民主主義へと発展していったのか、そしてアメリカの諸憲法の枠組みの中で、どのように政府の目的が変容していったのか、ということについての我々の理解をひどく歪めている。(中略)本書は国家建設の過程の一側面を研究したものである。私の目的は、対立する利益や急速に変化する状況、例えば、革命それ自体によって強調されてきた不安定さ、といった環境の中にあった新しい諸憲法の下、実際の政治や政府の慣行とともに革命期の共和主義の様々なひずみからなる複雑な相互作用を明らかにすることにある。[19]

『内陸開発』を通して、共和主義が政府による内陸開発事業を否定していなかったことが明らかにされるが、ラーソンの狙いは、政府がどのように内陸開発事業を推進したのか、と同時に、政府が内陸開発事業の担い手から離脱していく背景を明らかにすることでもあった。南北戦争前の政府の開発支援事業分析を通して得たラーソンの結論は、人々の民主主義に対する不信が市場経済主義、いわゆる、レッセ・フェールの時代を招いたというものであった。レッセ・フェールについてのラーソンの結論は政治的文脈から見たもので、経済的観点からは批判があるかもしれない。とはいえ、ラーソンの分析は、内陸開発の実態を通してアメリカ民主主義の負の側面を描き出したといえる。

本書を著すに当たり、ラーソンが描き出す初期内陸開発史に依拠しつつも、共和主義ではなくむしろ反連邦主義に視点を傾ける方が、かえってこの時代の開発政策における連邦政府と州政府あるいは開発事業間の構造を明らかにできるのではないかと考えている。

そこで本書は、憲法体制が定着し始めたジェファソン政権からモンロー政権に至る連邦政府の内陸開発政策、すなわち国内交通網の整備政策の展開を検討することによって、一九世紀初期の連邦構造を明らかにすることを意図している。先述したように、連邦政府による内陸開発政策に対して常に憲法問題が取りざたされてきた。しかし、現実には州際交通網開発のために連邦助成を求める請願や連邦政府主導でなされる開発政策を求める声は根強くあった。これらの開発政策擁護派の主張の最たるものがギャラティンの「道路と運河に関する報告書」であり、一八二〇年代に脚光を浴びたアメリカン・システム論であった。

しかしながら、連邦政策領域の拡大は、単に開発権限をめぐる憲法解釈問題ですむものではなかった。それは、合衆国憲法制定期からあったアメリカの連邦制、すなわち国家像をめぐる相違が根底にくすぶり続けていたからである。そのため、内陸開発政策をめぐる攻防は、連邦助成をめぐる諸州間の競合および対立であると同時に、中央政府と州政府との間の管轄権をめぐる競合という厄介な側面があった。連邦政府の内陸開発政策の展開を研究対象とすることは、州主権に根ざす国家的な統合政策への批判、すなわち反連邦主義の実態を浮き彫りにすることにつながり、さらには、今もなお分権構造の強いアメリカ連邦制の政治的特性を考察する視座を与えてくれるものと確信している。加えて、憲法上明確な規定のない連邦の内陸開発政策を研究対象とすることで、連邦と州とが、制度上いかなる分業関係を構築してきたのか、それによって一九世紀初期の連邦制をどのように再定義し維持してきたのかを明らかにできるものと考えている。また、具体的な政策の形成および運用過程を通して、州を越えた政治的空間を束ねる連邦政府ならびに連邦制に対する当時の人々の考え方を探ることもできよう。なお、ここで述べる連邦構造は、連邦政府と州政府の協働関係としての合衆国の統合的な政治システムではなく、連邦と州との憲法上の分業関係の意味で用いていることを最初に断っておきたい。

第三節　研究方法と本書の構成

本書では、連邦政府の国家的な政策と州主権との相克が焦点となった政策事例を主たる研究対象として、具体的にはジェファソン政権期からモンロー政権期に至る時期を対象に、三つの課題を掲げて、内陸開発政策の議論を連邦政府、州政府、開発事業関連の公文書を通して再構成する。第一に、ジェファソン政権の財務長官アルバート・ギャラティンが一八〇八年に提出した「道路と運河に関する報告書」の歴史的意義とその後の内陸開発政策に与えた影響、第二に、一八一七年三月に出されたボーナス法案に対するマディソン大統領の拒否権発動の理由と意義、ならびにその政治的反響、第三に、内陸開発政策を通して見たアメリカン・システムの意義とその政治史的文脈である。これらの課題に対して、連邦レベルの議論だけでなく、州レベルの議論を加え、個別の内陸開発政策の形成過程を検討することで、開発政策における反中央集権主義ないし反連邦主義の影響について分析する。

これらの連邦政策の背景にある州レベルの議論を参照するために、チェサピーク&デラウェア運河事業とエリー運河事業の二事業を取り上げる。チェサピーク&デラウェア運河事業はペンシルヴェニア、メリーランド、デラウェアの三州が設立にかかわり、一八二〇年代のモンロー、アダムズ両政権において連邦助成を受けた事業である。他方のエリー運河事業は、連邦助成を嘆願しながらも叶わず、最終的にニューヨーク州が単独で建設した事業である。以上の諸政策研究の中で注目したのは、連邦政府の内陸開発権限を合衆国憲法上認める開発「推進派」と、州内の開発事業は州政府の専管事項であり、州内の連邦内陸開発政策は憲法違反であると考える開発「反対派」との間の攻防である。実際、反対派の州権重視、反中央集権指向が、国家的な開発政策の立案、実施を幾度となく阻んできたのである。

以上のように、アメリカ初期における内陸開発政策の分析を通して、連邦政策の政治的特性ならびに連邦政治に内在する反連邦主義(アンティフェデラリズム)および州権論の実態を探り、結果として一九世紀初期における連邦構造の実態を究明することが本書のテーマである。結論を先取りすると、アメリカ初期における連邦政府の一連の内陸開発政策を通して、反連邦主義は連邦政府の内陸開発政策を阻止することに終始したといいきれない事実が見えてくる。一八二〇年代のアメリカン・システム政策下において、州権を維持しつつ連邦政府の人的および財的資源を活用する連邦政府の開発助成政策が定着し遂行されていくからである。この政策特性は一八二四年全体調査法が創出した政策枠組みであった。初期連邦制の中での州権は、連邦政府と州政府との対立基盤となっただけでなく、州への利益誘導を通して連邦と州政府との間の相互補完的な協力関係を築く基盤ともなりえたのである。州主権が強かった一九世紀前半という時代においては、国家的な政策であろうとも本質的に分権的な要素、反連邦主義的な要素と折り合いをつけざるをえない政治構造があったからである。そのため、連邦の内陸開発政策において反連邦主義的要素がいかに政策形成にかかわってきたのかを探ることは、当時の連邦構造の実態をより深く知ることにつながるものと考えている。

最後に、本書の構成について要約して示すと、第一章では、ジェファソン政権が始めたカンバーランド国道事業を含め、当時の連邦政府の内陸開発政策の基本構造を分析する。そして、チェサピーク&デラウェア運河会社の連邦助成請願活動に着目し、国家的な内陸開発計画として知られるギャラティンの「道路と運河に関する報告書」がどのような文脈の中から生み出されたのか、また、この報告書が従来の連邦政府の内陸開発政策の構造を継承しつつも、どのような点で異なるのか、同報告書の意義を明らかにする。

第二章では、「道路と運河に関する報告書」が当時の諸州においてどのような影響をもたらしたのかを、ニューヨーク州の運河計画、すなわち後のエリー運河事業を事例に検討する。一方、連邦レベルでは、同報告書を契機に、連邦議会において連邦政府が助成する包括的な内陸開発法案が登場する。そこで、その一つであるポープ=ポーター法案を通して、報告書が提案した国家的な内陸開発計画がどのように内陸開発法案の中で継承されていくのかについて考察する。また、一八一二年英米戦争と諸州の反応を通して、ニューイングランド地域の反連邦主義についても言及する。

第三章では、ジョン・C・カルフーンが提案した内陸開発法案、通称ボーナス法案の連邦議会における審議を検討し、連邦強化と反連邦主義の狭間でどのように同法案が変質していくのかについて分析する。一八一二年戦争後のマディソン政権末期の時代は、連邦政府の内陸開発法案の成立にとって最も機が熟した時期であったにもかかわらず、マディソン大統領は上下両院で可決したボーナス法案に対して拒否権を発動するに至るのであるが、マディソン大統領がなぜ拒否権を発動したのか、その意味について考察する。

第四章では、次のモンロー政権における内陸開発政策の動向を概観し、前任者マディソン大統領が発動したボーナス法案に対する拒否権が、モンロー大統領の内陸開発政策にどのような影響を与えたのかについて検討する。

第五章では、モンローがマディソンの拒否権を乗り越え、いかにアメリカン・システム政策を展開していくのか、そして、成立したアメリカン・システムの実態を考察し、反連邦主義が国家的な政策にいかに影響を与えているのかについて分析することを通して、当時の連邦構造ならびに連邦政策の特性を明らかにする。さらに、アメリカン・システム政策のその後についても言及する。

最後に、本書では、当時の文献で使用されている度量衡の単位をそのまま用いている。本文中の一マイルは約一・六〇九メートル、一フィートは三〇・四八センチ、一エーカーは約四〇四七平方メートルであることを付記しておきたい。

(1) デモクラティック・リパブリカン党の結成により、政権党と野党という初期政党政治に類するものが誕生するが、近代政党制とは異なるという理解が政治学者の間でも歴史学者の間でも一般的である。この点に関しては以下を参照した。Joel H. Silbey, "From 'Essential to the Existence of our Institution' to 'Rapacious Enemies of Honest and Responsible Government': The Rise and Fall of American Parties, 1790-2000," in L. Sandy Maisel, ed., *The Parties Respond: Changes in American Parties and Campaigns*, 3rd ed. (Boulder: Westview Press, 1998), pp. 3-19; James R. Sharp, *American Politics in the Early Republic: The New Nation in Crisis* (New Haven: Yale University Press, 1993).

(2) なお、ケンタッキー決議よりマディソンが起草したヴァージニア決議の方が穏やかな内容で、ヴァージニア決議ではアダムズ政権の政策に対する抗議ではあっても連邦を解体させることを意図したものではなかったことが読み取れる。Jack N. Rakove, ed., *James Madison, Writings* (New York: Literary Classics of the United States, 1999), pp. 589-91.

(3) Rakove, ed., *James Madison, Writings*, p. 589.

(4) マディソンの思想的変節を指摘する論者として代表的なものは、古いもので政敵ジョン・アダムズの子ジョン・Q・アダムズの曾孫に当たるヘンリー・アダムズが著した『アメリカ合衆国史』である。また、最近のものとしてジャック・レイコブ

『本来の意味――連邦憲法制定における政治と思想』は、マディソンが政治状況の変化に柔軟に対処していたという見方を示す。一方、マディソンの共和主義および自由主義の一貫性を指摘するのは、マディソンの伝記の中でも最もバランスがよいと評されるラルフ・ケッチャム『ジェイムズ・マディソン――伝記』、ジェファソン研究家としても知られるランス・バニングの『聖なる自由の灯火――ジェイムズ・マディソンと連邦共和国の創設』である。例えばケッチャムの場合、マディソンの自由を擁護するという政治信条は一貫しながら、その政治的判断が揺れ動いていたと指摘するが、政治家マディソンの政治的柔軟性を変節として捉えてはいない。思想的一貫性を強調する論者も多かれ少なかれ、マディソンの時勢に応じた政治判断を否定するものではない。Henry Adams, *History of the United States of America during the Administrations of James Madison* (New York: Literary Classics of the United States, 1986); Jack N. Rakove, *Original Meanings: Politics and Ideas in the Making of the Constitution* (New York: Alfred A. Knopf, 1996); Ralph Ketcham, *James Madison: A Biography*, 1st paperback ed. (Charlottesville: University Press of Virginia, 1990); Lance Banning, *The Sacred Fire of Liberty: James Madison & the Founding of the Federal Republic* (Ithaca: Cornell University Press, 1995). この両者の中間的立場については、以下に詳しい。Saul Cornell, *The Other Founders: Anti-Federalism & the Dissenting Tradition in America, 1788–1828* (Chapel Hill: University of North Carolina Press, 1999), p. 245; Robert Allen Rutland, *The Presidency of James Madison* (Lawrence, Kansas: University Press of Kansas, 1990). なお、政界引退後、合衆国憲法制定会議の議事録を出版したマディソンの意図を分析したドルー・マッコイ『最後の父祖――ジェイムズ・マディソンと共和国の遺産』は、マディソンが合衆国憲法の本来の意味を伝えようと原理主義的になっていく思想的軌跡を丹念に分析している。Drew R. McCoy, *The Last of the Fathers: James Madison & the Republican Legacy* (New York: Cambridge University Press, 1989).

(5) Ketcham, *James Madison*, pp. 640–46.

(6) 時代区分については George Rogers Taylor, *The Transportation Revolution, 1815–1860* (New York: Rinehart, 1951) に従った。

(7) Cornell, *The Other Founders*. 昨今のアメリカ研究におけるアンティフェデラリスツに対する再評価の動向については、肥後本芳男「アメリカ革命と新たな政治経済観の胎動」岡田泰男・須藤功編『アメリカ経済史の新潮流』(慶應義塾大学出版会、二〇〇三年)所収が参考になる。

(8) Richard E. Ellis, *The Union at Risk, Jacksonian Democracy, States' Rights and the Nullification Crisis* (New York:

Oxford University Press, 1987).

(9) 共和主義史観の研究動向に関する最も良い紹介がロバート・シャルホープの次の二論文である。Robert Shalhope, "Toward a Republican Synthesis: The Emergence of an Understanding of Republicanism in American Historiography," *William & Mary Quarterly* (*WMQ*), 3rd ser., 29 (1972), pp. 49-80; idem, "Republicanism and Early American Historiography," *WMQ*, 3rd ser., 39 (1982), pp. 334-56. また、リンダ・カーバーの書誌論文も有益である。Linda K. Kerber, "The Revolutionary Generation: Ideology, Politics, and Culture in the Early Republic," in Eric Forner, ed., *The New American History*, revised and expanded ed. (Philadelphia: Temple University, 1997), pp. 31-59.

(10) Charles Sellers, *The Market Revolution: Jacksonian America, 1815-1846* (New York: Oxford University Press, 1991); "A Symposium on Charles Sellers, *The Market Revolution: Jacksonian America, 1815-1846*," *Journal of the Early Republic* (*JER*), 12 (1992), pp. 445-76. 「市場革命」については、以下に言及がある。安武秀岳「市場革命――工業化と南北戦争前における政治文化の変貌」岡田泰男・須藤功編『アメリカ経済史の新潮流』(慶應義塾大学出版会、二〇〇三年)所収、六三―八二頁、安武秀岳「「市場革命」再考――経済史から学ぶために」『アメリカ経済史研究』創刊号(二〇〇二年)、七九―八九頁。

(11) Louis Hartz, *Economic Policy and Democratic Thought in Pennsylvania, 1776-1860* (Cambridge: Harvard University Press, 1948; reprinted ed., Chicago: Quadrangle Books, 1968).

(12) Carter Goodrich, *Government Promotion of American Canals and Railroads, 1800-1890* (New York: Columbia University Press, 1960).

(13) Forest G. Hill, "The Role of the Army Engineers in the Planning and Encouragement of Internal Improvements" (Ph. D. diss., Columbia University, 1950); idem, *Roads, Rails & Waterways: The Army Engineers and Early Transportation* (Norman: University of Oklahoma Press, 1957).

(14) Charles Frank Holt, *The Role of State Government in the Nineteenth Century American Economy, 1820-1902: A Quantitative Study* (New York: Arno Press, 1977).

(15) Laurence J. Malone, *Opening the West: Federal Internal Improvements before 1860* (Westport: Greenwood Press, 1998).

(16) John Lauritz Larson, *Internal Improvement: National Public Works and the Promise of Popular Government in the Early United States* (Chapel Hill: University of North Carolina Press, 2001).

(17) 「共和国を結びつけよう」は、主にワシントン政権からマディソン政権に至るまでの時期を対象に、ギャラティンの「道路と運河に関する報告書」も含め連邦政府の初期内陸開発政策を扱っている。一方、「橋、ダム、川」の論文は、連邦政府の管轄下にある首都ワシントンの交通網政策を明らかにしたものである。John Lauritz Larson, "'Bind the Republic Together': The National Union and the Struggle for a System of Internal Improvements," *Journal of American History* (*JAH*), Vol. 74, No. 2 (1987), pp. 363-87; idem, "A Bridge, a Dam, a River: Liberty and Innovation in the Early Republic," *JER*, 7 (1987), pp. 351-75.

(18) Larson, *Internal Improvement*, pp. 2-4.

(19) Ibid., p. 1.

第一章　国家的な内陸開発政策の契機

本章では、初期アメリカ政治の中で、連邦政府の国内交通網開発事業がどのように捉えられてきたのかについて、まず、ジョージ・ワシントン、ジョン・アダムズ政権の港湾整備事業から振り返ることにする。その後、トマス・ジェファソン政権に始まるカンバーランド国道事業がどのように始まり展開していくのかを検討する。その一方で、ペンシルヴェニア、デラウェア、メリーランド州がかかわるチェサピーク&デラウェア運河会社の連邦助成請願活動を通して、アメリカ初の国家的な国内交通網の整備計画であるアルバート・ギャラティン財務長官の「道路と運河に関する報告書」が編まれる過程を取り扱うことにする。このような政治の動きを通して、連邦政府の内陸開発政策をめぐる議論枠組みがいかに組み立てられ変化していくのかを検討することにする。

第一節　合衆国憲法体制下の内陸開発事業

一　港湾整備事業とフェデラリスト政権

一九世紀初期アメリカでは、連邦政府が国内交通網の開発に乗り出せるか否かは、連邦政府の権限の対象にそれを含めうるかどうかという連邦制の問題として取りざたされてきた。この問題の発端は一七八七年フィラデルフィアで開催された合衆国憲法制定会議の頃に遡るほど古い。同会議は、連邦政府に郵便道路の敷設を認めたものの、灯台や港湾の整備および運河建設を憲法条文に盛り込むことはなかった(1)。

しかしながら、ワシントン政権発足後まもなく、船舶の航行安全を図るために、国内の灯台、桟橋建設およびブイの設置といった航行の安全ならびに港湾の整備のための連邦拠出が成立することになる。この連邦政府による港湾整備法案は、当時、さしたる反対もなく一カ月あまりで成立した。法案は、マサチューセッツ州選出の連邦下院議員エルブリッジ・ゲリーが歳出を検討する委員会を代表して提出したものであった。ゲリーは、先の憲法制定会議において連邦政府に郵便道路の敷設権限を提案した人物であるが、アンティフェデラリスツとして知られる。法案は州政府が連邦政府に港湾整備対象に対する管轄権を移譲し、チェサピーク湾の安全航行のための連邦拠出を認めたものであった。この管轄権の移譲措置は、連邦上院の法案修正過程で挿入されたものであるが(2)、州の同意を得ることを通して、連邦政府が州内の公共事業を行う道を開いたことになる。以後、会期ごとに国内各地を対象とした港湾整備法が成立し、ワシントン、ジョン・アダムズ両政権にわたって港湾整備に約三〇万ドル、灯台建設、航路標識やブイの設置に二〇万ドルを拠出することになるのである(3)。

ところで、ワシントン政権は、財務長官アレグザンダー・ハミルトンの下で一七九一年二月、公的信用を確立し安定した金融環境を作り出すために第一合衆国銀行を創設した。これは、合衆国の脆弱な経済基盤を整備強化するものであった。ワシントン政権は、先述の港湾整備事業同様、憲法上明確な規定のない政策を実施したことになる。産業政策の関連でいえば、話は若干前後するが、一七九〇年の議会でハミルトンは、ジェイムズ・マディソンをはじめとする多数の反対を押し切って、戦時中の公債を額面通りの長期国債に借り替える公債政策を実施していた。また、翌年二月に議会に提出した「製造業に関する報告書」は実現しなかったのであるが、ハミルトンは国内製造業を奨励するために保護関税と政府助成金制度の導入を提案し、通商国家の礎を築こうとしたのである。

さて、第一合衆国銀行は、設立の際、「必要かつ適切な」条項を適用することで憲法に抵触しないとの立場から合法化された。このように合衆国憲法を広義に解釈し連邦政府の権限拡大を大胆に進めるハミルトンに対して、違憲を理由に強硬に反対したのが、国務長官トマス・ジェファソンであり、マディソンであった。

ジェファソンは合衆国憲法制定会議の際パリ公使として国外におり、憲法案が一七八八年に批准されたとき、批准を歓迎しつつも憲法の中で中央政府の権限が大きく、市民の自由に対する防波堤となる権利の章典がないことに批判的であった(4)。マディソンはワシントン政権発足後、ジェファソンの意および各州の批准会議における付帯決議を受け、権利の章典を不要とする当初の立場を改め憲法修正を提案し、合衆国憲法に「権利の章典」を付加する上で重要な役割を果たした(5)。その後、帰国したジェファソンは、ワシントン政権の国務長官を務め、新しい憲法体制を支えていくのである。

フェデラリスツの中でも最も中央集権的な考え方が強く通商立国派のハミルトンと元来緩やかな連邦制を指向する農業立国派のジェファソンは、ともにワシントン政権の重職に就きながらも、先に述べたように、合衆国憲法体制の中での中央政府の役割および国家像をめぐり早々に激しく対立することになった。しかも、親英派のハミルトンに対し、親仏派のジェファソンは、フランス革命を機に英仏戦争が勃発する中、外交政策の上でも対立した。ジェファソンは、連邦政府の権限強化を指向するハミルトン派に対抗して、デモクラティック・リパブリカン党を結成し、両者の対立はハミルトン派のフェデラリスト党とジェファソン派のデモクラティック・リパブリカン党との間の対立へと発展した。フランス革命に親近感を抱いていたジェファソンは、一七九三年四月ワシントンが対仏同盟戦争に対し中立宣言を打ち出したことで大統領と対立し、結局その年末、国務長官を辞任するに至った。(6)

一七九六年の大統領選挙の結果、ジェファソンは政敵ジョン・アダムズ大統領の下で副大統領職に就くことになる。しかしながら、ジェファソンは、一七九八年アダムズ政権が外国人・治安諸法を制定すると、ケンタッキー決議を州議会で可決させ、州権を侵害する連邦権力を痛烈に批判したのであった。当時、両党派の政治的対立は、ジェファソンが、勝利した一八〇〇年の大統領選挙を「我々の革命」と自ら称したほど、熾烈さを極めていたのである。(7)

連邦の内陸開発政策に話を戻そう。ワシントン、ジョン・アダムズの両フェデラリスト政権期において、上述の通り港湾整備事業が始まった。安全航行のための港湾ならびに航行整備事業は、リパブリカン党のジェファソン政権に代わっても継承されていくだけでなく、ジェファソン政権のカンバーランド国道事業の政策枠組みにも少なからず影響を与えることになるのである。

二　カンバーランド国道事業

国道事業の成り立ち

初代大統領ジョージ・ワシントンの名を冠した首都ワシントンＤＣで初めて就任式を執り行ったのは第三代大統領のトマス・ジェファソンである。一八〇一年の就任演説で新大統領は、「すべての意見の相違は原理の相違ではありません。（中略）我々は皆リパブリカンであり、我々は皆フェデラリストなのであります(8)」と述べ、これまで対立してきた党派間の融和に努めるのであった。

ジェファソン政権は、小さな政府を指向することを高らかに謳うと同時に、連邦政府はその役割を国内外における安全保障にとどめ、国内問題の所管はもっぱら州政府に帰属することを明確に打ち出した。しかしながら、偶発的とはいえアメリカは一八〇三年にフランスからルイジアナ地域を一五〇〇万ドルで購入することとなった。しかも、おりからの英仏戦争の余波で、公海におけるアメリカ商船の拿捕やアメリカ人船員の徴用を繰り返すイギリスとの関係が悪化するにつれ、従来の中立外交に基づく自由貿易主義を見直し国内製造業の振興に関心を向けるようになるのである。この国内外を取り巻く環境の変化が、内陸開発政策にも表れることになる。ジェファソンは、それまで権力強化につながるとして国家的な内政政策に否定的であったが、一八〇四年の第二回就任演説は大統領の政策転換を印象づけるものとなったのである。

ところで、ジェファソン政権の政策転換と初期アメリカ政治の中でも稀有な交通政策といえるカンバーランド国道事業は直接的に関係はないのであるが、まずカンバーランド国道事業の成り立ちから話を始めたい。

そもそもカンバーランド国道事業の発端は、財務長官アルバート・ギャラティンが、一八〇二年二月一三日にヴァージニア州選出の連邦下院議員ウィリアム・B・ジャイルズに宛てた書簡にある。(9) オハイオ州と大西洋沿岸州とをアパラチア山脈を越えて結ぶカンバーランド国道建設計画は、オハイオ川北西準州の東地域が州に昇格する過程で持ち上がったものである。連邦政府にとって西部の公有地売却益は、公債を償還するための原資でありかつ貴重な歳入源であった。ギャラティンはジャイルズ宛ての書簡の中で、連邦議会によって売却される公有地の純利益のうち一〇%を有料道路ないしその他の道路の建設に用いる提案を行った。しかも、その一〇%は道路建設のために基金として積み立て、道路が通過する地元州の承諾に基づき、まずは大西洋に注ぐ航行可能な河川からオハイオ川までの、その後、新州に続く道路を建設することを提案する。合衆国内の東西を横断する道路の建設は、道路が通る地域のみならずオハイオ川北西準州にも便益が大きい。ギャラティンは、この道路建設によって、西部地域のみならず合衆国全体にもたらす政治的効果をも期待したのであった。

公有地売却益の有効利用を契機に、新州の連邦加盟と道路建設を組み合わせるギャラティンの提案は、一八〇二年四月三〇日に制定されたオハイオ州昇格法の第七条に組み込まれた。道路建設に充てる費用が公有地売却益の五%に修正された以外は原案のままである。(10) 同法はその後オハイオ州憲法制定会議にかけられ、五%のうち三%は州議会の指示の下に州内のみを通る道路の建設に充てるように修正される。連邦議会は、この決定に対し、残りの二%をオハイオ州にまたがる道路建設に拠出することとして、オハイオ案を承認したのである。(11)

新州と既存の州を結ぶ道路建設に割り当てられる公有地売却益は、ギャラティン提案の一〇%から二%に減少したわけであるが、この二%道路建設基金は、ギャラティンの発想の勝利といってよい。何よりも、同基金の設立を新州が連邦に加盟する際の案件としたこと、そして、道路建設に関して関係州の同意を条件としたことで、憲法問題を惹起せずに州際道路の建設に連邦資金を投入することが可能になったからである。しかも、公有地売却益が道路建設基金に積み立てられるため、道路建設に際して連邦政府は新たな財政負担を負わずにすむのである。この二%道路建設基金が、西部地域の生活基盤整備にもたらした効果は計り知れない。基金設立によって、民間資本が開発に乗り出しそうにない地域で、連邦政府が主体となって道路建設を進めることができるようになっただけでなく、当時合衆国内でも未発達であった東西を結ぶ交通路の開発が確実に行えるようになったのである。

ジェファソン政権第一期の後半は、何よりもルイジアナ地域の獲得によって慌しくなった。このとき、同地域の購入を憲法違反と見るハミルトンをはじめフェデラリスト党への国内の対応にも追われたからである(12)。ところで、長年大陸横断ルートに関心を抱いていたジェファソンは、大統領就任後、ルイジアナ地域がまだスペイン領にあるときから、同地域以西への探検隊派遣を極秘に進めていた。メリウェザー・ルイスを隊長、ウィリアム・クラークを副隊長とする、いわゆるルイス&クラーク探検隊である。探検隊は、図らずもアメリカ領になったばかりのルイジアナ地域を横断し、一八〇四年五月から約二八カ月間をかけて、ロッキー山脈を越えて太平洋に達してから、出発地セントルイスに戻ってきた(13)。この西部探検は、当時のアメリカに西部の地理情報をもたらし、後に西部開拓への道を開くことになるのである。ちなみに、ジェファソン政権は、ルイジアナ購入後西方への移住が進むことを見越して、一八〇四年公有地売却法を成立させた(14)。これは公有地の最小売却単位を従来の三二〇エーカーから一六〇エーカー(一エーカー当たり最低二ドル)に引き下げ開拓者が土地を購入しやすくするもので、ジェファソンが構想する西方に広がる「自由の帝国」の礎が作られたのであった。

二倍に拡大した領土を抱え、合衆国の将来に対し明確な構想を打ち出したのが、ジェファソンの第二回就任演説であった。この演説の中で、新たな政策課題の一つとして次のような連邦政府による内陸開発政策が登場する。

公債償還がひとたび終了すれば、使途が自由になった歳入は、各州への公平な再配分および必要な憲法修正によって、平時においては、河川、運河、道路、技術、製造業、教育、そして、その他の各州内の重要な目的のために充当されることになるでしょう。(15)

このような積極的な連邦政策は、もとより大統領一人の発想とはいえないであろうが、ジェファソン政権が合衆国内で内陸交通網の整備に乗り出すことを表明した右演説について次の三点に注目したい。

第一に、ジェファソン政権が公式に連邦政府による内陸開発を積極的に推進していく姿勢を示したのは、この演説が最初となる点である。国内の経済基盤の整備はもっぱら州政府の管轄事項とされ、州によって対応がバラバラであった当時、「各州への公平な再配分および必要な憲法修正によって」との留保つきであるが、連邦政府が合衆国内の道路、運河をはじめとする内陸交通網の整備に乗り出すことはこれまでの連邦制度のあり方そのものに変更を迫ることを意味した。

第二に、ジェファソン政権が公の場で合衆国憲法の修正に言及し、連邦政府権限の拡大を図ることを提唱したことである。ジェファソンは既に大統領ならびに副大統領の選出方法の不備を改めるため修正第一二条を成立させ、憲法修正を経験している。しかし、今回の合衆国憲法修正提案の性格は、前回のものとは質的にまったく異なる。ルイジアナ地域を購入し連邦に編入する過程で、ジェファソンが憲法の修正を考えその草稿まで編んでいたことはよく知られているが、そのときですら、政権として正式に連邦政府の権限拡大を目的とした合衆国憲法の修正に言及することはなかったからである。

第三として、ジェファソンの第二回就任演説では、道路、運河、河川の整備にわたる内陸交通網の開発のみならず、産業の振興や教育基盤の整備までも含む包括的なアメリカ合衆国の政治経済的な基盤整備が構想されていたことである。領土が二倍に拡大したことが、彼の連邦運営に多大な影響を与えたことは否定できないであろう。

ちなみに、ジェファソンはヴァージニア州の内陸部モンティチェロで生まれ育った。そこは、アパラチア山脈の一部をなすブルーリッジ山脈の麓でジェイムズ川の上流をさらに遡った山間の地である。西方の交通事情を知るジェファソンは、若い頃より河川を利用し東西を結ぶ広域の内陸航行網開発に関心を寄せていた。実際、地元ヴァージニア州では、州政府の支援の下、ワシントンを中心にマディソンらとともにポトマック川、ジェイムズ川等の河川航行開発事業を推進していたのである。(16) 州と連邦では政策構造が異なり同列で論じられるものではないが、当時でいえば西部出身の政治家であるジェファソンにとって、合衆国内の交通網開発の重要性は十分認識されていたものと思われる。

国道ルートの選定

期せずして、第二回就任演説と連動したものとなったが、カンバーランド国道事業はその基金が目標額に達した一八〇五年末に道路建設に向けて動き出した。カンバーランド国道事業は、一八〇五年一二月の第五回年次教書の中でも、さらには、第六回年次教書の中でも、取り上げられていない。ジェファソンのいう国家的な交通網開発構想とは異なる文脈で始まったカンバーランド国道事業であるが、本格的にその計画を練り上げる段階に入ると、それまで意識されなかった問題が生じ始めることになる。その問題の最たるものは、ルート選定をめぐる諸州間の利害対立であった。

二％道路建設基金が一定額に達した一八〇五年末、連邦上院の委員会が道路建設を提案する報告を行った。提案されたのは、メリーランド州ポトマック川岸のカンバーランドからオハイオ川岸に当たるオハイオ州のスチューベンヴィルないしヴァージニア州(現ウェストヴァージニア州)のホイーリングまでである。委員会は、フィラデルフィアとピッツバーグを結ぶルート、リッチモンドを起点とするルート、ボルティモアを起点とするルート、首都ワシントンを起点とするルートをそれぞれ比較考量した。結果、ボルティモア・ルートが最適であるとして、カンバーランドを東部の終点とする結論を出したのであった。理由は、ボルティモアがアレゲニー山脈をはさんだ東西の要衝であり、既存の道路を利用するとオハイオ川まで二七五マイルの地点にあったことによる。[17]

その後のカンバーランド国道建設法案の審議過程では、幾度も審議延期が提起され紛糾することになる。ペンシルヴェニア州選出マイケル・レイブは、法案に反対する中で、連邦議会はどのような権限で州の同意を得る前に道路計画を立てることができるのか、といみじくも本質を突く非難をしている。[18] 委員会の報告を受けメリーランド州議会では、ルートの利便性を高めるため州の助成でボルティモア&フレデリック有料道路会社が設立された。一方、ペンシルヴェニア州とヴァージニア州は委員会の報告に対しいずれも否定的な態度を示しており、それが法案審議に如実に表れていた。三月二四日の連邦下院の議決は賛成六六票、反対五〇票で接戦となった。五〇の反対票のうち二九票はペンシルヴェニア、ヴァージニア州選出の議員からのもので、この二州において賛成票を投じたのはたった六人であった。六人はいずれもジェファソン、マディソン、ギャラティンの関係者や政権の支持者だったのである。[19]

一八〇六年三月二九日に成立したカンバーランド国道建設法は、大統領に対して道路計画委員の任命、道路建設地の選定、さらに道路が通過する諸州から必要な同意を求める権限を与え、二％道路建設基金の中から当面調査活動費として三万ドル拠出することを定めた。そこで、ジェファソン大統領は同法に従って、連邦上院の勧告と同意の下、路線選定、設計、建設等に当たるためメリーランド州からトマス・ムーア、エリ・ウィリアムズ、そして、オハイオ州からジョセフ・カーの三名を委員に任命する。委員会報告書は次会期に当たる同年一二月末に提出されることになる。[20]

この調査委員会はカンバーランドからホイーリングまでをできるだけ直線で進むルートを大統領に答申した。

ルートは、道路が通る地元州の同意を得るためメリーランド、ヴァージニア、ペンシルヴェニア州議会の審議に付されることになった。ところが、メリーランドとヴァージニアは無条件で承認したものの、ペンシルヴェニアでは議論が紛糾した。委員会案はペンシルヴェニア州南西部の主要な町であるユニオンタウンとワシントンを迂回していたからである。そのため、ペンシルヴェニア州議会はこの二つの町を通過することを条件に最終的に承認したのであるが、ペンシルヴェニアの条件を組み入れたルートの変更には、大統領の承認が必要である。このとき、ギャラティンは、次期大統領選でワシントン・カウンティが重要な票田となること、多少ルートを変更したとしてもカンバーランド国道の完成により連邦の絆は高まり公益を増進することに変わりはないこと等を理由に挙げて、当初のルートにこだわるよりも、州や地方の反対を取り除く方が得策であると、ジェファソン大統領に進言した。ジェファソンは、連邦事業に地方利害が介在することに幻滅を覚えながらも、結局、ペンシルヴェニアの条件を受け入れたのであった(21)。

カンバーランド国道事業がその後の政策立案にもたらした影響は決して小さくない。というのも、同事業は州際事業であると同時に、開発の主導権を連邦政府が握っているという特殊なものであったからである。関係各州の同意を条件付けてはいるものの、ルート選定、道路の具体的な仕様等は最終的に大統領の権限であった。また、開発資金の原資として西部の公有地の売却益を確保し基金化するという提案を行ったことも、後の連邦助成の具体化に一石を投じた。そして何よりも合衆国憲法の修正を経ずとも、連邦事業が実施できるということの意味は大きかった。

しかし、カンバーランド国道事業は、ある意味で、特殊な事業でもあった点に留意する必要がある。第一に、新しく連邦に加盟するオハイオ州内の公有地の売却益という具体的な財源があったからこそ可能となった交通政策であったという点である。第二に、連邦に加盟する際の規定であり、それまで準州であった地域にかかわる交通政策である。いうまでもなく、準州は首都ワシントンと並んで連邦政府の直轄統治地域である。カンバーランド国道事業は連邦政府による内陸開発事業として画期的な事業であることは疑いないが、これらの特殊事情が政策形成に大きく作用していたことを考えると、将来的に、カンバーランド国道事業方式が既存の諸州に対しても同様に適用可能なものとは単純にはいいきれないものがあった。実際、その後の連邦議会における内陸開発論議の中で、連邦政府事業の例として港湾整備事業と並んでカンバーランド国道事業はしばしば言及されることになる。しかし、同様な州際連邦事業が続かなかったことは、かえってカンバーランド国道事業の特殊性を浮き彫りにするのである。

第六回年次教書

ところで、話は前後するが、一八〇六年一二月二日の第六回年次教書において、ジェファソンはミシシッピ川の西側に不法駐留したスペインに対する防衛問題、港湾都市および領海防衛の必要性などヨーロッパ諸国との外交面での緊張関係を語る一方で、公債のすべてが償還された後のこととして、連邦財政に積み立てられる剰余金の使途を提案した(22)。この年発表された歳入はジェファソン政権を通して最高の一五五六万ドルに上り、前年度と比較して二〇〇万ドルの増収となっていた。そのため、公債償還も順調に進み、ルイジアナ地域購入費を含めて元本の二三〇〇万ドルが償還されたことが報告された。この好調な財政収入を背景に、教書は、ジェファソンが第二回就任演説の中で言及した国内交通網の開発構想を再び提案したのである。

教書は、剰余金の源泉である関税率を低くして外国の製造業を利するよりも、「関税を維持しその収入を公教育、道路、河川、運河、そして連邦政府の憲法上の列挙権限に付け加えた方が適切と思われる公的な開発事業といった重要な政策対象に拠出することを、関税を支払う富裕層の愛国心は良しとするに違いありません」と提案した。そして、連邦政府が開発事業を行うことによって、「新たな交通網が諸州間で開かれることになるでしょう。また、諸州を分断する境界線が消滅し、彼らの多様な利益が相互に関連し合うとともに、諸州からなる連邦は解けることのない新しい紐帯で固められるようになるのです[23]」と述べ、国内交通網の充実が合衆国の統合に深く寄与することを指摘するのであった。

第六回年次教書におけるジェファソン大統領の提案は、ほぼ第二回就任演説を受け継いだものであるが、若干異なっている。連邦政府の政策対象に関して、就任演説が全般的な分野に言及したのに比べると、教書で言及された対象は公教育と国内交通網の開発事業に絞られていただけでなく、同演説にあった「各州への公平な再配分」という字句が削除されていたからである。

連邦政府に新たな権限の付与を提案する内容が教書の中で縮小された背景には、国務長官マディソンの意見があった。というのも、草稿にあった製造業、技術に対する言及に関して、憲法条文で定める連邦政府の管轄権を越える危険な内容であり、それは一般の福祉に相当するものであるとマディソンが指摘したことから、この部分は教書では改められた[24]。また、連邦拠出を連邦下院における議員数比に準ずることで各州の同意を得やすくし、できるだけ合衆国憲法を厳格に解釈する立場と合致させようとしたジェファソンの当初の提案は、草稿の段階で政策実施の立場から不可能であるとしてギャラティンの助言で撤回されていた[25]。ちなみに、公教育と内陸交通網の整備に対するジェファソンの思いは、次のジョエル・バーロウに宛てた書簡の中で見てとれよう。「人民は、一般に教育よりも、運河や道路により関心を抱いております。しかしながら、私としては我々が運河や道路を教育と同一のペースで推進させていくことを期待しています[26]」。

第六回年次教書は、第二回就任演説に続き公債償還後という条件付きであるが、連邦政府による内陸開発構想を謳った。連邦政府の財政状態の好調がその背景にあった点は否定できない。ジェファソンは一八〇五年五月二九日付けのギャラティンに宛てた書簡の中で「どのような理由からであろうと、歳入の増加は、それが我々の税収を自由に使える時期を早めかつ我々が運河、道路、大学等を建設する政策課題に乗り出す時期を早めることになりますから、喜ばしい状況です[27]」と述べていた。また、ルイジアナ購入がジェファソン政権の政策転換に果たした影響も考慮する必要がある。拡大した共和国をいかに統治するかという問題は、ジェファソン政権にとって切実な問題であった。そのため、第二期政権以後ジェファソンは合衆国憲法の修正とともに連邦政府が国内生活基盤の整備にも取り組むことを表明してきた。連邦政府が直接、開発事業に乗り出すことで、開発条件の悪い地域、特に西部においても、交通網建設が可能になる。第六回年次教書の中で、国内交通網が開かれれば地域利害を超えて連邦の絆が深まることをジェファソンが自ら語ったように、連邦政府による内陸開発事業は政治的にも経済的にも合衆国の統合を強化する上で要となる政策提案であったといえる。

さて、カンバーランド国道に話を戻そう。同国道に関して、ジェファソン在任中の一八〇八年初めに、カンバーランドからマノンガヒーラ川のブランズヴィルまでの道路を建設することが連邦議会に報告された。一八一八年に道路は最初の区間であるカンバーランドからホイーリングまでが開通する。

ところで、当時、国道ないし連邦道路事業はカンバーランド国道が唯一の事業ではなかった。実は、一八〇六年三月末に成立したカンバーランド国道建設法から約一カ月後の四月二一日のことであるが、先住民のクリーク族の保留地を通るための道路建設が承認された。それは、「事務官報酬、国道建設他に関する法」第七条に規定されたもので、その中で少なくとも三つの国道建設が認められた。第一にアーシンズからのルートでジョージア州の未開拓地からニューオリンズへの道路、第二にミシシッピ川からオハイオ川への、またグリーンヴィル条約で規定された先住民保留地との境界線への道路、そしてテネシー州のナッシュヴィルからミシシッピ準州のナッチェスへの道路で、それぞれに、六四〇〇ドル、六〇〇〇ドル、六〇〇〇ドルの予算が計上された[28]。最初の道路は、既に一八〇五年三月の法律で首都ワシントンからジョージア州のアーシンズを通ってニューオリンズに至る郵便ルートとして設定されており、この郵便ルートを国道として整備するのが本法の目的であった。また、一八〇五年一一月に先住民部族と交わしたワシントン条約では、ジョージア州内で先住民保留地であったオコニー川とオクマルジー川にはさまれた土地を合衆国に金銭譲渡するとともに、アメリカ人がクリーク族の保留地を経由してオクマルジー川からモービルまで往来、宿泊する権利を保証することが規定されており、郵便道路の設定や先住民部族との条約を基に、ジョージア州、ミシシッピ準州にまたがる道路の建設が認可された。これらはカンバーランド国道ほど知られてはいないが、南部における交通路として重要な役割を担ったのである。(29)

第二節　チェサピーク＆デラウェア運河会社の連邦助成活動

一　三州がかかわる運河事業

運河会社の設立から事業中断に至る過程

連邦政府の開発政策は一般に直接事業を展開するものと考えられがちである。しかし、連邦政府が州の事業であれ民間の事業であれ国家的意義を認めて、各種開発事業を財政支援する場合も連邦政策としてありうる。この財政支援は、資金不足に陥り事業の存続が立ち行かなくなった民間企業ないし州政府からの請願によって、後年実現されるようになった開発方式である。財政支援は最初から連邦政府が取り組もうとした政策方式ではなかったが、直接事業方式とともに、一九世紀初期アメリカの内陸開発政策を主導していくことになる。本節では、チェサピーク&デラウェア運河会社の請願活動を通して、後者の財政支援による開発方式の原型がどのように形成されたのか、また、同社の連邦助成をめぐる請願活動が、ジェファソン政権ひいてはその後の連邦政府の内陸開発政策に与えた影響を検討することにしよう。

チェサピーク&デラウェア運河会社は、一七九九年から一八〇一年にかけてメリーランド州、デラウェア州、ペンシルヴェニア州の各議会で、チェサピーク湾とデラウェア川とを結ぶ運河を建設するために設立が承認された。(30) 三州がかかわった運河事業である点が、同時代の他の開発事業に比べ最大の特徴であった。しかし、三州による開発であることは、この事業にとって良い効果をもたらさなかったばかりか、事業遂行を困難にさせる要因ともなりえたのである。

三州間の不協和音は設立当初から既に見られた。チェサピーク&デラウェア運河の建設は商都フィラデルフィアを抱えるペンシルヴェニア州にとっては、フィラデルフィアのさらなる発展を後押しするものとなりえたが、メリーランド州は、この運河が建設された場合、サスケハナ川を利用したボルティモアの貿易量が急速に低下することを懸念した。一方、デラウェア州は半島を中心とした海運業が損失を受けることを案じていたのである。(31) 当初運河建設に消極的であったメリーランド州とデラウェア州であったが、チェサピーク&デラウェア運河会社設立法は、一七九九年一二月メリーランド州議会で最初に採択された。次いでデラウェア州議会が一八〇一年一月に「デラウェア川とチェサピーク湾との間に運河を建設する会社を設立する法」を制定したとき、デラウェア州はペンシルヴェニア州議会に対する留保条件付きで会社設立を認可した。この条件の第一とは、デラウェア州がペンシルヴェニア州土地局の文書を自由に閲覧できかつ取り寄せることができること、第二は、ペンシルヴェニア州議会がフィラデルフィアの港湾および市内における検疫法の一部を撤廃することであった。一八〇一年二月六日ペンシルヴェニア州知事、トマス・マッキーンはデラウェア州議会の要請を州議会に諮り、最終的に、一八〇二年ペンシルヴェニア州側の譲歩によってチェサピーク&デラウェア運河会社設立法が三州の間で成立したのである。[32]

チェサピーク&デラウェア運河事業は、州法制定の段階から三州間の利害対立に直面した。もし同運河がランカスター有料道路のようにペンシルヴェニア州内での単独事業であったなら、州議会からの援助を受けやすく円滑に事業展開できたであろう。チェサピーク&デラウェア運河事業は、州境を越えた事業としての開発意義こそ高かったが、事業を進める際、資金調達の面でも、また政治的意思統一の面でも難しい点が多かったのである。

メリーランド州、デラウェア州、ペンシルヴェニア州議会においてそれぞれ成立したチェサピーク&デラウェア運河会社設立法は、州議会に対し一株二〇〇ドル、総額五〇万ドルの出資金募集の開始方法、出資金を取り扱う組織、規定について定めている。[33] 一八〇三年五月に開かれた最初の株主総会で、役員が選出された。ジョセフ・タットナールが執行部の社長に任命された。また、役員九名のうち、四名がペンシルヴェニア州から、三名がメリーランド州から、そして二名がデラウェア州から選出された。ペンシルヴェニア州からは、独立戦争前よりチェサピーク&デラウェア運河建設ルートを構想し、調査に当たったトマス・ギルピンの息子、ジョシュア・ギルピンが加わった。役員の選出には出身州からの投資比率がそのまま反映された形となったのである。そして、運河技師および測量師として、ベンジャミン・H・ラトローブや地元ボルティモアのコーネリアス・ハワードらを採用した。[34] しかし、ハワードは測量半ばで辞職したため、ラトローブがチェサピーク&デラウェア運河建設事業の主任技師を務めることになる。[35]

約一年間にわたってデルマーヴァ半島三二カ所において調査が実施された結果、一八〇四年六月四日の株主総会で最も適切な運河ルートが採択された。デルマーヴァ半島を横断する約二一マイルの運河ルートである。運河の深度は七フィート六インチとし、当時内陸を航行していた船舶が航行可能な規模の運河が計画された。ちなみに、当初の運河ルートは、チェサピーク湾側エルク川に流れ込むバック支流の結節点にあるウェルチ（現ウェルシュ）・ポイントからデラウェア川側メンデンホール波止場付近のクリスティアナ支流に至るものであった。一八二九年に開通した運河は、当初計画され建設が進められたルートと異なるものである。[36]

運河建設計画が具体化する一方で、執行部からは運河建設費が当初の見積もりを超過するとの見通しが報告された。計画通りに工事を完成させるために必要な費用は、地代を除き、水利権の購入費を含めると、五六万ドルに上ることが判明したのである。[37] チェサピーク＆デラウェア運河会社は、一八〇四年五月二日最初の工事を始めたものの、翌年一二月に入ると、財政難から工事を続けられなくなり、すべての従業員を解雇することになった。運河のルート調査および実際の工事に要した費用だけで既に約八万五九一五ドルと当初の予算を大幅に上回っていた。しかも、一八〇五年六月には手元に残る資金が二万ドルを切っていたにもかかわらず、新たな出資が得られなかったため、運河の支線の一部は完成したものの、この時点で運河建設を中断せざるをえなくなったのである。[38] 建設資金不足はチェサピーク＆デラウェア運河会社にとって致命的な問題であった。

加えて、施工中に予期せぬ問題が生じたことも建設計画を狂わせた。支線のルート掘削は地質の関係で調査が想定した以上に困難を極めたからである。しかも、建設労働者の募集、彼らのための宿泊施設や地元民とのいさかいといった問題が頭痛の種となった。[39] 建設費の枯渇は最終的に、チェサピーク＆デラウェア運河の建設工事の中止をもたらしたのである。

公的支援を求めて

運河会社の執行部は自前では事業を続行するための資金の目処が立たなかったため、州議会に対して公的な支援を要請していくことになる。当時、州際事業に対して州政府が支援する事例は見受けられた。例えば、一七九一年のことであるが、ヴァージニア州とノースカロライナ州が進めるディズマール・スウォンプ運河事業に対して、ヴァージニア州が株式を購入し公的支援したという事例である。(40)

このチェサピーク&デラウェア運河会社の請願活動で中心的な役割を果たしたのが、運河建設に主任技師として参加したラトローブであった。執行部の請願活動は一八〇四年から一八〇五年にかけて繰り広げられたものの、どの州議会からも色よい返事をもらえずに終わった。そこで、一八〇五年一二月、執行部は最終的に連邦支援を求めることにし、「運河事業に関する省察」(以下「省察」)という添付文書とともに請願文書を連邦議会に提出することになる。(41)当時ジェファソンが第二回就任演説の中で、公債償還後に国庫に残る剰余金を用いて、道路、運河、学校等の公共の基本的設備を整備することを提案していたことが、彼らの事業に対しても連邦支援の対象となりうるとの希望を抱かせていた。

運河技師として参加したラトローブは早くから、この事業が国家的な意義をもつとして、連邦支援の必要性を指摘していた。既に一八〇二年に株式への出資額が当初予定していた資金に達しなかったとき、ラトローブはジェファソン大統領宛ての書簡の中で連邦政府が民間の運河事業に出資できれば、地方利益や投機の影響を受けずに公共事業を遂行できる利点を強調していたのである。(42)

ジェファソン大統領の提案が広く知れ渡っていたとはいえ、チェサピーク&デラウェア運河会社への直接的な支援を引き出すべく、連邦議会を説得していくのは容易なことではなかった。なぜなら、三州にまたがる事業であり、関係者が分散している上、会社そのものは民間会社であったからである。そのため、チェサピーク&デラウェア運河会社の請願文書は、事業の国家的意義を強調するものとなった。具体的には、約二一マイルのチェサピーク&デラウェア運河が建設されれば、五〇〇マイルに及ぶデルマーヴァ半島沿岸部をつたう遠回りの沿岸航行を回避することができること、この航行距離の短縮によって、アメリカ合衆国は、北部諸州と南部諸州を結ぶ広範な内陸航行網を築くことができ、しかも、交通網の緊密な発達は国内の通商、交流の発展に寄与することが期待できること、また、戦時においては、海からの攻撃に対して、国家の安全保障を高めるであろうことが説かれた。この最後の指摘は、連邦議会の上院、下院議員に対して独立戦争時の英海軍の侵攻を思い起こさせるものであったといえよう(43)。

「運河事業に関する省察」

ところで、前述したように請願書には検討資料として「省察」が添付された。「省察」は、運河のもつ公益性を古代から近代に至る各種の事業を踏まえて説明し、チェサピーク&デラウェア運河の地理上の利点がいかに経済的便益ならびに全国的な統合という政治的な価値を高めるかを詳しく説明する。しかも、この運河建設は独立戦争前から民衆の間で待望されてきたものであることに言及し、民間会社の私的利益のために計画されたものではないことを暗にほのめかしていた。

請願書と類似する箇所もあるが、「省察」は当時の実情を伝える資料として興味深い。例えば、異なる州で生産されるそれぞれの特産品に言及し、当時の沿岸部の航行ルートでは、鉱産物や農産物のような重量貨物輸送が大変なコストを要していた点が報告される。石炭の場合、イギリスのリバプールから輸入される石炭価格と国内のジェイムズ川経由で輸送される石炭価格がほぼ同じ価格水準であったことが指摘されており、この輸送コストが国内通商の発達を妨げているばかりか、外国貿易への依存を高めているとの問題意識をのぞかせている。運河の完成によって、アメリカ合衆国内で効率的な内陸航行網が機能し輸送コストが軽減すれば、国内産業の活性化に貢献することが具体例を挙げて提言されていたのである。

また「省察」は、チェサピーク&デラウェア運河事業が連邦支援に頼らざるをえない点に関して次のように述べる。チェサピーク&デラウェア運河事業は「国家的事業として重要なだけでなく、事業の遂行において一方の州が他の州に依存しているがために両方の州から全面的な支援を得ることが難しく、国家的な公共事業として事業に対する支援と保護を連邦議会に頼らざるをえませんでした」[44]と。灯台、港湾整備、要塞の建設事業を進めてきたこれまでの連邦政府の公共事業の文脈は、同運河の建設が連邦政府の政策対象となりうるという運河会社執行部の考えを強めさせていた。しかも、執行部は、公的支援の方法について控えめながらも明確に指摘する。「一定の株式に拠出するか、あるいは、過去の港湾、道路、灯台事業やその他の似たような性格の事業のように特定の助成金という方法によるのか、あるいは、ここでは言及されていない方法によるのか、どのような助成方法が用いられるべきであるかを執行部が指摘するのは決して適切ではありません。執行部の職分、能力の範囲内のことではありません。と申しますのも、これは全体として連邦議会の優れた見識と能力に委ねられなければならないことなのですから[45]」。最終的な判断を連邦議会に委ねつつも、「省察」の中で彼らの正直な気持ちを吐露していたのである。

二　請願活動の行方

連邦議会における審議の動向

一八〇六年一月末、チェサピーク&デラウェア運河会社からの最初の請願書が、上院および下院の委員会に付託された。連邦上院では、三月二一日、ペンシルヴェニア州選出の上院議員であるジョージ・ローガンによって提出された。委員会の報告書は運河計画の国家的な重要性を強調し、チェサピーク&デラウェア運河事業への連邦助成を次のように促した。「全体的な性格を有する公共の開発事業を推進するのが連邦政府の第一義的な義務の中に入る、と委員会は考えております。運河以上に公共の開発事業の性格に値する事業はありません。請願書によって提案されたものは、第一義の重要性を有するものであります。それゆえ、連邦政府の支援と推進に最も値するものであります」と。また、報告書は、公的支援の方法として、直接的な支援ではなく、公有地の下付という方式でチェサピーク&デラウェア運河を支援する提案を行った。[46] 公有地の下付は、連邦政府からの財政支援を意味する。このようにチェサピーク&デラウェア運河にとって好ましい報告書が出されたものの、このときの上院本会議では最終的に法案として採択されなかった。

一方、連邦上院に先駆けて審議が行われていた下院委員会は既に三月五日、同社に対する連邦支援に否定的な結論を報告していた。「委員会はチェサピーク湾とデラウェア川を航行可能な運河によって結ぶことの重要性や広範囲にわたる有益性を判断するのに一瞬も躊躇するものではありません。使い古された文句を用いれば、委員会はこの事業計画を、広大な内陸航行を開く糸口と考えております。そして、それは地域社会の通商、農業、製造業の各部門にとって計り知れない便益を常にもたらすことでしょう。戦時には、その便益は計り知れないでしょう。請願者たちの論法はこの点において反論の余地はありません」とあるように、下院委員会も、チェサピーク&デラウェア運河事業の価値を高く評価していたのである。しかし、「現時点で、国庫の状態が交付しうる金銭的支援の余地があるかどうかということが問題なのです。いまだに償還されていない公債、我々の通商における混乱状態、そして、外国の諸政府との危機的な状態は、この特殊な時期において内陸開発に公的資金を充当することに対するおそらく乗り越えがたい反論として考えられます」と述べ、委員会が出した結論は、「この時期、チェサピーク&デラウェア運河会社の社長ならびに役員に対して金銭的支援を与えるのは時宜に適わない」というものであった。[47] 連邦議会で初めて検討されたチェサピーク&デラウェア運河会社への公的支援問題は、上院および下院の両院で、デルマーヴァ半島を横切る運河建設の重要性が高く評価されたものの、すぐさま金銭支援には結びつかなかったのである。

一八〇六年六月二日、チェサピーク&デラウェア運河会社の第三回全体報告書が株主に出された[48]。執行部にとって同社が行った連邦議会への請願活動以外にさしたる報告内容はなかった。同社の財政状況は出資金不足で危機的状態にあり、事業を続行するのであれば、公的支援は絶対不可欠な条件であった。連邦政府からの公的支援が頓挫した状況の中でも、ペンシルヴェニア、デラウェア、メリーランド各州議会が積極的な救済に動くことはなかった。この州際事業に対する支援に消極的な州政府の姿勢を最もよく示していたのが、一八〇六年一二月四日、ペンシルヴェニア州知事トマス・マッキーンの州議会開会に向けての演説であろう。

ペンシルヴェニア州は、当初、同社に関係した三州の中で最も建設に熱心な州であった。しかし、マッキーン知事は同演説の中で、チェサピーク&デラウェア運河事業に対して、州政府からの支援よりも連邦政府からの支援を求めるようにと示唆した[49]。マッキーン知事自身は、必ずしも州政府による交通路の開発に否定的ではなかった。実際、同じ演説の中で、州内の道路や航行路開発のために州政府が公的支援を行うことを提案していた。しかし、彼は、チェサピーク&デラウェア運河事業のような州際事業を公的支援の対象事業として優先することはなかったのである。このような状況から、執行部は、結局、事業の継続のためには、連邦支援を再度頼みにせざるをえなかったのである。

請願活動の続行

次会期、連邦議会に再び提出されたチェサピーク&デラウェア運河会社からの請願書は、一八〇七年一月一三日、連邦上院の委員会に付託された。委員会はデラウェア州選出のジェイムズ・A・ベイヤード、ジョージア州選出のエイブラハム・ボルドウィン、ニューヨーク州選出のサミュエル・L・ミッチルで構成され検討されることになった。委員会はその後、前会期のローガン報告書ならびにその際提案された決議を再度提出した。同社への公的支援を後押しするためにベイヤードが熱弁を振るったのが二月五日のことであった[50]。

演説の中でベイヤードは、チェサピーク&デラウェア運河会社の請願書ならびに「省察」で指摘された重要な論点を強調した。内陸航行網の整備は平時において国内の経済的および政治的結びつきを強化すること、また戦時においては、軍隊の円滑な移動を可能にし国家の安全保障に寄与することを主張したのである。そして、財政は充足し公債償還費が国庫を圧迫してはおらず、現下の連邦下院では剰余金の使途のために委員会が組織されている状態であることを指摘し、今ほど事業を遂行する好機はないという。これはジェファソン大統領の第六回年次教書を意識したものであろう。連邦政府にとって障害となっているのは、憲法上の問題だけであると議場で率直に述べるのであった。

ベイヤードは、運河建設を港湾整備や軍事施設の建設を可能にした連邦権限の文脈の中に位置づけ、憲法上「必要かつ適切なすべての法律を制定する権限」を適用できると、合憲論を展開し、連邦政府が運河事業を助成しうると論じた。この連邦支援に当たっては、連邦政府は三億エーカーもの広大な公有地があることから、国家的意義のある企業のために公有地を下付しその株式と交換する支援策の意義を説明するのであった[51]。

ベイヤードによって提案された決議は上院で賛成二〇票、反対六票で可決され、ベイヤードとともにヴァージニア州選出のウィリアム・B・ジャイルズ、ケンタッキー州選出のヘンリー・クレイが本会議に法案を提出するための委員会の委員に任命された。しかし、この委員会が提出したチェサピーク&デラウェア運河会社への公有地下付法案は、同時に議題に上っていたオハイオ運河(後のルイスヴィル&ポートランド運河)事業への同様な法案とともに、連邦上院で審議が進展しなかった[52]。審議の過程でマサチューセッツ州選出のジョン・Q・アダムズがこの法案の可決に強硬に反対したからである。

アダムズが反対した理由は、この法案がクレイによって支持されていたことによる。クレイは、前年より自州のオハイオ川の滝周辺の運河事業に対する連邦助成を求めていた。この点で、アダムズは、関係する州同士の結託を批判するとともに運河建設事業が利権の温床になるとの懸念を表明したのである。アダムズは、この反対演説に先立つ二月二四日のこと、財務長官ギャラティンに対して、連邦議会が支援する価値がありかつ必要な道路、運河、および河川の航行開発事業に関する全般的な計画を提出するように求める決議を提出していたのであるが、決議は即座に否決されていた。そうした中、オハイオ州選出のトマス・ウォーシントンが、財務長官に対して、チェサピーク&デラウェア運河会社の利点と建設可能性および合衆国の南北を内陸航行路で結ぶ計画についての意見を、また、大西洋沿岸の諸州を結ぶ有料道路計画に関して調査分析を要請する二つの決議を相次いで提出した。(53) 二月二八日ウォーシントンは、合衆国憲法上可能な範囲内での開発計画に決議内容を変更するようにとのアダムズの助言を受け、結局、提出した決議を撤回した。代わって、ギャラティンに対して、既存の道路および運河の開発事業に関する報告と連邦助成が可能な事業計画についての全般的な報告書を求める提案を改めて行うことになる。(54)

チェサピーク&デラウェア運河会社への連邦助成をめぐる議論の中から、最終的に生み出されたのが、一八〇七年三月二日の決議である。連邦上院は財務長官に対して、「連邦政府による内陸開発の対象として、政府の助成を必要としかつその価値のある事業ならびにその事業の性格に関する意見とともに、道路および運河建設のために連邦議会権限の範囲内にある措置を適用する計画を用意し報告すること」(55)を命じる決議を多数決で採択した。同決議は、財務長官に対して合衆国における道路と運河の現状とその開発主体について資料を提供することも求めたのである。財務長官アルバート・ギャラティンによって一八〇八年四月に提出された報告書こそが、アメリカ内陸開発政策史上有名な「道路と運河に関する報告書」である。

第三節　「道路と運河に関する報告書」における内陸開発構想

一　ギャラティンの報告書とチェサピーク&デラウェア運河会社

連邦上院に全国的な内陸交通網整備の報告書を提出するため、アルバート・ギャラティン財務長官は国内の関税局収税人に対して、内陸開発事業に関する質問一覧を配布した。[56] チェサピーク&デラウェア運河会社の場合、同社の役員ジョシュア・ギルピンがギャラティンに対して運河事業の全般的な報告を一八〇八年一月四日付けで書き送った。ギルピンがギャラティンに宛てた書簡は、チェサピーク&デラウェア運河事業の詳細を伝えるものであった。しかしながら、彼には明らかに別の意図がうかがえる。ギルピンは、書簡を通して、州政府からの財政支援の見込みの立たないチェサピーク&デラウェア運河事業の事情を説明し、連邦政府からの公的支援の必要性を次のように訴えたからである。「ペンシルヴェニア州議会の議員は内陸地域のカウンティに多数、この種の地方の開発対象を抱えており、彼らは州議会から何らかの支援を得る請願があれば、それを妨害しようと絶えずせめぎあっております。また、デラウェア州はその資力においてあまりにも微力なため、この種のいかなる事業にも支出できないでおります。さらに、メリーランド州では、チェサピーク湾近郊カウンティの利害関係者たちは運河に執着していますが、ボルティモアや同州の他地域はこの運河事業に対して少なからず嫉妬の目で見ております」[57]と。

事業を再開するためには公的支援が必要であるにもかかわらず、関係各州からの公的支援はとうてい望めそうになかった。チェサピーク&デラウェア運河会社にとって唯一残された望みは連邦政府からの財政支援にあることをギルピンは強調したのである。さらに、ギルピンは執行部を代表し、チェサピーク&デラウェア運河事業に対する公的信用を回復させ財務状態を好転させるために、ギャラティンに同社に対する連邦政府からの支援方法として「貸付、あるいは一定の株式の購入」という方式をとる方が良策ではないかと提言するのであった[58]。

さて、連邦政府が立案し集成した最初の全国的な内陸開発事業報告書には、既存の道路や運河だけでなく、建設および計画段階の事業も含まれていた。報告書の作成に当たって、ギャラティンは、チェサピーク&デラウェア運河の主任技師であったラトローブの助けを借り、報告を受けた全国の有料道路や運河についての大量の情報を要約整理することを通して、アメリカ合衆国を政治的にも経済的にも一つに結びつける全国的な開発構想を練り上げたのであった[59]。この報告書の中で、ギャラティンは具体的な開発場面においても開発主体として連邦政府の利点を強調した。中立的な立場の連邦政府が内陸開発事業の選定を行うことで、地域の利害にとらわれず最良の選択ができるとして、内陸開発事業における連邦政府の役割に期待したのである。報告書の中でギャラティンは、連邦政府の開発対象という観点から重要な交通路として次の三つのルート、すなわち大西洋に沿った南北のルート、大西洋と西部とを結ぶ東西のルート、五大湖と大西洋とを結ぶルートを挙げ、開発費の見積もりをそれぞれ七八〇〇万ドル、四八〇〇万ドル、四〇〇〇万ドルと算出し、予備費を含めて総額で二〇〇〇〇万ドルを要すると算定した[60](表1-1参照)。

この二〇〇〇〇万ドルもの開発資金をいかに捻出するのかについてであるが、ギャラティンは今後平時が続くという前提で、国庫から毎年二〇〇万ドルを拠出すれば一〇年間で二〇〇〇〇万ドルの拠出が見込めるとする。また、一般財政から拠出する以外の方法として、ギャラティンは開発資金の財源として国際情勢に左右されることのない西部の公有地売却益と完成後の開発事業が生む収益にも注目したのである[61]。

当時の財政状況からすれば、連邦政府が大規模な国内交通網の開発事業に乗り出すことは不可能ではなかった。

表 1-1　合衆国の国内交通網の開発計画費見積もり

I 「大西洋に沿った南北のルート」　780 万ドル	
①マサチューセッツ州からノースカロライナ州への内陸航行路を開く運河建設	300 万ドル
②メイン地区からジョージア州に至る有料道路の建設	480 万ドル
II 「大西洋と西部とを結ぶ東西のルート」　480 万ドル	
①大西洋に注ぐ 4 河川の航行路の整備	150 万ドル
②山脈を横切る西部の 4 河川と大西洋に注ぐ 4 河川とを結ぶ有料道路の建設	280 万ドル
③オハイオ川の滝周辺の運河建設	30 万ドル
④デトロイト，セントルイス，ニューオリンズへの道路建設	20 万ドル
III 「五大湖と大西洋とを結ぶルート」　400 万ドル	
①ハドソン川とシャンプレイン湖間の航行路の開発	80 万ドル
②ハドソン川とオンタリオ湖間の運河建設	220 万ドル
③オンタリオ湖，さらに上流域のミシガン湖に至る内陸航行路を開くナイアガラの滝周辺の運河建設	100 万ドル

出所）*Report of the Secretary of the Treasury on the Subject of Public Roads & Canals* (Washington: R. C. Washington, 1808; reprint ed., New York: Augustus M. Kelley, 1968), pp. 67-68.

問題は連邦政府がこれらの開発事業を直接行えるかどうかにあったのである。ギャラティンは合衆国憲法の修正がなされるまでは、開発事業に関して各州の同意が不可欠であり、同意を得るための事業計画の修正は必然的に、州が資金の配分方法に介入することになるという弊害を指摘していた。また、現行の合衆国憲法において可能な連邦資金の拠出方法として、報告書は合衆国が各州の同意を得て、連邦政府資金のみで開発事業を行うか、あるいは、民間会社の株式を購入して開発事業に出資するかの二つの方法を示すのであった。前者の方法は、地方の利害を効果的にコントロールし、事業に全体的な方向性を与えるであろうとし、また、細部では後者の民間会社による方が経済的であるという利点を挙げる。結論として、現時点で連邦政府が開発事業にかかわるとすれば、連邦資金で開発が進められているカンバーランド国道は例外として、既に認可されている開発事業に対して資金を貸し付けるか株式に出資するという方法以外にないと、提言をまとめたのであった[62]。

　民間開発会社の株式を購入するという間接的な方法を通して、連邦政府が国内の開発事業を支援することを示唆したのは画期的なことであった。財務長官の報告書は、チェサピーク&デラウェア運河会社や他の数多くの事業主体に大きな反響を呼び起こした。しかも、ギャラティンはチェサピーク&デラウェア運河会社、サスケハナ運河会社、ディズマール・スウォンプ運河会社のもつ公益性に高い評価を与え、これらの事業に対して連邦支援を提言すると同時に、オハイオ運河やピッツバーグ道路事業に対しても出資することを提案した。(63) ちなみに、連邦支援対象として名前の挙がった事業を見ると、ギャラティンは一定の方針に従って選定していたことがうかがえる。例えば、チェサピーク&デラウェア運河とディズマール・スウォンプ運河はマサチューセッツ州からノースカロライナ州への主要な南北ルートに位置する。サスケハナ運河は、オハイオ運河そしてピッツバーグ道路とともにオハイオ川あるいはオハイオ川の支流と結びついて大西洋へとつながる交通路を形成し、これらは東から西へのルートに位置する。ギャラティンが南北および東西の交通ルートの開発に強い関心を抱いていたことは報告書からうかがえるのである。(64)

その一方で、これらの事業の多くが、当時合衆国の中で地理的に見れば東西南北の結節点に位置したペンシルヴェニア州にかかわる点は見過ごせない。実は、ジョシュア・ギルピンおよびチェサピーク&デラウェア運河会社の役員たちは、一八〇八年三月のラトローブからの書簡を通して、ギャラティンがまもなく発表する報告書が同社を有利に扱っていることを事前に知っていた。(65) しかし、報告書は彼らが予想していた以上の内容であったのである。このチェサピーク&デラウェア運河への注目は、同社から連邦議会に繰り返し提出された請願書、ラトローブの報告書、そして、ギルピンの手紙といった諸々のものがギャラティンの内陸開発構想を温めるのに寄与したとのうがった見方もできよう。さらに、ギャラティン自身、一七九〇年代初頭、ペンシルヴェニア州議会議員のときに、同州の内陸開発政策にかかわった経験があったことも留意すべきであろう。(66) ギャラティンとペンシルヴェニア州との強力な結びつきは、彼の報告書の中でチェサピーク&デラウェア運河に高い評価を与える要因となったといえる。

しかも、報告書の中で示された民間会社への公的支援方法についても、チェサピーク&デラウェア運河会社が何らかの影響を与えていたと考えられる。というのも、報告書は「資金は二つの異なる方法で充当されうる。すなわち、合衆国が諸州の同意を得て、いくつかの事業を連邦資金のみで行ってもよいかもしれない。あるいは、合衆国が［開発——引用者注］目的で設立された会社の一定の株式に出資してもよいかもしれない。貸付も、ある場合においては、当該会社に対しなされてもよいかもしれない(67)」という。ここでギャラティンは、チェサピーク&デラウェア運河会社やオハイオ運河会社に対してこれまでの連邦上院において議論された公有地の下付(を通した株式出資)という連邦支援方法を明示してはいない。彼が報告書の中で提示した公的支援方法は、ギルピンが手紙の中でギャラティンに示唆した貸付または株式購入であった。ギャラティンが公的支援の方法について、ギルピンの手紙からその着想を得たことは十分に考えられるのである。

「道路と運河に関する報告書」はアルバート・ギャラティンの最も重要な業績の一つである。合衆国憲法内で可能な全国的な内陸開発構想をまとめあげたのはギャラティンである。しかしながら、ギャラティンとチェサピーク&デラウェア運河事業にかかわった人々、特に、ギルピン、ラトローブとの意見交換がギャラティンの国家的な内陸開発構想を練り上げていくのにきわめて重要な役割を果したことは否定できないであろう。

一八〇八年四月に明らかになったギャラティンの報告書はチェサピーク&デラウェア運河会社を奮い立たせることとなった。そこで、同年の第一〇回連邦議会第二会期において、一八〇五年に連邦議会に提出したものと同じ請願書を議会に再提出した。上院の委員会ではギャラティンの報告書と同時に同社からの請願書が検討されることになった。このとき、同社は公的支援の獲得を確信して疑わなかった。ギャラティンの報告書とともに、ジェファソン大統領の最後の年次教書が追い風になっていたからである。教書の中で、ジェファソンは連邦政府による内陸開発政策を再び取り上げていたのである。さらにいえば、一八〇七年六月にヴァージニア近海で起こったイギリスのフリゲート艦レパード号によるアメリカ軍艦チェサピーク号への発砲事件以降、英米間の軍事的緊張が高まっていた。そうなると、必然的にデルマーヴァ半島内を横断するチェサピーク＆デラウェア運河の軍事的価値が高まることになる。

このような状況下、同社への支援は認められたのであろうか。結論からいうと、期待した支援を得ることは叶わなかった。連邦上院では、最終的に一八〇九年二月三日チェサピーク＆デラウェア運河会社に二〇万エーカーの公有地の売却および下付を認める法案が可決された。しかし、同法案は三月三日、連邦下院において四二対三一で審議延期措置となった。審議延期を提案したヴァージニア州選出のジョン・W・エペスは、チェサピーク＆デラウェア運河が重要な意義をもつことを認めつつも、憲法修正が行われないまま連邦政府が出資する内容を問題にしたのである。一方、同法案に対して、地方の問題からでなく全体的な原則から支持すると表明したノースカロライナ州選出のリチャード・スタンフォードは、これは新しい問題であることを強調した。公有地を原資とする内陸開発事業はカンバーランド国道において既に承認されていること、また下院はミシシッピ川のカロンダレット軍用運河建設に対して拠出を決めたことを引き合いに出し、戦争を見据えたとき、内陸開発政策を始める好機であることを指摘したが、先述のように、エペスの審議延期提案が可決されたのであった(68)。好機到来であったにもかかわらず、ジェファソン政権の最終会期においても、チェサピーク＆デラウェア運河会社はいかなる公的支援も獲得できなかったのである。

チェサピーク＆デラウェア運河事業の例は、州際事業を推進することがいかに困難であるかを示す一方、特定地域の開発事業が全国的な内陸開発構想へと結びつく可能性について示唆を与えた点で特記される。同運河事業の場合、ジェファソン大統領が第二回就任演説の中で示した連邦政府による交通網の整備構想が一つのきっかけとなって、チェサピーク＆デラウェア運河会社の連邦支援を求める運動を加速させた。チェサピーク＆デラウェア運河事業ならびにオハイオ運河事業は、ジェファソン政権期において連邦政府から実際にはいかなる財政支援も受けられなかったのであるが、これらの請願活動がギャラティン財務長官の「道路と運河に関する報告書」を生み出すきっかけとなった点に歴史的個性が見出せるのである。

二　ギャラティンの報告書の意義

ギャラティンは「道路と運河に関する報告書」において、連邦政府が国内交通網の開発を後押しすることで、民間資本の乏しさや、開発領域の広大さといった合衆国内の阻害条件に対処できる上、結果として、連邦内の地域交流を深め、連邦そのものの強化につながることを指摘した。しかも、具体的な開発局面においても開発主体として連邦政府がもちうるであろう利点を強く意識していた。ギャラティンの報告書そのものは、ジェファソン政権における大統領の第二回就任演説、そして第六回年次教書の流れを汲む連邦政府による大規模な国内交通網の整備構想を集大成するものといってもよい。さらにいえば、教書の提案が具体性を欠くものであっただけに、同報告書はジェファソン政権が初めて提出した具体的かつ現実的な連邦規模での開発計画であった。

ギャラティンの報告書に関して、アメリカ合衆国の内陸開発政策史家カーター・グッドリッチは、後年行われた交通網の開発状況と照らし合わせた上で、合衆国の地理把握の確かさと、それに対応した開発計画の的確さを高く評価した。しかし、ギャラティンの全体計画の先見性を高く評価する一方で、報告書の問題点として、開発資金の財源があまりにも楽観的な税収見通しに基づくという弱点も見落としてはいない。すなわち、グッドリッチは、新たな課税や、公債発行を考慮に入れない報告書の財政計画は、平時の、関税依存の歳入構造、ならびに大規模な軍事支出の皆無を前提として作成されており、全体的に政治的な不安定要素を抱えている点を指摘する

のである。(69)

事実、関税収入に大きく依存するジェファソン政権の財務体質は国際情勢の影響を受けやすい性格を有し、この不安定な財務体質がギャラティンの綿密な開発計画を机上の空論にしかねなかったのである。実際、一八〇六年四月以降相次いで出された輸出禁止法、さらには一八〇七年一二月の出港禁止法の結果、連邦政府の財政状況は著しく悪化することになる。一八〇六年以降過去最高記録を更新し続けていた連邦の歳入額は、一八〇八年一一月第八回年次教書提出時には一七〇〇万ドルを超える勢いであった。しかしその翌年になると七七七万ドルとなり、税収が約一〇〇〇万ドル近くも落ち込むことになる。しかも一八一二年英米戦争が始まるまでの間、軍事費は増大の一途をたどり、マディソン政権に入ると剰余金の使途に思いをめぐらすような余裕はもはやありえなかった。(70)

ギャラティンが「あらゆる地域利益を概観しかつあらゆる地方事情に優越する連邦政府のみが、全国的な開発事業の選定を完全に行える」(71)と主張する連邦政府像は、理念的で理想的であったことは否めない。なぜなら、これまでの連邦議会審議を振り返ったとき、開発事業に対する連邦助成問題が、地域利害や地方的偏向を超越し国家的な構想の下で審議されることはまずなかったからである。しかし、連邦政府の役割を理想化し、かつ政治状況の変化に十分対応しうる財政予測を欠くとはいえ、ギャラティンの報告書は、単に連邦政府が大規模な国内交通網の整備事業を構想したという事実とは別に、当時の連邦政府による内陸開発政策に対して次のような大きな足跡を残したことは確かである。

第一に、連邦政府が初めて具体的な連邦全体の内陸開発政策を打ち出したことである。連邦政府による内陸開発政策は、ジェファソンの相次ぐ教書によって実現可能な雰囲気を生み出していたところへ、ギャラティンが、まさに法的にも、財政的にもいわばお墨付きを与えたのである。ギャラティンは、合衆国憲法を修正することなく、関係各州の同意があれば、連邦政府が直接大規模な開発事業に参画できることを示したからである。ワシントン政権下の港湾整備事業に始まり、ジェファソン政権下のカンバーランド国道事業に至るまで、連邦政府は連邦制度の枠組みを変えることなく国内の交通網の開発事業に着手してきた。また、報告書が民間会社の株式の購入あるいは、資金の貸付を通して、間接的に開発事業に出資する方法を提示したことで、連邦政府による内陸開発政策の幅は飛躍的に広がったといえる。

第二に、ギャラティンが全国的な視点から建設意義のある道路や運河の建設計画を明らかにしたことで、これらの開発事業を推進していた諸州は、州益の追求という批判を免れられるばかりか、連邦政府から財政支援を得る可能性を手に入れたのである。ギャラティンの報告書が編まれる前から、チェサピーク&デラウェア運河事業やケンタッキー州のオハイオ運河事業は、その運河のもつ連邦的意義を政治的、経済的、軍事的観点から主張し、連邦助成を求める請願書を連邦議会に幾度となく提出してきた。しかし、一部特定地域の利益を追求するとの批判を払拭できずにいた。しかしながら、「道路と運河に関する報告書」の中で、重要な開発対象として指摘されたことで、開発事業を抱える諸州の請願活動が勢いづくことになったのである。

次章では、ギャラティンの報告書が、当時のアメリカの連邦ならびに州の内陸開発政策をめぐる議論に与えた影響について論じていくことにする。

（1） Max Farrand, ed., *The Records of the Federal Convention of 1787*, 3 vols. (New Haven: Yale University Press, 1966), 2: 303, 308, 504, 615-16.

（2） *Journal of the House of Representatives of the United States, 1789-1793*, 1st Cong., 1st Sess., p. 57; *Journal of the Senate of the United States, 1789-1793*, 1st Cong., 1st Sess., pp. 50-51; Appendix to *Annals of Congress, 1789-1825* (AC),

1st Cong., 1st Sess., pp. 2215-16.

(3) Joseph Hobson Harrison, Jr., "The Internal Improvement Issue in the Politics of the Union, 1783-1825" (Ph. D. diss., University of Virginia, 1954), pp. 118-19.

(4) Jefferson to Madison, July 31, 1788, James Morton Smith, ed., *The Republic of Letters: The Correspondence between Thomas Jefferson and James Madison, 1776-1826*, 3 vols. (New York: W. W. Norton & Company, 1995), 1: 543-46.

(5) 一七八九年六月八日マディソンは一九の憲法修正条項案を提案したが、九月上下両院で可決されたのはそのうちの一二の修正条項であり、さらに一七九一年一二月修正条項として各州で憲法修正に必要な同意を得て成立したものが第一条から第一〇条までの修正条項であった。Helen E. Veit, Kenneth R. Bowling, and Charles Bangs Bickford, eds., *Creating the Bill of Rights: The Documentary Record from the First Federal Congress* (Baltimore: Johns Hopkins University Press, 1991).

(6) 中野勝郎『アメリカ連邦体制の確立——ハミルトンと共和政』(東京大学出版会、一九九三年)第四章。本書は、ハミルトンの諸政策について政治理念を通して分析したものである。フェデラリスツとリパブリカンズの両党派の政策対立を政治的理念の違いから分析しており、その中で、中野は新興国アメリカの国益を見据えるハミルトンに対し自由貿易派のジェファソン、マディソンの外交論がもつ危うさを指摘する。

(7) Jefferson to John Dickinson, March 6, 1801, Merrill D. Peterson, ed., *Thomas Jefferson, Writings* (New York: Literary Classics of the United States, 1984), pp. 1084-85.

(8) First Inaugural Address, March 4, 1801, Peterson, ed., *Jefferson*, p. 493.

(9) Gallatin to William B. Giles, February 13, 1802, Henry Adams, ed., *The Writings of Albert Gallatin*, 3 vols. (New York: Antiquarian Press, 1960), 1: 76-79.

(10) Appendix to *AC*, 7th Cong., 1st Sess., pp. 1349-50.

(11) Appendix to *AC*, 7th Cong., 2nd Sess., pp. 1588-90; U.S. Department of Transportation Federal Highway Administration, *America's Highways, 1776-1976: A History of the Federal Aid Program* (Washington D.C.: U.S. Government Printing Office, 1977), Ch. 2.

(12) ハミルトン研究者の中野勝郎は、ハミルトンはルイジアナ購入に党派的に反対したのではなく共和国として統治可能な領域という点でアメリカの領土拡大に反対したことを指摘する。中野『アメリカ連邦体制の確立』第二章第三節。

(13) Stephen E. Ambrose, *Undaunted Courage: Meriwether Lewis, Thomas Jefferson, and the Opening of the American West* (New York: Simon & Schuster, 1996).

(14) Appendix to *AC*, 8th Cong., 1st Sess., pp. 1285-93. なお、一八〇〇年の公有地売却法は以下である。Appendix to *AC*, 6th Cong., 1st Sess., pp. 1515-22.

(15) Second Inaugural Address, March 4, 1805, Peterson, ed., *Jefferson*, p. 519.

(16) Dumas Malone, *Jefferson,* 6 vols. (Boston: Little, Brown & Com., 1948), 1: 377-79; John Lauritz Larson, *Internal Improvement: National Public Works and the Promise of Popular Government in the Early United States* (Chapel Hill: University of North Carolina Press, 2001), pp. 16-17; Jefferson to Washington, March 15, 1784, Julian P. Boyd and others, eds., *The Papers of Thomas Jefferson,* 34 vols. to date (Princeton: Princeton University Press, 1950-), 7: 25-27; Washington to Jefferson, March 29, 1784, ibid., 7: 49-52; Madison to Jefferson, January 9, 1785, ibid., 7: 588-99; Madison to Jefferson, January 9, 1785, ibid., 7: 590-91; Jefferson to Washington, May 10, 1789, ibid., 15: 117-19.

(17) *AC*, 9th Cong., 1st Sess., pp. 22-25.

(18) *AC*, 9th Cong., 1st Sess., p. 836.

(19) *AC*, 9th Cong., 1st Sess., pp. 839-40; Harrison, "The Internal Improvement Issue," pp. 151-54.

(20) Appendix to *AC*, 9th Cong., 1st Sess., pp. 1236-38; Appendix to *AC*, 9th Cong., 2nd Sess., pp. 1000-08.

(21) Harrison,"The Internal Improvement Issue," p. 158; *America's Highways*, Ch. 3; Gallatin to Jefferson, February 12, and July 27, 1808, Adams, ed., *The Writings of Albert Gallatin*, 1: 370, 395-96.

(22) Sixth Annual Message, December 3, 1806, Peterson, ed., *Jefferson*, pp. 524-31.

(23) Peterson, ed., *Jefferson*, p. 529.

(24) 第六回年次教書の草稿段階でマディソンは、公有地の売却益を道路および運河の建設に充てるようジェファソンに提案していた。Madison's Memoranda, Paul L. Ford, ed., *The Works of Thomas Jefferson*, 12 vols. (New York: G. P. Putnam's Sons, 1904-05), 10: 305.

(25) Gallatin to Jefferson, Remarks on President's Message, November 16, 1806, Adams, ed., *The Writings of Albert Gallatin*, 1: 316-20.

(26) Jefferson to Joel Barlow, October 7, 1807, Ford, ed., *The Works of Thomas Jefferson*, 10: 530.

(27) Jefferson to Gallatin, May 29, 1805, Adams, ed., *The Writings of Albert Gallatin*, 1: 232-33.

(28) Appendix to *AC*, 9th Cong., 1st Sess., pp. 1280-82.

(29) Henry Deleon Southerland, Jr. and Jerry Elihah Brown, *The Federal Road through Georgia, the Creek Nation, and Alabama, 1806-1836* (Tuscaloosa: University of Alabama Press, 1989), pp. 17-20.

(30) 報告書では、チェサピーク&デラウェア運河会社を設立した州としてデラウェア州とメリーランド州の二州しか取り上げていないが、これは、本文でも記述したようにペンシルヴェニア州を加えた三州が正しい。*Report of the Secretary of the Treasury on the Subject of Public Roads & Canals* (Washington: R. C. Washington, 1808; reprint ed., New York: Augustus M. Kelley, 1968), p. 13.

(31) Ralph D. Gray, *The National Waterway: A History of the Chesapeake and Delaware Canal, 1769-1985*, 3rd ed. (Urbana: University of Illinois Press, 1989), p. 10.

(32) George Edward Reed, ed., *Pennsylvania Archives*, 4th ser., 4 vols. (Harrisburg: W. M. Stanley Rav., 1900), 4: 471; Gray, *The National Waterway*, p. 10.

(33) *A Collection of the Laws relative to the Chesapeake and Delaware Canal, passed by the legislatures of the states of Maryland, Delaware, and Pennsylvania, subsequent to the year 1798* (Philadelphia: L. R. Bailey, 1823), pp. 3-15, 19-34, 42-46.

(34) Joshua Gilpin, *A Memoir on the Rise, Progress, and Present State of the Chesapeake and Delaware Canal, accompanied with Original Documents and Maps* (Wilmington: Robert Porter, 1821), pp. 6-8; Gray, *The National Waterway*, pp. 14-15.

(35) Gilpin, *A Memoir*, pp. 19-20.

(36) Ibid., pp. 16-21; *The Memorial and Petition of the President and Directors of the Chesapeake and Delaware Canal Company* (Washington City: R. C. Weightman, 1809), pp. 17-18; *First General Report of the President and Directors of the Chesapeake and Delaware Canal Company, June 4, 1804* (Philadelphia: John W. Scott, 1804), p. 15. なお、計画されたチェサピーク&デラウェア運河の全長は、ギャラティンの報告書では二二マイルと表示されるなど、文書によって異なるが、本書

では一八〇五年一二月に最初に運河会社が連邦議会に提出した請願書に従った。*Report of Public Roads & Canals*, p. 13.

(37) *First General Report,* pp. 15-17.

(38) Gray, *The National Waterway*, pp. 18-21.

(39) Ibid., p. 20; Latrobe to Jo. Helmsley, October 29, 1804, John C. Van Horne and Lee W. Formwalt, eds., *The Papers of Benjamin Henry Latrobe: Correspondence and Miscellaneous Papers,* 2 vols. (New Haven: Yale University Press, 1984), 1: 553-59.

(40) An act authorizing the treasurer of this Common wealth to subscribe for certain shares in the Dismal Swamp Canal Company, William Waller Hening, ed., *The Statutes at Large: being a collection of all the laws of Virginia, from the first session of the Legislature in the year 1619,* 13 vols. (Charlottesville: The Jamestown Foundation of the Commonwealth of Virginia by University Press of Virginia, 1969), 13: 264.

(41) Gilpin, *A Memoir*, pp. 34-35. ラトローブはチェサピーク&デラウェア運河会社の株主であり、運河計画は彼の個人的な利権ともかかわっていたことをフォームウォルツは指摘する。Lee William Formwalt, *Benjamin Henry Latrobe and the Development of Internal Improvements in the New Republic, 1796-1820* (New York: Arno Press, 1982), pp. 124-29.

(42) Latrobe to Jefferson, October 24, 1802, Horne and Formwalt, eds., *The Papers of Benjamin Henry Latrobe*, 1: 208-17. 引用箇所は 1: 216.

(43) *The Memorial and Petition*, pp. 15-16.

(44) Ibid., p. 29.

(45) Ibid.

(46) *AC*, 9th Cong., 1st Sess., pp. 192-94.

(47) *AC*, 9th Cong., 1st Sess., pp. 536-37.

(48) *Third General Report of the President and Directors of the Chesapeake and Delaware Canal Company, June 2, 1806* (Wilmington, 1806), pp. 6-7.

(49) Reed, ed., *Pennsylvania Archives*, 4th ser., 4: 579-85.

(50) *AC*, 9th Cong., 2nd Sess., pp. 31, 33-35, 55-60.

（51） *AC*, 9th Cong., 2nd Sess., pp. 58–60.

（52） *AC*, 9th Cong., 2nd Sess., p. 60.

（53） *AC*, 9th Cong., 2nd Sess., pp. 80–81, 87–90.

（54） *AC*, 9th Cong., 2nd Sess., p. 95; Carter Goodrich, *Government Promotion of American Canals and Railroads, 1800–1890* (New York: Columbia University Press, 1960), pp. 26–27.

（55） *AC*, 9th Cong., 2nd Sess., p. 97; *Report of Public Roads & Canals*, pp. 3–4.

（56） Harrison, "The Internal Improvement Issue," p. 201.

（57） Joshua Gilpin to Gallatin, January 4, 1808, *Letters to the Honorable Albert Gallatin, Secretary of the Treasury of the United States: and Other Papers relative to the Chesapeake and Delaware Canal* (Philadelphia: John W. Scott, 1808), pp. 9–10.

（58） Ibid., pp. 16–17.

（59） 当時ラトローブは首都ワシントンの政府関係建築物の建設に従事していたが、ギャラティンに内陸開発事業に関する報告書を提出した。その中で、ラトローブはアメリカの地形的特徴、特に河川、運河に注目し、技師の立場からチェサピーク&デラウェア運河事業について詳述した。また、別の技師ロバート・フルトンは運河を利用した内陸航行路開発を推進する報告書を提出した。ギャラティンが全国的な計画を立案した際これらの情報を参考にしたと思われる。*Report of Public Roads & Canals*, pp. 79–123; Latrobe to Gilpin, February 25, 1808, Horne and Formwalt, eds., *The Papers of Benjamin Henry Latrobe*, 2: 525–27; Formwalt, *Benjamin Henry Latrobe*, pp. 163–64.

（60） *Report of Public Roads & Canals*, pp. 67–68.

（61） Ibid., pp. 69–73.

（62） Ibid., pp. 73–75.

（63） Ibid., p. 74.

（64） Ibid., p. 37.

（65） Latrobe to Gilpin, March 11, 1808, Horne and Formwalt, eds., *The Papers of Benjamin Henry Latrobe*, 2: 539–40.

（66） Raymond Walter, Jr., *Albert Gallatin: Jeffersonian Financier and Diplomat* (New York: Macmillan Company, 1957), pp. 47-48.

(67) *Report of Public Roads & Canals*, p. 73.

(68) AC, 10th Cong., 2nd Sess., pp. 339-41, 1557-59.

(69) Goodrich, *Government Promotion*, pp. 34-36.

(70) アメリカ合衆国国務省編、斎藤眞・鳥居泰彦監訳『アメリカ歴史統計』第二巻(原書房、一九八六年)一一〇四、一一〇六頁。

(71) *Report of Public Roads & Canals*, p. 75.

第二章　「道路と運河に関する報告書」の反響と一八一二年英米戦争

一八〇八年、国家的な内陸開発構想が連邦政府によって初めて提案されたことは、連邦政治における内陸開発政策分野を切り開くことになった。本章では、連邦政府の内陸開発政策をめぐる動きが州レベルの運河事業にどのように波及したのかについて、「道路と運河に関する報告書」の反響の事例としてニューヨーク州を検討することにする。そして一八一二年、英米関係の悪化により勃発する第二次英米戦争がニューヨーク州ならびにチェサピーク&デラウェア運河会社の請願活動に与えた影響を検討すると同時に、地域意識と反連邦主義が結びついたハートフォード会議を取り上げ、アメリカの連邦制に対する不協和音を取り扱うことにする。

第一節　エリー運河事業――ニューヨーク州の一大運河事業

一　エリー運河事業の始動

ニューヨーク州とギャラティン報告書

トマス・ジェファソンが第二回就任演説に続き第六回年次教書において、憲法修正とともに、連邦政府の公債償還後、連邦財政に生じる剰余金を利用し各州内の河川の改修、運河や道路の建設ならびに技術、製造業、教育およびその他の大事業を振興する提案を行ったことは先述したとおりである。しかしながら、一八〇七年一〇月に提出された第七回年次教書は、前年度の第六回年次教書とうって変わって、連邦政府による内陸開発政策にまったく触れなかった。その代わり、剰余金を大西洋沿岸地域の国防に充てることに言及したのであった(1)。

当時イギリスとの関係は、六月のチェサピーク号事件以後ますます悪化し、一触即発の危機的状況にあった。険悪だったのはイギリスとの関係だけではなかった。ヨーロッパにおけるナポレオン戦争の余波で、フランスは、一八〇六年にベルリン勅令を、さらに一八〇七年にはミラノ勅令を発して大陸封鎖に乗り出したばかりか、イギリスと競い合うようにアメリカ商船を攻撃した。フランスの大陸封鎖に対して、イギリスは枢密院令で応酬し、大西洋を隔てたアメリカ合衆国にとってもナポレオン戦争は、他人事ではなかったのである。ジェファソン政権はアメリカ商船に対する英仏両国の敵対行為をやめさせるために、一八〇七年一二月二二日、アメリカ国内の商船の外国への出港を一切禁止する経済制裁、いわゆる出港禁止法に踏み切った。出港禁止法を制定する前に出された一八〇七年の年次教書は、当時の緊張した外交関係を物語っていた。「道路と運河に関する報告書」が財務長官によって準備されていた時期、アメリカ国内においては外交軍事問題の比重が高まっていたのである。

ニューヨーク州では、第七回年次教書は衝撃をもって受けとめられた。一八〇八年二月四日、ニューヨーク州議会下院において、ジョシュア・フォアマンは、「アメリカ合衆国大統領は、前年一〇月連邦議会に宛てた教書で、国庫の剰余金が連邦政府の公債の償還に充当されうることはいうまでもないことですが、それが運河の建設や有料道路の建設という全国的な大事業に拠出されうることを提案しませんでした(2)」と、ジェファソンの第七回年次教書について落胆の念を表した。フォアマンは、大統領の年次教書に失望しつつも、ニューヨーク州の将来を見据え、最も実現可能であり、かつ無駄のないルートで、ハドソン川とエリー湖とを結ぶ運河建設のための測量を行う決議をニューヨーク州議会の両院合同委員会に対して提案した。翌日決議が上院で賛同を得たことで、彼を含む合同委員会がすぐさま組織された(3)。

一八〇八年三月二一日合同委員会は、エリー運河事業計画に関する報告書を州議会に提出した。報告書は、同事業がニューヨーク州のみならずアメリカ合衆国にとっても重要な事業であることを指摘し、ハドソン川とエリー湖との間で最も望ましい運河ルートを決定するための測量実施を提案した。また合同委員会は、エリー運河がアメリカ合衆国内の結びつきを強め愛国心を高めることを謳い、この実地調査報告書は合衆国大統領に送付されるべきであると提案した。委員会からの提案は四月六日上下両院において可決され、州財務長官に対して、測量経費として六〇〇ドルを上限とする予算を公有地監督官に計上することが認められた(4)。六月初め同職にあったシメオン・デ・ウィットは、測量調査の責任者にジェイムズ・ゲデスを任命する。ゲデスの報告書がデ・ウィットに提出されるのは、ギャラティンが連邦上院に「道路と運河に関する報告書」を提出してから約九カ月後のことである。

ところで、エリー運河計画が具体化される前の一八〇七年、ロバート・フルトンがハドソン川において蒸気汽船クレモント号でニューヨーク市からオルバニーまでを初めて往復した。蒸気汽船の導入により河川の遡上が容易となり、その後アメリカでは内陸部と沿岸部を結ぶ広範囲な航行網が発達することになる。(5)

ゲデスの報告書に先立って世に出ていたギャラティンの報告書は、現憲法体制の下でも連邦政府が内陸開発政策を実施しうることを明らかにしたことで、全米に大きな反響を巻き起こしていた。既に開発事業に着手していたチェサピーク&デラウェア運河会社だけでなく、将来の開発計画を抱える諸州から連邦議会には助成を求める請願書が相次いだ。エリー運河建設を計画していたものの、ジェファソンの第七回年次教書で出鼻をくじかれた格好のニューヨーク州もその例外ではなかったのである。

この報告書の中でギャラティンは、連邦政府の開発対象という観点から重要な交通路として三つのルートを掲げ、それぞれの開発費の見積もりを左記のように算出していた。

大西洋に沿った南北のルート　（七八〇〇万ドル）
大西洋と西部とを結ぶ東西のルート　（四八〇〇万ドル）
五大湖と大西洋とを結ぶルート　（四〇〇〇万ドル）

ニューヨーク州にとってことのほか重要であったのは、連邦全体の交通網整備の中で、五大湖周辺の内陸航行網の開発が全国的な意義をもつと報告書が知らしめたことであった。「五大湖と大西洋とを結ぶルート」の開発費四〇〇〇万ドルの具体的な内訳は以下のように示されたのである。(6)

ハドソン川とシャンプレイン湖間の航行路の開発　（八〇万ドル）

ハドソン川とオンタリオ湖間の運河建設　（二二〇万ドル）
五大湖を結ぶ内陸航行路を開くナイアガラの滝周辺の運河建設　（一〇〇万ドル）

五大湖とハドソン川とを結ぶ航行路の開発は、ニューヨーク州にとって長年の夢であった。一八世紀末、西部と大西洋を結ぶ航行可能な国内の河川として注目されていたのは、ポトマック川とハドソン川であった。遡ること一七九二年、ニューヨーク州では、ハドソン川とオンタリオ湖間の航行路開発のために西部内陸閘門航行会社が、また、ハドソン川とシャンプレイン湖間の航行路開発のために北部内陸閘門航行会社が設立された。しかし、北部内陸閘門航行会社は事業開始後ほどなく活動を停止し、西部内陸閘門航行会社もまたモホーク川とウッド・クリークの一部河川の改修をしたにすぎず、改修区間で通行料を徴収してはいたものの、河川航行の不確実さから陸路に取って代わることができないでいた。(7) ちなみに、ポトマック川の河川改修は、ヴァージニア州が中心となって進めていたが、上流のカンバーランドに達せず、事業収益も低迷していた。(8)

こうした中、ギャラティンの報告書が登場したのである。報告書は、事業が頓挫していた北部ならびに西部内陸閘門航行会社に対してすぐさま財政支援を提言するものではなかったし、当時ニューヨーク州が進めようとしていたエリー運河計画について言及するものでもなかった。ギャラティンの構想とニューヨーク州の思惑とが必ずしも一致していたわけではなかったのである。とはいえ、「大西洋に沿った南北のルート」や「大西洋と西部とを結ぶ東西のルート」とともに「五大湖と大西洋とを結ぶルート」が列挙されたことが重要なことであり、ニューヨーク州が連邦支援に手応えを感じたことは容易に推測できるのである。

ゲデスの調査報告書

ギャラティンの報告書後に出されたゲデスの報告書は、エリー湖畔からハドソン川に至るエリー運河が建設可能であることを報告し、エリー運河建設の意義を明らかにするものであったが、それは、ギャラティンの報告書を強く意識した内容になっていた。ゲデスの報告書は、一八〇九年一月二一日にニューヨーク州議会に提出された(9)。独自の測量結果に基づいて、ギャラティンの「道路と運河に関する報告書」を補足しつつ、西部の三運河ルートについて総合的な測量結果が報告された。測量が実施されたのは次の三地域である。第一に、オネイダ湖とオンタリオ湖とを結ぶ航行路、第二に、ナイアガラ川周辺、第三に、オンタリオ湖を利用しない内陸航行路である。第三の地域の測量におけるゲデスの狙いは、国外を流れるセント・ローレンス川を利用せずに、五大湖と大西洋沿岸部とを結ぶ航行路を開発することにあった。いいかえれば、オンタリオ湖やエリー湖をハドソン川と結ぶための運河建設に適したルートを探すことにあったのである。

第一のオネイダ湖とオンタリオ湖を結ぶルートにおいては、当初オスウィーゴ川を利用することが検討された。しかし、オスウィーゴ川の改修には大変な労力を要するということで、ゲデスはオスウィーゴ川を通らないルートを探ることになる。ゲデスが見出した最適のルートが、オスウィーゴ川の西側であった。

第二のナイアガラ川ルートにおいては、ナイアガラの滝で分断されたエリー湖とオンタリオ湖との間をつなぐ航行ルートを探り、水位の差が小さく建設しやすい場所として、ルイスタウンからエリー湖への運河ルートが提案された。

第三の内陸ルートは、最も建設が難しいことが予想された。トロイを基準水位として見ると、オンタリオ湖は二〇六フィート高いのに対し、エリー湖は五四一フィート高く、数多くの閘門等を設置することによって水位を調整する必要があり、カユーガ湖、セネカ湖、オノダガ湖、オネイダ湖といったニューヨーク州西部に点在する湖沼をうまくつなぎながら運河航行を安定させなければならなかった。そこで、ゲデスは、オネイダ湖から、点在する湖沼を利用しつつトネワンダ・クリークを下ってナイアガラ川に合流し、そのナイアガラ川を遡ってエリー湖にたどりつくルートを提案する。このゲデスのルート案は、後のエリー運河の原型となるのである。五大湖の水運を利用することだけを考えるならば、内陸部のルートをわざわざ建設する必要はない。しかし、ゲデスは、軍事的観点からセント・ローレンス川と五大湖を経由しない航行ルートをもつことが必要であるとの理由で、内陸ルートを強調したわけである。

ゲデスの報告書は、実地調査報告書であると同時に、ギャラティンの「道路と運河に関する報告書」を強く意識しながらまとめられた、いわば、最初から連邦支援を意識した政治的文書であったといえる。極論すれば、ゲデスの報告書には次の二つの大きな目的があったといえよう。第一に、これまで机上の空論でしかなかったエリー運河建設が可能であることを内外に知らせ、第二に、連邦議会に対して財政支援を訴えるために、政治的、経済的、軍事的観点からエリー運河の重要性を指摘することであった。

当時、エリー湖とハドソン川とを結ぶ長大な運河を建設しようとするニューヨーク州の計画は夢物語としか捉えられていなかった。例えば、ニューヨーク州議会下院議員フォアマンは、一八〇九年一月首都ワシントンへ出向き、同運河事業に対する連邦政府の財政支援を求める陳情活動を行ったことがあった(10)。彼が同州選出の連邦議員の口添えでジェファソン大統領と会見したとき、ヴァージニア州内の内陸開発事業にも精通していた大統領は彼に次のように語ったのである。「ここに、ジョージ・ワシントンによって計画された数マイルの運河があります。それはもし完成すれば、首都ワシントンをすばらしい商都にさせるでしょう。しかし、この運河を完成させるために必要な二〇万ドルを連邦政府、州政府、あるいは民間から得られないがためにずいぶん長いこと捨て置かれております。それなのに、あなたは、未開地を通る三五〇マイルの運河を作りたいとおっしゃる(11)」。この話は、当時エリー運河事業計画が狂気の沙汰にほかならなかったことを物語っている。ジェファソンに代表される否定的な見方を払拭するという重要な政治的意義がゲデスの報告書にはあったのである。

ゲデスの報告書を土台に、ニューヨーク州議会は、運河建設計画を練ると同時に、連邦助成を求める請願活動にも積極的に乗り出していく。この請願書を連邦議会に提出する際に活躍したのが、ニューヨーク州選出の連邦下院議員ならびに上院議員たちであった。これらの議員たちの中で連邦議会において雄弁を振るったのが、後述する連邦下院議員ピーター・B・ポーターである。

二　ポープ＝ポーター法案と西部開発

ポープ＝ポーター法案

一八一〇年一月五日に、ケンタッキー州選出の上院議員ジョン・ポープは、ギャラティンの「道路と運河に関する報告書」を下敷きにした「道路と運河によってアメリカ合衆国の交通網を開発する法案」(ポープ＝ポーター法案)を連邦上院に提出した。この法案は、前記したピーター・B・ポーターとともに作成され、チェサピーク＆デラウェア運河事業と縁の深いベンジャミン・H・ラトローブもかかわっていた。[12] 同法案は、チェサピーク＆デラウェア運河会社、ディズマール・スウォンプ運河会社、オハイオ運河事業を含む一一の運河開発事業への出資と並んで、大西洋に流れ込む河川と西部諸州の航行可能な河川とを結ぶ有料道路の建設、マサチューセッツ州のメイン地区からジョージア州への郵便道路建設、そして、その他法案作成時点で特定できない開発事業を連邦助成の対象としていた。

開発事業を支援するために、ポープ＝ポーター法案は西部の公有地の売却益を財源として、連邦政府が開発会社の株式に出資することを提案していた。公有地の売却益を開発財源とすることはカンバーランド国道事業において既に採用されており、主な連邦財源であった関税収入が減少していた当時の状況を考えると、無理のない財源提案をしたといえる。また、同法案は連邦政府による財政支援方法に関して、開発会社の株式の一部に出資する間接的な方式をとった。間接支援方式は、財務長官ギャラティンが現憲法体制の下で、実行可能な援助方法であるとみなしていたものである。

連邦政府による内陸開発政策をめぐるこれまでの議論の推移から見ると、ポープ＝ポーター法案はきわめて興味深い。特に、ギャラティン財務長官の「道路と運河に関する報告書」に対する連邦議会側からの応答という観点で見ると、注目すべき齟齬が見え隠れしているからである。それは、ある意味で連邦政府による内陸開発政策実施の難しさを物語っているといえよう。ポープ＝ポーター法案は、最終的に可決されることはなかったのであるが、同法案を通して、当時のアメリカの地域意識を探ってみたい。

まず、ポープ＝ポーター法案が出資対象として具体的に列挙したのは、事業計画中のものも会社として明記されているのであるが、未設立のものを含め次の一一件の運河会社である。なお、（ ）は関係州を示している。

①ボストン湾とニューポート湾間の運河会社（マサチューセッツ州、ロードアイランド州）、②デラウェア&ラリタン運河会社（ニュージャージー州）、③チェサピーク&デラウェア運河会社（ペンシルヴェニア州、デラウェア州、メリーランド州）、④ディズマール・スウォンプ運河会社、あるいは、ジェイムズ川とアルバマール湾間の運河会社（ヴァージニア州、ノースカロライナ州）、⑤ハドソン川とオンタリオ湖あるいはエリー湖間の運河会社（ニューヨーク州）、⑥ナイアガラの滝の運河会社（ニューヨーク州）、⑦ハドソン川とシャンプレイン湖間の運河会社（ニューヨーク州）、⑧オハイオ川とエリー湖間の運河会社（オハイオ州、ペ

ンシルヴェニア州)、⑨オハイオ運河会社(ケンタッキー州)、⑩グレイトフォールズ上流ロアノーク川からアパマタクス川に至る運河会社(ヴァージニア州、ノースカロライナ州)、⑪テネシー川からトムビー川への運河会社

ポープ=ポーター法案は、ギャラティンの報告書のように整然とした開発計画ではない。これらは、連邦議会に請願のあった開発計画を網羅的に開発対象として列挙したものと思われる。そのため、開発対象を見る限り、連邦の内陸開発計画の力点のおき方がギャラティンと異なることを指摘しておきたい。ギャラティンは、報告書の中で、南北のルート、東西のルート、そして五大湖と大西洋とを結ぶルートの三つをその支柱においていた。これに対して、ポープ=ポーター法案の場合は、南北のルートおよび五大湖と大西洋とを結ぶルートに開発対象が偏っている。さらに、一見して明らかなように、ニューヨーク州の運河会社が三項目(5~7)を占めている。しかも、オハイオ川は五大湖とつながっており、五大湖を利用した内陸航行開発に関係するものは、実に五項目(5~9)に上る。ギャラティンの報告書と比較すると、個別の開発事業に関する限り、五大湖周辺の内陸航行開発が重視された法案であったと判断してよい。別の見方をすれば、ポープを選出したケンタッキー州のオハイオ運河事業、ならびに、ポーターのニューヨーク州の運河開発事業が列挙されており、この内陸開発法案には出身州の請願活動に応える利益誘導法案という側面が拭いがたいのである。

しかし、ポープとポーターの連携が、出身州への利益誘導であるという点を強調しすぎるのは正しくないようにも思われる。というのも、ポープとポーターの二人には西部に基盤をおく政治家であるという共通点があるからである。ケンタッキー州選出のポープはいうまでもないが、ニューヨーク州選出のポーターもまた西部出身の政治家であった。ポーターはニューヨーク州西部地域を選挙基盤としていただけでなく、州西部で運送事業を手

掛けていたことから、エリー運河開発事業に深い関心を寄せていたのである(13)。

西部という糸口から同法案に注目すると、法案が構想するアメリカ合衆国内の内陸開発には明確な意図が見られるのである。第一に、五大湖と結びつく内陸河川を中心とする内陸部の水運開発という側面である。第二に、東西交通ルートの整備である。東西交通網の開発は、アレゲニー山脈を含むアパラチア山脈の西側を基盤とする西部出身の議員たちに共通する問題意識であるといってよい。ポープとポーターという西部と関係の深い二議員によって起草された内陸開発法案は、ギャラティンの報告書に連動して出されたものでありながら、それはギャラティンの報告書以上に、五大湖周辺、ならびに、西部への交通網、とりわけ、航行網を重視した法案であったといえる。

ポーターの演説と西部の問題

ポープ＝ポーター法案は一月八日上院において、ポープを含む五人からなる委員会で審議されることになり、その一〇日後、同委員会は修正法案を上院本会議に提出した(14)。

法案をめぐる審議が上院で続けられていた頃、ポーターの動議で連邦下院においても内陸開発事業に対する連邦支援問題が取り上げられた。一八一〇年二月八日ポーターが行った演説は、上院で審議されていたポープ＝ポーター法案を後押しする狙いがあったのである。そこで、法案の趣旨を解き明かすために、彼の演説を紹介しておきたい。

ポーターは当時の緊迫した外交問題に配慮しつつも、政治経済的、軍事的観点からアメリカ国内の交通網整備政策の重要性を下院の議場で訴えた。先述したように同内陸開発法案は、起草者の出身州に手厚いだけでなく、西部をアメリカ合衆国内の交通網に組み込むことを強く意識していた。当然ながら、演説の中でも彼の関心は、アレゲニー山脈の東側と西側との間に存在する通商上の障害を取り除き、孤立した西部を国内市場に結びつけようとする西部対策に向けられていたのである(15)。

彼のこうした通商圏から孤立した西部に関する問題意識は、ニューヨーク州西部で生活し、ビジネスを展開してきた自らの体験に根ざしたものである。内陸部に広い後背地を抱えるニューヨーク州内においては、アレゲニー山脈を境に東西の経済的、政治的格差が歴然としてあった。アレゲニー山脈の東部は主に商人、製造業者、農民が暮らす一方、西部はほぼ農民によって占められており、ポーターはそこから生じる地域利害の対立は決して見過ごすことのできない地域分裂の危険をはらんでいると考えていた。そのためポーターには、合衆国全体で見た西部の問題を、ニューヨーク州内の西部の問題に引き寄せて捉える傾向が強く見られるのである。二地域に分断されたアメリカ合衆国について、ポーターは次のように述べる。

この相異、これらの二つに大きく分かれた国の人々の利害や追求するものの予想される不一致、そして職業がもたらす性格の違いは、人知れず言われておりますし、いまだに多くの人々に思われていることでありますが、それらはそう遠くない日に、アメリカ合衆国を分裂へと導くものとなるでしょう。私のつたない意見でありますが、閣下、この利害の重大な相異はもしうまく対処できれば、より密接でより緊密な諸州の統合を生み出す手段になりえましょう。内陸部の土地が生産する大量の余剰生産物や製造業の原材料を東部諸州の物品や製品と交換することは、明らかに内陸諸州の利益となります。そして、他方、大西洋岸の商人や製造業者の利益はこの国内通商によって等しく促進されます。通商を推進し、相互の交流を促進する、すなわちこれら二大地域間の利益の相互依存を生み出すことによってこそ、つまりは、これらの手段によってのみ、アメリカ合衆国は統合し続けるのであります(16)。

ポーターの表現には多少の誇張が含まれるとはいえ、アメリカ国内が東部と西部とに分断された状態であったことは当時の現実であろう。航行網が未発達なことによって、西部の農民は農産物の主要な市場である東部と遠く隔たっており、通商拠点である大西洋の港湾に農産物を輸送するのに多大な費用を費やしていた。事情を知るがゆえに、ポーターは国内市場から孤立した西部が次のような二つの深刻な問題を抱えていると痛感していた。

第一に、西部は農業に特化した単一産業構造の地であるにもかかわらず、生産物の市場を欠くことから全体的に貧しいこと。第二に、市場へのアクセスに乏しいことで、長期的に見れば、西部の農民は自給できる分を作るだけであり、それ以上生産しようとする意欲を失って怠惰になり、最悪の場合には、生来の勤勉さを喪失した農民たちは農業を捨て、工場労働者になるかもしれないという危惧である。アメリカ国内で西部が孤立し不便を極める状況は、ポーターが考察するところによれば、西部の住民を貧困に追いやるだけでなく、将来的に彼らの公徳心をも低下させるという深刻な問題を生じさせるというのである。それゆえに、「大西洋から西部諸州へ巨大な運河を建設することによって、さらには［西部と東部との間の――引用者注］本来あるべき結びつきを促進し、農民と商人双方の利益に大いに貢献しうる交流を推し進めることで、この状況に付随する罪業を取り除きうるかどうかは、連邦下院の関心を集めうる他のほぼいかなる問題にもはるかにまさる問題です(17)」とポーターは訴えた。

ポーターが西部の現状に抱く危機意識は彼自身の直接的な体験から強められたように思われることは先述したが、彼は当時ニューヨーク州西部の農民がおかれた状況、すなわち、孤立した「西部」の問題は、ニューヨーク州に特有のものではなく、アメリカ全体の問題であると見ていた。だからこそ、西部をいかにアメリカ国内市場に統合するかは西部の経済発展だけでなく、国家としての政治統合にかかわる重大な問題であると主張したのである。

ポーターの内陸開発政策の根底には、連邦の強化と国内市場の確立という、ギャラティンの報告書に通底する政治意識が見受けられる。この意識そのものは、アメリカ政治にとって建国後から続く普遍的なテーマである。しかし、同様な政治意識を共有しつつも、それを政策として具体化する際、立案者の地域性が大きく作用する。ポープとポーターによって提案された内陸開発法案はまさにその好例である。合衆国東部と比較して地理的に隔離された合衆国西部が経済的に発展していくために、五大湖とハドソン川、ミシシッピ川、オハイオ川等の自然の河川を活用して北米大陸を縦横に走る内陸航行網を開発することは不可欠なことであるとポーターはいうが、それは彼にとってみれば、東西を結ぶ航行路は五大湖の水運を利用することを前提としていたからである。

地域代表としてのポーターの視点は、憲法問題にも見られる。彼は、合衆国憲法上、商人の便益のために銀行を創設することが可能であるのに対して、農民の便益のために運河を建設することがなぜできないのかという疑問を率直に呈している。ポーターは、憲法上の問題がもし内陸開発政策を阻み続けるなら、また政策を実施する可能性が低く、さらに、西部の利便性が高まらない状態が続くならば、西部が連邦から離脱する可能性すらあるとまで訴えるのである。[18] 彼は、従来連邦政府の政策が製造業、通商分野に集中し、主に合衆国東部に偏っていたことを問題にするのである。東部に比べて相対的に貧しい西部の住民が、あるいは、土地購入で既に借金を背負っている西部の農民たちが自力で東部に通じる輸送航行路を開発することは、まず不可能であったことから、西部は連邦政府が率先して合衆国内の内陸航行網を開発することを期待していたのである。

ちなみに、ポーターは、一八一一年に第一合衆国銀行の再認可問題が浮上したとき、銀行設立は州政府の管轄事項であると主張し、再認可反対の論陣を張った。その経緯から、ポーターはもともと憲法の拡大解釈に対して否定的な立場をとっているように思われがちである。[19] しかし、彼の場合、憲法論理の一貫性よりも、地域利害の一貫性の方が強く見られるのである。

ポーターの演説は、ニューヨーク州の利益と国家的目的とを結びつけ、ニューヨーク州が計画していた大事業に連邦政府からの財政支援を何とか引き出そうとするものであったが、前述したように、同法案は未成立に終わった。下院では審議そのものが進展しなかったのである。それは上院でも同様であった。上院では、三月二一日の審議の際、ポープ＝ポーター法案の条文の中で、マサチューセッツ州およびニュージャージー州に関して案件ごとに開発支援対象から削除することの可否が問われ、前者は一一対一九、後者は七対二三で否決された。その後すぐにヴァージニア州選出のウィリアム・B・ジャイルズの動議で法案の審議延期が一八対一一で可決され未成立に終わるのである。この三つの採決には、興味深い議員行動が見られた。第一に、最初の個別の項目削除をめぐる審議においては、関係する州の議員たちは削除反対に回った。第二に、マイケル・レイブとアンドルー・グレッグの二人のペンシルヴェニア州選出議員たち、ヘンリー・クレイ、オハイオ州選出リターン・J・メイグズ・ジュニアが両方の採決で削除に賛成していた。第三に、一貫して内陸開発法案に反対し続けた議員は三人にすぎなかった。それは、レイブ、ジャイルズ、そして、グレッグである。第四に、最終的に審議延期に賛成したのは、ニューイングランド地域および南部地域から選出された議員たちであった。[20] 議員たちの一連の投票行動は、包括的な内陸開発法案の審議過程における複雑な利害対立を浮かび上がらせるものとなった。

内陸開発法案の審議延期が決定した後、すぐにデラウェア州選出のジェイムズ・A・ベイヤードが、チェサピーク&デラウェア運河会社への支援法案を提出した。同様に、ポープもまた、ギャラティンの「道路と運河に関する報告書」内のオハイオ運河に関して上院の個別委員会で検討することを提起する行動に出た。彼は、個別事業を突破口にして地元ケンタッキー州が推進していたオハイオ運河事業への連邦支援に望みをつなごうとしたのである。後日、ニューヨーク州選出のオベディア・ジャーマンもまたエリーおよびオンタリオ運河に対して個別法案での審議を申し出た。上院では、同時期オハイオ運河、チェサピーク&デラウェア運河会社、さらに、マサチューセッツ州のミドルセックス運河への支援法案が可決したのであるが、いずれも内陸開発法案に対して否定的な下院では未成立に終わった。[21] 上院の審議は、個別法案の審議には賛成できても、包括的な法案が成立することがいかに難しいかを物語っている。

ギャラティンの報告書は、国内において道路や運河の開発事業を活性化させ、連邦助成を求める陳情を後押しするものとなったが、ジェファソン政権を引き継いだマディソン政権においても、政策として実現困難な状況に変わりはなかった。この背景として、マディソン政権を取り巻く国際環境の悪化が深い影を落としていたのである。

三　ニューヨーク州の陳情活動とその挫折

ニューヨーク州の陳情活動

連邦議会でポープ＝ポーター法案が審議されていた一八一〇年三月中旬に、ニューヨーク州ではエリーおよびオンタリオ湖からハドソン川への内陸航行路を検討する委員会(以下、運河準備委員会)が組織され、委員として、グーヴェニア・モリス、スティーブン・ヴァン・レンセラー、デ・ウィット・クリントン、シメオン・デ・ウィット、ウィリアム・ノース、トマス・エディ、そして、連邦議会議員ポーターが任命された。[22] 委員は当時のニューヨーク州政界の党派性を超えた構成になっていた。モリス、ヴァン・レンセラー、ノース、エディはフェデラリスト党であり、クリントン、デ・ウィットはリパブリカン党であった。[23] フェデラリスト党が委員会の多数を占めた理由は、一八〇九年の州議会議員選挙においてジェファソン政権の出港禁止法の制定に反対し同党が勝利したことによる。同委員会は、翌一八一一年三月報告書を提出した。そこで、オンタリオ運河は技術的にそれほど困難ではないと指摘する一方、エリー運河は各地の水位差が大きく、技術的に難しいだけでなく、多額の建設費を要することが報告された。また、エリー湖からハドソン川までの途方もない人工河川を建設するには、少なくとも五〇〇万ドルが必要であるとの見解が示されたのである。なお、運河準備委員会は、エリー運河建設事業を、ニューヨーク州単独では行わず、連邦政府や他州政府に対しても支援を求める方針を打ち出した。[24]

一八一一年四月八日成立した州内陸航行開発法に基づき、新たにロバート・リヴィングストンとロバート・フルトンが委員に加わることになる。この運河準備委員会には様々な任務があった。具体的には、ニューヨーク州を代表して、運河事業への協力と支援を得るために連邦議会や五大湖の航行路に関係する諸州、準州議会に陳情すること、運河建設用地の取得、好条件で運河建設費を借り入れる方法の調査、西部内陸閘門航行会社の権利をニューヨーク州に譲渡する条件の確認、技術者の選定といった内容である。[25]

運河準備委員会が最も力を注いだ活動は連邦支援を獲得することであった。彼らの陳情活動は、一八一一年末から始まる第一二連邦議会の第一会期を照準に開始された。委員会はマディソン大統領に一八一一年四月八日に成立したニューヨーク州の内陸航行開発法と書簡を、また、他州、準州各議会に対しては、運河航行によって五大湖とハドソン川との間の交通を開くため、協力と支援を求める文書を送った。文書を通して、ニューヨーク州は五大湖とハドソン川とを結ぶ航行路を州内で独占的に利用せず、アメリカ合衆国全体に開放する航行路を築くことを訴え、ニューヨーク州が計画している運河事業を連邦政府が財政的に支援するよう働きかけた。

なお、他州ならびに準州議会に対して送った要望書の中で、委員会は具体的には二つの方法を挙げ協力を求めた。一つは財政拠出、もう一つは連邦議会で影響力を行使することである。前者の財政拠出については、協力してくれた州および準州に対し運河通行料の無料ないし優遇措置等を講じることで、州ないし準州からの贈与あるいは貸付等を期待していた。しかし、「我々が何よりも懇請しているのは、この運河の建設費用全体に備えるために連邦議会において貴殿の州の影響力を行使することであります」[26]と述べるように、実際に委員会が他州および準州に対して期待したのは後者であった。

要望書を受け取った諸州の反応は様々であった。テネシー、マサチューセッツ、オハイオ各州は連邦議会でニューヨーク州の請願を支援することを約束したが、ニュージャージー、コネチカット、ヴァーモント各州、ミシガン準州は消極的な返答にとどまった。ニュージャージー州は州内の公共事業計画で既に手一杯であり他州の支援どころではないと、コネチカット州はニューヨーク州への協力については不都合と、またヴァーモント州は会期外であって次会期に検討したい、そして、ミシガン準州は、ナイアガラの滝やオスウィーゴの滝周辺の運河に比べ、ニューヨーク州が計画している運河計画は好ましいものとは思えない、との意見を述べていた。[27]こうした次第で要望書を送ったすべての州および準州から協力を取り付けることができたわけではなかったが、運河準備委員会は第一二連邦議会第一会期に向けて根回しを怠らなかったのである。

第一二連邦議会第一会期が始まると、エリーおよびオンタリオ運河準備委員会のメンバーであったグーヴェニア・モリスとデ・ウィット・クリントンは、マディソン大統領にニューヨーク州議会で成立した一連の運河開発にかかわる州法を送付し、直接面会を申し出た。委員会は、水面下でマディソン大統領への働きかけを行っていたのである。[28]その一方、一八一一年一二月二三日、連邦下院議員のポーターは、五大湖とハドソン川との間の運河航行を開発するために連邦議会の協力と支援を求める請願書を提出した。連邦上院でも、上院議員のジャーマンが同様な行動をとった。ポーターならびにジャーマンが請願書を提出した日、ニューヨーク州の働きかけが功を奏したのか、ニューヨーク州を歓喜させる教書が世に出ることになる。マディソン大統領が、ニューヨーク州が推進している運河事業への財政支援を検討する教書を提出したのである。

私は五大湖からハドソン川までの運河に関するニューヨーク州議会の州法の写しを連邦議会に送付いたします。送付に際し、ニューヨーク州に敬意を表します。同州のために州法で任命された委員たちが、その[運河を開発する――引用者注]目的のために同州法を私のもとに届けました。

運河航行の利便性は広く認識されているところです。（中略）ニューヨーク州によって計画されている特定事業は、高潔な企業家精神を示すと同時に、国家的であることはもちろんより限定された地域だけでなく重要性のある目的を含んでおります。それは、内陸交通ならびに輸送の一つの全体システムがアメリカ合衆国にもたらす目覚しい発展に連邦議会の関心を向けさせることでしょうし、また、熟考に付されれば、たとえいかなる一歩であろうともその交通輸送システムの導入と完成に関して好ましいであろうことを示しております。これらの便益には国家の安全保障の備えと行使に密接な関係があるものもありますので、かような制度の利点が最も強力な観点から検討されることが、まさに要請されています。(29)

ジェイムズ・マディソンは大統領として、これまで公式の場で連邦政府による国内交通網開発に関して明確な発言を行ってはいなかった。そういう意味では、マディソンのこの教書は、画期的なものであったといえる。

実は、クリントンとモリスは、マディソンがアメリカ合衆国内の内陸交通網の開発に対して強い関心をもってはいるものの、憲法上の制約から、連邦政府による開発支援に対しては消極的であるという印象を抱いていた。しかし、この教書が出されたことで、一二月二一日にマディソンと面会したとき、その終盤において、マディソンが上機嫌であったことの意味が彼らにようやく理解できたのである。一方、ニューヨーク州からの陳情者たちは、一二月二四日ギャラティン財務長官とも面会した。その際、ギャラティンは、現状では財政的な支援をできる状況ではないが、公有地の下付ならば連邦の財政問題との不都合も生じない。そして、国庫がもっと潤沢な状態であれば、後に公有地を金銭と引き換えうることを彼らに指摘した。ニューヨーク州の運河準備委員会は、ギャラティンのこの提案は合衆国銀行の復活への願望から生じていると見ていた。第一合衆国銀行を違憲であると述べたマディソン大統領が第二合衆国銀行を新たに認可することはありえない。よって、委員会としては銀行の設立権、道路ならびに運河の建設権に対して諸州の同意を必要とせず、これらを連邦政府に与えるよう合衆国憲法を修正することが賢明ではないかという見解を抱いていた。(30)

ニューヨーク州からの請願書は、チェサピーク&デラウェア運河会社、ペンシルヴェニア州のユニオン運河会社からの請願書とともに連邦下院の個別委員会に付託され、一八一二年の二月中旬まで審議された。この間、クリントンとモリスは、開発対象を抱える州が西部の公有地を一定程度下付され、その売却益を州内の開発事業費に充てることを盛り込んだ内陸開発法案を提案していた。(31) しかし、前述の運河事業について検討していた連邦下院の個別委員会が出した結論は、それぞれの請願者を落胆させるものとなる。委員会は、連邦財政の逼迫と外交関係の悪化を理由に、個別開発事業の財政支援に否定的な態度をとったからである。一八一一年末、ニューヨーク州の運河計画を高く評価したマディソンの教書が発表され、ニューヨーク州にとってはまさに千載一遇のチャンスに思われたこの時期、結局、デ・ウィット・クリントンならびにグーヴェニア・モリスの陳情活動は実を結ぶことがなかったのである。(32)

陳情活動不成功の背景

クリントンとモリスは、その後、第一二連邦議会第一会期中にニューヨーク州の運河事業が連邦支援を受けられなかった原因を、悪化する国際環境が国内の開発事業への関心をそいだということ以外に、合衆国憲法上の問題が大きかったと分析した。いうまでもなく、憲法上、連邦政府に運河や道路を建設する明確な規定はない。しかも、ニューヨーク州が推進する運河は州内に建設されるため、合衆国内の交通網の発展に貢献はするものの、直接的な受益がニューヨーク州に限定されており、他州からの支持が得られにくかった。この点に関して彼らは首都ワシントンで個々の議員と接触した際、多数の州の利益となるのでなければ、議員の多数から同意を得ることはできないことを痛感した。さらに、ニューヨーク州への嫉妬が予想以上に大きかったこともその敗因に挙げられた。エリー運河は、西部諸州だけでなくペンシルヴェニア州やメリーランド州にとっても非常に重要なものであり、連邦全体の繁栄を促進するとのニューヨーク州の主張は、連邦議会の議場で言葉通りに捉えられることはなかったのである。エリー運河およびオンタリオ運河の建設はニューヨーク州を通商上さらに優位な立場に立たせることになるとの警戒の念が根強かったからである。そのため連邦議会で二人がエリー運河の建設がいかに連邦全体に貢献するかを強調しても、ニューヨーク州の利益を増進するための発言としか受け止められなかったのである(33)。

もちろん、この陳情活動に関してニューヨーク州の利益誘導であるとの批判は見当違いではないが、特定州が自州にかかわる交通網の開発に対して、連邦政府の財政支援を求めるときに直面する様々な障害を、ニューヨーク州の陳情団もまた経験させられたといえよう。ちなみに、今回の請願活動で彼らを最も落胆させたのは、連邦政府から財政支援を得られなかったばかりか、国庫とは無関係なはずの公有地下付すら実現しなかったことであった。

一八一二年三月一四日、一連の活動について運河準備委員会はニューヨーク州議会上院に活動報告書を提出した。報告書はこの陳情活動を通して、連邦政府からの財政支援の可能性を全面否定するものではなかったが、すぐさま援助が得られる状況ではないことを明らかにし、ニューヨーク州が単独で事業を行わざるをえないことを提言した。そして、委員会の活動状況について次のように経過を報告した。まず、運河建設予定地の土地取得については、一部の地権者が譲渡に応じていること、また、借入方法について、運河建設には諸費用を見積もって総額六〇〇万ドルが必要であり、そのうち五〇〇万ドルは州債を発行して一〇年から一五年間の償還期間とし六%の年利率という条件でヨーロッパ諸国から借り入れられることを報告した。さらに西部内陸閘門航行会社についてはその権利がいずれ譲渡される見通しを示すとともに、同社が所有する株を一一万九〇〇〇ドルと引き換えることを要望していること、ただし、あまりに高額すぎるので、適切な価格を交渉していること、最後に、技術者の選任については、まだ探している段階であることなどである(34)。

ニューヨーク州は五大湖とハドソン川とを結ぶ運河計画事業を開始するのに絶好の機会と判断し、周到な準備を経て第一二連邦議会第一会期に臨んだのであるが、人口が多く経済的にも豊かなニューヨーク州が連邦政府の財政支援を求める活動は、他州から必ずしも好意的に受け止められなかった。ニューヨーク州の政治力を駆使した陳情活動が失敗に帰したことによって、連邦支援にかすかな望みを残しつつも、同州は運河事業を単独で推進することも模索せざるをえないと認識するようになるのである。

第二節　一八一二年英米戦争と連邦助成をめぐる諸州の動き

一　開　戦

ジェファソン大統領の任期終了目前の一八〇九年三月一日、出港禁止法が廃止され、代わりに通商禁止法が制定された。アメリカは依然としてヨーロッパのナポレオン戦争に翻弄されており、英仏両国が発した経済封鎖令の応酬によってアメリカの中立貿易は脅かされ続けていた。新たに大統領に就任したジェイムズ・マディソンは、一八〇九年三月四日の就任演説で、平和と友好関係の構築、交戦中の国々に対するアメリカの中立政策堅持を掲げる一方で、必要に応じて常備軍を維持することの重要性を喚起し、暗転しつつある外交関係に関する苦悩をにじませていた。[35]

マディソンの年次教書をたどると、年を追うごとに軍備の増強、港湾の防備、民兵の準備といった戦争を意識した内容に変化していくのが読み取れる。一八一一年一一月五日連邦議会に提出されたマディソン大統領の第三回年次教書は、フランスがミラノ勅令、ベルリン勅令を廃止したことを報告する一方で、イギリスが枢密院令の撤回に応じないことを厳しく非難した。それと同時に、民兵を含めた軍隊の増強、軍備の拡充は、アメリカにとって切迫した問題であると言及した。[36] ジェファソン政権からマディソン政権にかけて出された出港禁止法、通商禁止法と続く平和的威嚇政策では、イギリスの領海侵犯ならびにアメリカ人船員に対する強制徴用、さらにアメリカの中立貿易に対する侵害をいっこうに解決できなかったのである。国際的に国家としてのアメリカの威信を傷つけられていたことで、第一二連邦議会に入ると、独立戦争を知らない若い世代の政治家の台頭とともに、イギリスとの戦争を望む声が高まっていった。当然のこととして、連邦議会における議題は外交・軍事問題が中心となり党派によって、地域によって、そして世代によって異なる意見が激しく対立するのである。

通商や海運業の盛んなニューイングランド地域を基盤とする北部のフェデラリスト党を中心に、ジェファソン、マディソン両リパブリカン政権に対する批判は根強いものがあった。連邦議会の両院で多数を占めていたとはいえリパブリカン党は様々な派閥に分かれており、一つの党派として一枚岩的ではなかった。例えば、一七七七年生まれで弱冠三五歳にして下院議長に抜擢されることになるケンタッキー州選出のヘンリー・クレイ、一七八二年生まれでサウスカロライナ州選出の三〇歳のジョン・C・カルフーンをはじめ、南部および西部から選出された愛国的な好戦派（War Hawks）が台頭する一方で、連邦政府の権限拡大に反対し州の主権を擁護するヴァージニア州選出のジョン・ランドルフに代表されるオールド・リパブリカン派、そして、ニューヨーク州のジョージ・クリントンを中心とする東北部のリパブリカン派、別名クリントン派が混在していた[37]。しかし、フェデラリスト党が長期的に退潮傾向にあったこの時期、議員の党派性は、きわめて流動的であったことに留意する必要があろう。

さて、国内でナショナリズムが高揚する中、独立戦争を知らない若い世代の好戦派は、マディソン政権を悩ませていたイギリスとの外交問題を、戦争という強硬手段によって一気に解決することを要求するのである。ニューヨーク州選出のピーター・B・ポーターも、イギリスとの開戦を積極的に主張するこの好戦派の一角を占め、連邦下院の外交委員会の委員長を務めていた[38]。

一八一二年六月一日、マディソン大統領は戦争宣言を検討するための秘密教書を連邦議会に送った。教書は、イギリスの枢密院令に対する批判に内容の三分の二を費やしていた。ここでマディソンが問題にしたのはイギリス海軍によるアメリカ商船乗組員の強制徴用であり、アメリカの海上権への侵害であった。また、北西準州においてイギリスが先住民を扇動していることについても問題視していた。この教書は、戦争を宣言するものではなかったが、戦争を求める色合いが濃いものであった[39]。マディソンの教書を受けて、カルフーンが戦争宣言法案を提出し、六月四日に法案は下院の秘密会議において賛成七九、反対四九で可決されることになる。連邦上院では、戦争宣言法案の内容に制限を加える修正案が審議され、議論は膠着状態が続いたものの、六月一七日最終的にはほぼ原案通り一九対三の大差で可決された。このとき下院で反対票が賛成票を上回った州は、マサチューセッツ、ロードアイランド、コネチカット、ニューヨーク、ニュージャージー、デラウェアといった海運業が盛んな地域であり、ジェファソン政権の出港禁止法に反対してきた州であった。一方、南部と西部の諸州からは賛成票が多く投じられた。当時の議員の党派性から見た場合、リパブリカン党がこの法案の成立を後押ししたといえる。戦争宣言法案の可決を受け、一八日に大統領が署名し法律は成立した[40]。

ジェイムズ・マディソン大統領はニューイングランド諸州の激しい反対にもかかわらず、外交交渉の決裂ならびにアメリカ国内における開戦論の高まりを背景として、イギリスに対して宣戦を布告したのである。第二次英米戦争、通称、一八一二年戦争の幕開けであった。

ところで、マディソン政権にとって皮肉であったのは、宣戦布告の二日前の六月一六日に、イギリスはマディソンが戦争理由として指摘した枢密院令の即時停止を発表していたことであった。一八一二年戦争は今日のように通信手段が発達していれば、起こらなかった戦争であったのである。しばしば第二の独立戦争と称される一八一二年戦争について、アメリカ外交史研究の中嶋啓雄はアメリカ政治外交史上次のような点で画期的な意味をもっていたと指摘する。第一に、戦争終了後のウィーン体制成立ならびにパクス・ブリタニカの形成によって大西洋がアメリカに無償の安全保障を提供することになったこと。第二に、独立後党派対立が収束してナショナリズムが高揚したこと。第三に、戦争が保護貿易の働きを果たした結果、国内の製造業が発達してイギリスから経済的に自立したことである[41]。中嶋が指摘するように、アメリカ合衆国は一八一二年戦争によって自立的な経済発展を推進する環境を手に入れることになる。図らずも第二の独立戦争は、新興国家アメリカ合衆国にとってその後の安定的経済発展をもたらす契機となったのである。

二　戦時下の請願活動

戦時下のチェサピーク&デラウェア運河事業

マディソン政権は、戦争開始とともにイギリスとの和平交渉に乗り出したが、双方の思惑の違いから交渉はほとんど進展しなかった。その一方で、戦闘の舞台は、初期段階で五大湖地域、次に大西洋沿岸地域、最終段階ではニューオリンズ地域へと移っていくことになる。

ところで、この戦時下にあっても、連邦議会に対し運河事業への助成を求める請願書が続々と寄せられていた。英米戦争の展開は、国内の交通開発事業に携わる者たちの情熱を断念させるどころか、むしろ、事業の価値を高める絶好の機会として捉えられていたことを示している。チェサピーク&デラウェア運河会社もその例外ではなかった。残念ながらこれらの請願活動は不成功に終わるのであるが、以下では、チェサピーク&デラウェア運河会社がこの戦時下においてどのように請願活動を展開したのか見ておこう。

請願の発端となったのが、メリーランド州議会の動きであった。チェサピーク&デラウェア運河会社は、州政府からの財政支援が得られなかったことでやむなく連邦政府に対して請願活動を行わざるをえなかったのであるが、州政府が公的支援に向けて動き始めたのである。一八一二年一二月一八日、メリーランド州は建設半ばで工事が中断したままであったチェサピーク&デラウェア運河事業を支援するための州法を制定した。そこでは、「アメリカ合衆国が戦争の最中にあるがゆえに、チェサピーク&デラウェア運河工事の完成は、六〇〇ないし七〇〇マイルにわたる内陸航行の巨大な連環を形成することで、合衆国に大いに利益をもたらすであろう。そして、内陸部を通って、軍隊および軍需物資のすぐれて安全にして円滑かつ迅速な輸送を確立することになるであろう。

さらに、それらは諸州間の統合にとっても接着剤としていっそう機能し続けるに違いない」と謳われた。[42]

同法は、戦時における後方支援の一策として合衆国内の輸送路充実の必要性を指摘し、全国的な輸送網の一区画を形成するチェサピーク&デラウェア運河の重要性を改めて訴えるものとなった。メリーランド州は、同法の中で、ペンシルヴェニア州がサスケハナ川をハイウェイとすること、またその河川管理を個人ないし法人が請け負う州法を制定することを条件に、連邦政府と州政府が共同でチェサピーク&デラウェア運河会社に出資する条項を挿入した。具体的な共同出資方式については、連邦政府が七五〇株（一五万ドル）、ペンシルヴェニア州が三七五株（七万五〇〇〇ドル）、デラウェア州が一〇〇株（二万ドル）、メリーランド州が二五〇株（五万ドル）を受け持つことを明記している。[43] メリーランド州は、直ちにこの州法の写しをアメリカ合衆国大統領、ペンシルヴェニア州知事、デラウェア州知事にそれぞれ送付するのである。これまでチェサピーク&デラウェア運河会社は、関係州の議員を通して連邦政府に公的支援を求める請願書を提出してきたが、州議会が州政府と連邦政府の共同出資を提案したのは初めてのことであった。

一八一二年一一月二日に始まった第一二連邦議会第二会期においてメリーランド州議会の要請を受けたマディソン大統領が、一八一三年一月一三日にチェサピーク&デラウェア運河会社支援法案を連邦下院に送ったことで、チェサピーク&デラウェア運河事業への公的支援問題は新局面を迎えるかのように思われた。大統領からの教書を受け取った連邦下院は翌日、メリーランド州、ペンシルヴェニア州選出議員を中心とする小委員会を組織し、チェサピーク&デラウェア運河会社に対する助成の可否を検討することになる。[44] 小委員会は、連邦政府も州政府と同様にチェサピーク&デラウェア運河会社に出資することを認める法案を提案し、一月二六日に、小委員会を代表してメリーランド州選出のスティーブンソン・アーチャーが、この出資法案を連邦下院に提出するに至った。[45]

小委員会が提出した出資法案は、ほぼメリーランド州法に従ったものであったが、連邦政府からの出資は、あくまでペンシルヴェニア州、メリーランド州からの出資が実施されるまでは行われないという条項を盛り込んでいる点が異なる。連邦政府が単独でチェサピーク&デラウェア運河事業を支援することはないという条件となっていたわけである。また、メリーランド州が付していた他州に対する留保条件もない。この出資法案は、これまで公的支援を受けられなかった民間会社に対して州政府と連邦政府とが連携する際の新しい開発助成方法を模索するものであったと思われる。しかしながら、本会議に諮られながらも下院においてそれ以上の進展が見られることはなかった。

連邦議会でチェサピーク&デラウェア運河会社への出資法案の審議が中断する中、ペンシルヴェニア州議会は、同年三月二五日に同運河会社への出資を認める州法を制定した。その内容は、メリーランド州法とほぼ同様なものである。ペンシルヴェニア州法は、チェサピーク&デラウェア運河会社を支援するために、ペンシルヴェニア州が他州に先駆けて出資せず、関係各州と連邦政府が一致協力して支援していくことを求めていた[46]。連邦政府からの要請に応じて、民兵を派遣し後方支援も担った一八一二年戦争が、ペンシルヴェニア州知事に、自州だけでなく近隣州にまたがる国内交通網開発の必要性を痛感させたのである。この点に関して、同年一二月に出されたサイモン・スナイダー州知事の年次演説は次のように語っている。

我々の歴史の中で、［一八一二年英米戦争――引用者注］開戦以後の時期ほど内陸航行の計り知れない重要性が強く例証された時期はありません。農産物の輸送ならびに異なる州民の相互交流は、社会的政治的な統合の絆をより強く結びつけるものでありますが、それらは、財産を沈め、焼き討ちを行ったり破壊を行う敵船によって完全に阻止され、不便と化した航路のせいで大いに妨げられております。河川や支流を改修し、運河によってこれらを結びつけることは、千余りの敵船をよそに、我々に安全かつ安上がりにして効率的な輸送形態を与えるものであります。あえて私見を述べることをお許しいただきたい。もし合衆国で外国貿易を保護するために拠出される歳出の三分の一弱が州と市民の富に結びついて思慮深く使われておりましたら、メインからジョージアに至る内陸部の水上交通を完全なものになしえたのであります。きわめて壮大な事業の達成にはほど遠いやもしれませんが、しかしそれに向けて多くのことがなされた可能性はあります。ペンシルヴェニアは、その手段をもっております。そして私は州議会がチェサピーク湾の水流をデラウェア川に結びつけ、その広大な連鎖の一つを築くために同運河事業に拠出することを確信しております。(47)

一八一三年三月二五日にペンシルヴェニア州議会が可決したチェサピーク&デラウェア運河会社に対する連邦政府および州政府による出資法は、先のメリーランド州法のときと同様に、関係各州の知事ならびに大統領に送付されるのである。一八一三年五月二四日に始まった第一三連邦議会第一会期で、マディソンは連邦議会に対して同法の審議を再び要請した。上院は、一一日に、デラウェア州選出のアウターブリッジ・ホージー、ペンシルヴェニア州選出のマイケル・レイブ、メリーランド州選出のサミュエル・スミスとロバート・H・ゴールズボロ、そしてニューヨーク州選出のルーファス・キングの五人からなる委員会にチェサピーク&デラウェア運河会社への出資についての検討を委ねた。(48)委員は、キングを除いては、すべて関係する三州から選出された議員たちであったが、これまでも内陸開発法案に反対する言動をしばしばとってきていたレイブを含む委員会は、最終的にこの問題を次会期に持ち越すとの結論を下し、七月一二日に委員会報告を連邦上院に答申するのである。報告書はその理由を次のように説明している。

委員会によれば、アルバート・ギャラティンが提出した「道路と運河に関する報告書」は、チェサピーク&デラウェア運河事業の総工事費を八五万ドル、主要な二二《ママ》マイルの運河の掘削工事だけでも四四万ドルに達すると試算していた。しかしながら、ペンシルヴェニア州法が求める共同出資方式では、全体で二九万五〇〇〇ドルにすぎない。この額では、既に集まっている資金一〇万ドルと合わせても三九万五〇〇〇ドルであって、主要な運河二二マイルを掘削する費用に何とか達するにすぎない。それゆえ、今回、仮に連邦政府がペンシルヴェニア州の出資法に賛同したとしても、総工事を完了させることは不可能であるというのが委員会の見解であった。(49) 公的支援はチェサピーク&デラウェア運河事業を再活性化し、個々の資本家の支援を引き出す役割を果たすであろうし、運河が完成することによって運河の周辺地域にとどまらず全国的な便益が増すであろうことは十分予想された。しかし、同委員会は、第一三連邦議会第一会期の会期末にさしかかったこの時期に、チェサピーク&デラウェア運河会社への公的支援問題を検討するのは不適切であるとして、あえて審議を次会期に延期するよう勧告するのであった。

次会期においても三州と連邦政府との共同出資が検討されたが、結果は同様であった。このように、第一二連邦議会第二会期から第一三連邦議会第二会期にかけて、メリーランド州、ペンシルヴェニア州の各要請で、連邦政府と州政府によるチェサピーク&デラウェア運河会社への共同出資問題について審議が行われたのであるが、法案が成立することはなかったのである。ちなみに、確認したところでは、先の共同出資は一時的な内容であったと見てよい。その後連邦議会において法案化されたチェサピーク&デラウェア運河会社への出資法案では、州からの出資要件が削除されているからである。同運河会社に対する連邦助成が実現するには、一八二五年まで待たねばならないのであるが、一八〇六年に連邦政府に対して請願を始めてから、議会で審議された支援法案の内容が、当初は公有地の下付を通した出資、次に、州と連邦政府との共同出資、そして、連邦政府からの出資へと推移していく。今回、メリーランド州が働きかけた連邦政府と州政府による共同出資提案は、以上のように実現しなかった。しかし、一八二三年メリーランド州は同様な州法を成立させ、三州からの出資を引き出すことに成功する。長い目で見れば、メリーランド州の試みは、チェサピーク&デラウェア運河のその後の展開に新たな道を開いたことは疑いないであろう。

一八一四年春、ヨーロッパにおいてナポレオン戦争が終結すると、イギリスは対米戦争に本格的に取り組み始めた。それまで五大湖周辺のカナダ国境沿いで展開されていた戦場が、チェサピーク湾岸にまで拡大した。八月末になると首都ワシントンが、九月中旬にはボルティモアがイギリス軍の侵攻を受けるに及んだ。首都が焼き討ちにあうという非常事態の中でも、チェサピーク&デラウェア運河会社は財政支援を求める請願活動を続行していたのである。

戦時下のニューヨーク州の運河事業計画

それでは、ニューヨーク州は一八一二年英米戦争中、どのように自州の運河建設計画に取り組んでいたのであろうか。

ニューヨーク州議会は一八一一年から一二年にかけての首都ワシントンでの陳情活動が失敗し、連邦政府からの支援がきわめて難しいことを実感させられただけでなく、五大湖とハドソン川とを結ぶ長大な運河建設計画に他州の協力を得ることもまた困難であると実感した。運河建設は既に技師ウィリアム・ウェストンが一マイルにつき一万ドルの建設費がかかると算出しており、三五〇マイルの運河を建設するには単純に見積もっても三五〇万ドル、その他の諸経費も加えると運河の建設には六〇〇万ドルの費用が必要とされた。そこで、一八一二年三月一四日付けの運河準備委員会の報告書は、この莫大な費用を捻出するために州民への課税ではなく、ヨーロッパ諸国から五〇〇万ドルを年利六%で一〇年から一五年間のローンで借り入れ、ニューヨーク州単独で建設するという方法を提案するのであった(50)。

戦時下であっても運河準備委員会の活動は続いていた。一八一四年三月八日付け委員会の活動報告書では、イギリス人技師の選定が順調に進んだこと、そして、技師選定以外の活動は戦争中という事情から進展をみなかったことが報告された[51]。イギリスと交戦中であったにもかかわらず、敵国の技師を採用した理由として、第一に、イギリスは運河や鉄道等の交通が発達しており、最先端の技術情報が得られること、そして、第二に、同じ言語を話し、同様な生活習慣に従っているため意思の疎通が容易であり、仕事面で不当な要求をすることはなかろうとのことであった。技師は決定していたものの英米戦争の最中ということで、委員会が活動報告を行ったときイギリス人技師はアメリカに到着していなかった[52]。

しかし、戦争は技師の問題のみならず多方面で委員会の活動を行き詰まらせるのである。まず、軍隊の駐留によって運河ルートの調査が阻まれた。ルートの調査には、エリー運河ルートだけでなく、同運河とペンシルヴェニア州内のサスケハナ川支流との航路開発や、シャンプレイン湖とハドソン川との航路開発も視野に入れていたのであるが、五大湖が主戦場の一つであった戦況を考えれば、とてもそれどころではなかった。ちなみに、サスケハナ川とエリー運河との連結に関していうと、報告書はこのルートを考慮することにより、ペンシルヴェニア州の協力が得られるのではないかという見解を示していた。ニューヨーク州が自州による単独事業となることを覚悟しつつも、他州からの協力をあきらめていたわけではなかったことが活動報告書からうかがえるのである。また、ヨーロッパ諸国からの資金の借り入れが、開戦によって不発に終わったことが報告され、委員会の建設資金計画は戦争によって資金の目処が立たなかったこともわかる[53]。以上の次第で運河準備委員会は一八一二年戦争中も活動を全面休止していたわけではなかったが、実質的に見れば、戦争によってニューヨーク州の運河計画は中断を余儀なくされていたのである。

ところで、報告書から、この運河建設事業に関して、ニューヨーク州議会内で激しい意見の対立があったこともうかがえる。反対派は技術的な見地を含めて、運河計画そのものが無駄であると論じ、従来通りのオンタリオ湖、セント・ローレンス川を利用した交易ルートで良しとする意見を支持していた。しかし、報告書は、セント・ローレンス川ルートは、運航コストがよりかかること、さらに、一一月から五月までの期間は河川が凍結して運航できないといった理由を挙げて、色々と批判はあろうとも改めて国内に位置するエリー運河開通の実用性を強調するのであった(54)。なおニューヨーク州の運河建設事業が戦争によってその活動を実質的には中断せざるをえなかった中にあっても、市民からの土地の寄付は続いていたことを付記しておく。

第三節　ハートフォード会議における連邦制批判

チェサピーク&デラウェア運河事業やエリー運河計画の例を持ち出すまでもなく、これまで連邦議会で審議されてきた一連の内陸開発関連の陳情書や推進派の議論は、一様に、広大なアメリカ合衆国内で内陸交通網が未整備であり、そのことが連邦制の存続を脅かしかねないとの危機意識を指摘するものであり、それを回避するために交通網の整備による連邦の強化を主張するものであった。これは、ある種の常套句のように用いられた議論であったのであるが、ジェファソン政権末期の出港禁止法以後、連邦の政策をめぐる国内の対立は激しさを増していた。特に、一八一二年戦争の開戦以降、アメリカ内部において南部と北部、東部と西部間の地域的亀裂は様々な面で見られた。製造業と海運業が発達していたニューイングランド諸州では開戦前から連邦政府の経済制裁に異を唱えており、戦争に対して当初から反対の立場であった。それゆえ、この戦争を「マディソン氏の戦争」と揶揄していたほどである。にもかかわらず、戦争が始まると他州と同様に戦費の負担を求められ、ニューイングランド諸州における連邦政府への不満はますます強まっていった。

前ジェファソン政権ならびに現マディソン政権への反発はマサチューセッツ州のフェデラリスト党に最も顕著に見られた。彼らはジェファソン政権の外交政策に反発し、一八〇八年大統領選挙で当時国務長官だったジェイムズ・マディソンの対抗馬として、ニューヨーク州知事だったジョージ・クリントンを担ぎ出した。しかし、マディソン大統領の誕生をくい止めることはできなかった。そこで、連邦政府の通商権限等を制限するために合衆国憲法修正を審議する憲法改正会議の開催を他州に呼びかけた。ただしこのときはジェファソン大統領が出港禁止法を撤回したことで、他州が応じることはなかった。(55) しかしながら、マディソン政権が前政権同様、外国との通商を禁止する法律を制定するや、一八一二年の大統領選挙ではマディソン大統領の再選を阻むためにニューヨーク市長のデ・ウィット・クリントンを担ぎ出したが、前回同様マディソン大統領の再選を止められなかったのである。ジョン・アダムズ、チャールズ・C・ピンクニー、両クリントンと四回続けてフェデラリスト党が推す大統領候補が敗れたことで彼らの不満は鬱積していたのである。そうした中、開戦、そして、一八一三年一二月には再び出港禁止法が成立したばかりか、ニューイングランド地域は直接戦場として脅威にさらされ、ニューイングランド諸州においては個別にイギリスと講和を結ぶ要求が高まるようになるのであった。(56)

一八一四年一〇月、マサチューセッツ州議会はニューイングランド地域の問題を検討するために北東部の関係諸州に対して会議を招集し、コネチカット州のハートフォードにおいて、コネチカット、マサチューセッツ、ロードアイランドの各州議会で選ばれた代表、ならびにニューハンプシャーやヴァーモント州ではフェデラリスト党から選出された代表が一堂に会した。いわゆる、ハートフォード会議である。マサチューセッツ州から一二名、コネチカット州から七名、ロードアイランド州から四名、ニューハンプシャー州から二名、ヴァーモント州から一名、合計二六名から構成された。(57) 一八一四年一二月一五日から翌月五日まで開催された会議は秘密裡に行われ、穏健派のジョージ・カボットが議長を務めた。会議そのものは穏健派が支配権を握ったため、連邦から離脱する提案は検討されるにとどまった。最終的に年が明けた一八一五年一月三日に採択され、その二日後に公にされた報告ならびに決議書はマディソン政権および英米戦争を糾弾する内容であった。しかし、現合衆国憲法中で南部に有利ないくつかの条項を修正する憲法修正条項案が含まれてはいたものの、その内容は比較的穏やかなものであった。四つの決議から構成された決議書は、それぞれ、州独自の自衛権と課税負担の公平性、民兵の指揮権確保、憲法修正要求、会議の将来的な方針を盛り込んでいた(58)。いずれの決議も、連邦政府の権力拡大から州の権利を擁護するものとなっていた。ハートフォード会議において特に連邦政府批判の槍玉にあがったのは、連邦政府による民兵の運用行為であった。決議では、民兵の指揮権は知事あるいは民兵隊長にあり、州の安全保障のためにこそ民兵は存在するとして州の自衛権を主張したのである。

また、合衆国憲法修正要求には、南部に有利な現行の連邦構造を変革する狙いがあった。具体的には、第一に、各州に割り当てられる連邦下院議員数と直接税は、課税されない先住民等の人々を除き、自由人の数に基づいて算定すること。第二に、連邦議会の上下両院でそれぞれ三分の二以上の同意がなければ、新州の連邦加盟ができないようにすること。第三に、連邦議会は六〇日以上にわたる出港禁止法を実施する権限をもちえないようにすること。第四に、連邦議会は両院で三分の二以上の同意がなければ、アメリカ合衆国と外国等との間の通商を禁止できないようにすること。第五に、実際に侵略に直面した場合を除き、連邦議会の両院で三分の二以上の同意がなければ、戦争宣言もしくは外国に対し敵対行為をとりえないようにすること。第六に、アメリカに帰化していない人物が連邦議会両院の議員になることはできず、また連邦政府の官職に就けないようにすること。第七に、大統領の再選を禁止するだけでなく、同一州から続けて大統領を選出することも禁止するという修正条項が並べられていた。

修正条項案は名指しこそしなかったが、ジェファソン政権とそれに続くマディソン政権に対する批判にほかならない。それと同時に、憲法体制の中で、南部の政治的影響力をそぎ、ニューイングランドの利益を擁護することに腐心したものであった。というのも、それぞれの決議には次のような狙いがあったものと考えられるからである。第一の修正要求は、連邦下院における南部の議席数を減らし連邦議会における南部の政治的影響力を弱めようとするものである。第二のそれは、新州の増加を抑制し、ニューイングランド諸州の影響力低下を抑えようとするもの。第三と第四のそれは、連邦のもつ通商政策上の権限を狭めることで、ニューイングランド諸州の通商利益を擁護するもの。第五は、連邦政府の戦争宣言を制限することでニューイングランド諸州の利益を擁護しようとするもの。第六は、ジェファソン、マディソン政権で財務長官の要職を担ったスイス生まれのギャラティンに対する批判。第七のそれは、ヴァージニア州出身の大統領が続いていることに対する批判といった意図が見える。

決議書は連邦離脱という強い主張こそないのであるが、憲法の修正条項案に盛り込まれた要求は、連邦内で政治的比重が低下しつつあったニューイングランド地域としての陳情そのものであった。決議書は、最後に、彼らの要求が失敗に終わり、戦争が終結せずニューイングランド諸州の防衛が無視されるならば、来る六月に再びボストンで会議を招集することを謳っていた。

しかしながら、おりしもハートフォード会議が開催されていた一八一四年一二月二四日に、戦争の終結を告げるゲント条約が調印されていたのである。しかも、時を同じくして、ニューオリンズでアメリカ軍を率いていたアンドルー・ジャクソンの勝利を告げるニュースが飛び込んできた。同会議の決議を連邦議会に請願するため、マサチューセッツ州議会の命を受けたハリソン・G・オーティス、ウィリアム・サリヴァン、そして、トマス・H・パーキンスの三人は二月三日ボストンを発って首都ワシントンに向かっていたが、彼らは終戦のニュースをまったく知らなかった。というのも、ボストンにジャクソン勝利の知らせが届いたのは彼らが発った二日後であったからである。そして、一三日首都ワシントンに到着した彼らが、その翌日目にしたのは、ゲント条約を祝福する光景であったのである。ボストンにゲント条約が伝わったのは二月一五日のことであった[59]。

いずれにしても、戦争の早期終結を求めたハートフォード会議の決議は、一八一二年戦争そのものが終わったことで、宙に浮いてしまっただけでなく、連邦議会も他州も同会議の決議に関心を示すことはなかった。このハートフォード会議は、風前の灯であったフェデラリスト党そのものの退潮を決定的なものにした。一八一六年の大統領選挙でフェデラリスト党のルーファス・キングは三四名の大統領選挙人しか集められなかった。次いで一八二〇年の選挙では一票も集められないまま、フェデラリスト党は党派として消滅していくのである。

振り返ってみれば、マディソン大統領は第一回就任演説の中で、「平和と幸福の基盤として諸州の連邦を維持すること」ならびに、「その権限と限界の中で連邦の接着剤である合衆国憲法を支持すること」という施政方針を示していた。しかしながら、外交問題を解決できず、国内においては対立要素を抱えたまま一八一二年戦争が勃発したことで、ジェファソン政権の外交・通商政策に対して不満を募らせていたマサチューセッツ州を中心に、北部のフェデラリスト党の一部はマディソン政権に対する批判の急先鋒に立ったのである。

ハートフォード会議とは、彼らにとって不本意な戦争が進行する中で、歴代大統領の出身基盤である南部、そして連邦の中で台頭著しい西部が政治的に優位に立つ連邦制そのものへの批判の結晶であったといえる。しかし、ことごとく時機を逸したハートフォード会議そのものは、北東部のフェデラリスト党派の不満を表明するにすぎなかった。また、決議内容が連邦制の維持を前提としており、連邦からの離脱を宣言するほど過激な州権論を主張するものでもなく、連邦制を揺るがすものとはならなかったのであるが、国家の非常時における連邦政府批判行為は、フェデラリスト党にとってかえって致命傷となったのである。一方、マディソン政権にとって幸運だったことは、ハートフォード会議が一八一二年戦争のまさに末期に開催されたことであった。結果的に、同会議によって連邦分裂という危機はもたらされることがなかったばかりか、逆に、政権への反対勢力であったフェデラリスト党の衰退を早めたのである。戦後、マディソン政権は、国内経済の復興と戦時中に経験した連邦制の危機をいかに克服するか、という課題に取り組むことになるのである。

（1） Seventh Annual Message, October 27, 1807, Paul L. Ford, ed., *The Works of Thomas Jefferson*, 12 vols. (New York: G. P. Putnam's Sons, 1904-05), 8: 82-89.

（2） *Laws of the State of New York in Relation to the Erie and Champlain Canals, Together with the Annual Report of the Canal Commissioners and Other Documents*, 2 vols. (Albany: E. and E. Hosford, Printers, 1825), 1: 7.

（3） Ibid., 1: 7-8.

（4） Ibid., 1: 11.

（5） George Rogers Taylor, *The Transportation Revolution, 1815-1860* (New York: Rinehart, 1951), pp. 57-58.

（6） *Report of the Secretary of the Treasury on the Subject of Public Roads & Canals* (Washington: R. C. Washington, 1808; reprint ed., New York: Augustus M. Kelley, 1968), p. 68.

（7） Nathan Miller, *The Enterprise of a Free People: Aspects of Economic Development in New York State During the Canal Period, 1792-1838* (Ithaca: Cornell University Press, 1962), p. 21; Ronald E. Shaw, *Erie Water West: A History of the Erie Canal 1792-1854*, paperback ed. (Lexington, Kentucky: University Press of Kentucky, 1990), pp. 13-18.

（8） *Report of Public Roads & Canals*, pp. 30-32.

（9） *Laws of the State of New York*, 1: 13-32.

（10） Joshua Forman to De Witt Clinton, October 13, 1826, David Hosack, *Memoir of De Witt Clinton with an Appendix* (New York: J. Seymour, 1829), pp. 343-55.

（11） Ibid., pp. 346-47.

(12) *Annals of Congress, 1789-1825* (*AC*), 11th Cong., 2nd Sess., pp. 521-25; John Lauritz Larson, *Internal Improvement: National Public Works and the Promise of Popular Government in the Early United States* (Chapel Hill: University of North Carolina Press, 2001), p. 59.

(13) Daniel Dean Roland, "Peter Buell Porter and Self Interest in American Politics" (Ph. D. diss., Claremont Graduate School, 1990), pp. 22-24. 拙稿「米連邦下院議員P・B・ポーターの内陸開発政策」『敬愛大学国際研究』第八号(二〇〇一年一一月)六一七頁。

(14) *AC*, 11th Cong., 2nd Sess., pp. 525, 530.

(15) *AC*, 11th Cong., 2nd Sess., pp. 1385-1401.

(16) *AC*, 11th Cong., 2nd Sess., p. 1388.

(17) *AC*, 11th Cong., 2nd Sess., p. 1399.

(18) *AC*, 11th Cong., 2nd Sess., p. 1400.

(19) Joseph Anthony Grande, "The Political Career of Peter Buell Porter, 1797-1829" (Ph. D. diss., University of Notre Dame, 1971), pp. 21-22.

(20) *AC*, 11th Cong., 2nd Sess., pp. 613-14.

(21) *AC*, 11th Cong., 2nd Sess., pp. 625, 632-33.

(22) *Laws of the State of New York*, 1: 46.

(23) Evan Cornog, *The Birth of Empire: DeWitt Clinton and the American Experience, 1769-1828* (New York: Oxford University Press, 1998), p. 109.

(24) *Laws of the State of New York*, 1: 48-69.

(25) Ibid., 1: 70-71.

(26) Ibid., 1: 89-90.

(27) Ibid., 1: 72-74.

(28) Ibid., 1: 90-91.

(29) *The Journal of the Senate including the Journal of the Executive Proceedings of the Senate: James Madison*

Administration, 1809-1817, 10 vols. (Wilmington: Michael Glazier, Inc., 1977), 4: 183-84.

(30) *Laws of the State of New York*, 1: 91.

(31) Ibid., 1: 95-100.

(32) *AC*, 12th Cong., 1st Sess., p. 1078.

(33) *Laws of the State of New York*, 1: 92-94.

(34) Ibid., 1: 71-87.

(35) First Inaugural Address, March 4, 1809, Jack N. Rakove, ed., *James Madison, Writings* (New York: Literary Classics of the United States, 1999), pp. 680-82.

(36) Third Annual Message, November 5, 1811, Gaillard Hunt, ed., *The Writings of James Madison*, 9 vols. (New York: G. P. Putnam's Sons, 1900-10) 8: 158-65.

(37) Donald R. Hickey, *The War of 1812: A Forgotten Conflict* (Urbana: University of Illinois Press, 1995), pp. 29-30; Roger H. Brown, *The Republic in Peril: 1812* (New York: W. W. Norton & Company, 1971), Ch. 7.

(38) なお、好戦派のポーターについての評価は研究者間で見解が異なっている。この点に関しては以下が詳しい。J. C. A. Stagg, "Between Black Rock and A Hard Place: Peter B. Porter's Plan for An American Invasion of Canada in 1812," *Journal of the Early Republic* (*JER*), Vol. 19, No. 3 (1999), pp. 385-86. この好戦派の隠れた狙いとして、南部のフロリダ、北部のカナダという領土拡張があったことは無視できない。西フロリダに関しては一八一〇年から一二年まで合衆国によって占領されていた。サウスカロライナ州出身の好戦派カルフーンのフロリダに対する関心については、斎藤眞「J・C・カルフーンにおけるナショナリズムとセクショナリズム(二)」『国家学会雑誌』第七五巻(一九六二年)四二一六七頁、また、カナダに関しては以下が詳しい。J. C. A. Stagg, *Mr. Madison's War: Politics, Diplomacy, and Warfare in the Early American Republic, 1783-1830* (Princeton: Princeton University Press, 1983).

(39) War Message, June 1, 1812, Rakove, ed., *James Madison, Writings*, pp. 685-92.

(40) Hickey, *The War of 1812*, pp. 43-47; *The Journal of the House of Representatives: James Madison Administration, 1801-1817*, 11 vols. (Wilmington: Michael Glazier, Inc., 1977), 5: 934-46; *The Journal of the Senate*, 4: 529-30.

(41) 中嶋啓雄『モンロー・ドクトリンとアメリカ外交の基盤』(ミネルヴァ書房、二〇〇二年)三三一四四頁。

(42) *A Collection of the Laws relative to the Chesapeake and Delaware Canal, passed by the legislatures of the states of Maryland, Delaware, and Pennsylvania, subsequent to the year 1798* (Philadelphia: L. R. Bailey, 1823), p. 16.

(43) Ibid., pp. 16-17.

(44) *The Journal of the House of Representatives*, 6: 171.

(45) *AC*, 12th Cong., 2nd Sess., p. 893; Clifford K. Shiptan, ed., *Early American Imprints*, 2nd ser., 1801-19 (Worcester, Massachusetts: American Antiquarian Society, 1955), No. 30032.

(46) *A Collection of the Laws relative to the Chesapeake and Delaware Canal*, pp. 47-48.

(47) George Edward Reed, ed., *Pennsylvania Archives*, 4th ser., 4 vols. (Harrisburg: W. M. Stanley Rav., 1900), 4: 822-23.

(48) *The Journal of the Senate*, 6: 41, 47.

(49) *American State Papers* (*ASP*), Miscellaneous, 13th Cong., 1st Sess., No. 347, 2: 215-17.

(50) *Laws of the State of New York*, 1: 71-87.

(51) Ibid., 1: 102-06.

(52) Ibid., 1: 102-03.

(53) Ibid., 1: 103-04.

(54) Ibid., 1: 104-06.

(55) James M. Banner, Jr., *To the Hartford Convention: The Federalists and the Origins of Party Politics in Massachusetts, 1789-1815* (New York: Alfred A. Knopf, 1969), pp. 296-97, 304-05.

(56) Ibid., pp. 310-21.

(57) Ibid., pp. 326-29.

(58) Ibid., p. 337; *Encyclopedia of American Historical Documents,* 2004 ed., s. v. "Hartford Convention Resolutions of 1815."

(59) Banner, *To the Hartford Convention*, p. 348.

第三章　連邦制とボーナス法案

第二の独立戦争といわれる一八一二年英米戦争は、一九世紀初期のナショナリズムとセクショナリズムの一側面を浮かび上がらせるものになった。旧世界ヨーロッパに対する新興国アメリカのナショナリズムの高揚とハートフォード会議に代表される反連邦主義的セクショナリズムである。ハートフォード会議は連邦を解体するほどの衝撃を与えるものとはならなかったが、同会議を主催したフェデラリスト党は、戦時ナショナリズムの残り香の中で党派として衰退し消滅していくのである。一八一二年戦争後、疲弊した国内において連邦政府の求心力を強めることがマディソン政権の課題となる。本章では、戦後の政治環境の変化がマディソン大統領の政策方針に与えた影響を背景に、マディソン政権の内陸開発政策を取り上げることにする。焦点となるのは、マディソン大統領最後の連邦議会において可決された内陸開発法案、いわゆるボーナス法案である。同法案の政策構造を分析し、なぜマディソンがこのボーナス法案に拒否権を発動したのかについて、連邦制の観点から検討することにする。

第一節　一八一二年英米戦争後の政治環境変化

一　戦後マディソン政権の課題

アメリカ国内経済の自立的発展を求める主張はジェファソン政権末期から顕著に見られるようになっていたが、一八一二年戦争を経て経済構造の転換はより具体化していく。一八一五年一二月五日、戦後初めて出されたマディソン大統領の第七回年次教書は、戦時体制をいまだ引きずる中で、戦後を見据え、ジェファソンの第二回年次教書に匹敵する政治的インパクトを放っていた。というのも、陸軍士官学校や民兵の軍事教練をも含めて、防衛体制の充実に多くの紙面が割かれていたが、マディソンの年次教書として初めて国内交通網整備の必要性を指摘しただけでなく、国内経済の復興と発展を目指し、銀行設立ならびに関税政策の見直しを提案していたからである。(1)

合衆国銀行設立提案についていえば、戦後の貨幣不足に対応するためであったが、実は、戦費の調達に苦しんでいた一八一四年の連邦議会において、マディソンは、新銀行の便宜性に対する懸念から銀行設立法案に対して拒否権を発動し、これを廃案としていた。(2) そのため、第七回年次教書の提案は、第一合衆国銀行が一八一一年に失効したことを受けての対応策であった。二年も経たないうちに、一度廃案とした銀行設立法案について自らの見解を変更したことになる。また、国内製造業を振興し外国貿易に依存しない自立的な経済構造を構築しようとする意図からの保護関税の導入は、従来のリパブリカン政権の自由貿易政策を見直すものである。これは合衆国の経済財政構造を大きく変えうる政策提案であった。

このような諸政策と並んで内陸開発政策が取り上げられたことは、その重要性を示している。この点に関して、マディソンは次のように述べている。「公益を増進する手段の中で、我が国中に道路や運河を建設することの重要性について連邦議会の関心を喚起させるのに適切な機会であります。道路や運河の建設は国家機関の下でこそ最もよく遂行されるものです。政治経済全体の中で道路や運河に要する費用をこれほど潤沢にまかなえる機関はありません。また、道路と運河ほどあまねく知られ、かつ認識されている公益設備もありません。(中略)さらに、以上の考えは、我々の広大な連邦内の多様な地域をより密接に結びつける交通網設備がもつ政治的効果によって強化されるのです(3)」と。また、諸州がそれぞれの地域で道路や運河の建設および河川改修を通して地方の交通の便を高めている中で、全国にわたって管轄権および手段を有している連邦政府に対して合衆国全体を視野におく体系的な事業展開が大いに期待されている点にも言及したのであった。もちろん、連邦政府が連邦事業を実施するには合衆国憲法問題の解決を前提としてのことである。このマディソンの言説はギャラティンの「道路と運河に関する報告書」を髣髴とさせる。内陸開発政策は、合衆国銀行の設立、保護関税の導入、製造業の振興という一連の政策と深く結びついていたのである。

戦後に発表されたマディソン大統領の教書は、新しい時代の経済政策を色濃く反映するものといえよう。事実、一八一六年三月第二合衆国銀行が二〇年間の期限付きで設立され、その翌月合衆国初の保護関税が導入された。関税率は、品目ごとに異なっており簡単に要約できないが、おおむね、鉄、鉛、錫製品に二〇%、綿製品および羊毛製品に二五%、日用雑貨を含め輸入品目によって最高税率三〇%の従価関税が、また工業用加工品に対しても従量税が課されることになったのである(4)。

一般に、アメリカン・システムは、一八二〇年代ヘンリー・クレイによって提唱された包括的な経済政策として有名なのであるが、アメリカ経済の自立的発展と国内経済市場の活性化を目指すという意味では、マディソンの第七回年次教書は政策的にまさにアメリカン・システムを先取りするものであった。ただし、アメリカの歴史を振り返って見るとき、これは、建国当初、新興国家の内発的経済発展を連邦政府が推進しようとしたアレグザンダー・ハミルトンの経済構想の再来という側面もある。

第七回年次教書は、従来の連邦政府の役割を大胆に再考することを謳ったものとはいえ、マディソンが、教書で提案した国内市場の整備や製造業の振興策、内陸交通網の開発、さらには国立教育機関の設立といった課題は、個々に見れば決して目新しいものではなかったのである。しかしながら、一八一二年戦争後という時代が、これらの政策課題を実現する好機となったことは疑いない。この時期、アメリカ合衆国は経済構造の転機を迎えていたといえよう。そういう意味で、マディソンが教書で行ったハミルトン的な政策提案は、ヴァージニア州選出で州権論の強力な主唱者であったジョン・ランドルフから一七九八年のリパブリカンの原理を放棄したと激しく批判される結果となった(5)。ランドルフの批判は、もっともなこととといわざるをえない。

終戦後の第一四連邦議会では、一八一二年戦争前に好戦派の中核を担った一七七〇年以降生まれの革命第二世代が過半数を占めるようになった。この会期で最も若かったのはヴァージニア州選出で一七九〇年生まれのジョン・タイラーであり、後に第一〇代大統領となる政治家である。アメリカ政界の世代交代が進む中、一七五一年生まれの革命世代であったマディソン大統領と若い政治家たちとの間の政策観の相違は、合衆国憲法をめぐる確執とともに第一四連邦議会において明らかに一つの争点となっていくのである。

二　内陸開発政策の戦後動向

マディソンの第七回年次教書を受け、下院、上院において道路と運河に関する委員会（以下、道路・運河委員会）

が組織されたのであるが、前述の銀行や保護関税政策とは異なり、内陸開発法案は今会期においても未成立に終わった。そこで、ここでは、比較的法案化が進んだ上院での審議の概要に触れておきたい。

連邦上院の道路・運河委員会は、オハイオ州選出のジェレミア・モローをはじめとしてルイジアナ州選出のジェイムズ・ブラウン、デラウェア州選出のアウターブリッジ・ホージー、ニュージャージー州選出のジェイムズ・J・ウィルソン、マサチューセッツ州選出のクリストファー・ゴアで構成された(6)。委員会は、報告書作成に先立って、財務長官アレグザンダー・ダラスに対して、開発財源の問題について二つの質問を送っていた。第一に、剰余金は道路や運河の建設に毎年適用されうるものかどうか、その場合の額、第二に、道路や運河会社の株式購入に公債を起債する場合の償還部門とその場合の額に関するものである。ダラスは、第一について、一二月五日に財務省案通りに歳入が常時確保されかつ歳出が提案額を上回ることがないという条件付きで、連邦財政上、平時において年間四〇〇万ドルの剰余金が見込まれること。また、第二について、特定の償還部門はないが、歳入総額は一八一六年以後歳出総額を超えており、連邦議会の判断によってこの剰余金を直接内陸開発費の支払いに充てられる可能性を指摘した。つまり、国内の内陸開発事業を支援するためにわざわざ政府が起債する必要はないとの見解を示したのである(7)。

一八一六年二月六日にモローによって提出された委員会の報告書は、マディソン大統領の第七回年次教書の意図を十分に汲んだ内容であった(8)。報告書は、国際情勢の影響を受けやすい外国市場に依存するアメリカの通商構造の主軸を国内に移すことを主張し、連邦政府による内陸開発政策の必要性を説く。さらに、将来の戦争に備え、アメリカ合衆国の安全保障体制の整備を見据えた内陸開発計画とともに、現財務長官ダラスの意見を参考に年間六〇〇万ドルを内陸開発目的に拠出して道路や運河を建設するための基金設立を提案するものであった。報告書が連邦議会に提案した全体計画の柱は、次の五項目である。①大西洋沿いの内陸航行網を開く運河群、②南北を結ぶ道路、③大西洋と西部の河川とを結ぶ道路群、④フロンティアに所在する基地への軍用道路、⑤オハイオ川の滝の周辺あるいはその河床を開く運河である。軍用道路を挙げた第四のカテゴリーからは、一八一二年戦争がアメリカ合衆国の内陸開発構想に影響を及ぼしていたことがうかがえる。委員会の報告書がギャラティンの報告書の二番煎じという印象は否定できないのであるが、交通網が軍事施設でもあるという防衛的観点が強く意識されており、この報告書には明らかな時代性を透視することができよう。

ところで、この全体計画では、一般的な開発項目が記されている中で、モローの選出州であるオハイオ州関連の事業計画が列挙されていることが目を引く。全体的な立場から公益を考慮できるのは連邦政府のみと主張する報告書の主張とは裏腹に、実は委員会内の審議が地域利害を乗り越えられていないのである。さらに興味深いことは、委員会が前記五つの重要な開発事業のカテゴリーを掲げながら、具体的に最優先の課題として取り組むべき事業を、チェサピーク&デラウェア運河事業の一つに絞って提案してきたことであった。今回、報告書が同運河事業のみを提示したのは、連邦政府が費用のかかる複数の事業に同時に取り組むとなれば、労働賃金の高騰を招き、建設コストがさらに高くなる可能性があるという委員会の戦略があった。また、同運河事業は工事が実行可能であるだけでなく、他の開発事業と直接連結しておらず、同運河が完成すれば単独で最も広範囲に便益をもたらすことをその理由として挙げる。以上の次第で報告書は、同事業を支援するために、会社全体の株式のうち半分ないし三分の一以下の株に出資することを提案したのである。(9)

このモローの報告書は、チェサピーク&デラウェア運河事業を支援するための報告書と連動して出された。チェサピーク&デラウェア運河会社からの請願書を検討した委員会は、四〇万ドルを拠出して同社の株式に出資することを提案するのである。道路・運河委員会の提案は戦略的に練り上げられたものと思われたが、既述のように、上院の審議過程で賛同を得られなかった。一八一六年四月八日、ニューハンプシャー州選出のジェレミア・メイソンならびにマサチューセッツ州選出のジョセフ・B・バーナムの動議で、道路ならびに運河建設費拠出法案の審議を次会期に持ち越すことが賛成一八、反対九の賛成多数で可決されたからである。[10]翌日、チェサピーク&デラウェア運河出資法案も、同じくバーナムの動議によって次会期に審議が延期されることが決定した。内陸開発法案の審議延期に賛成した議員は、ペンシルヴェニア州選出のジョナサン・ロバーツもいたが、主に、ニューヨーク州以北やヴァージニア州以南の地域から選出された議員たちであった。また、同法案への支持に関して、内陸開発政策に賛成する傾向のある西部からの支持が少なかったことが特徴的であった。[11]

チェサピーク&デラウェア運河会社への支援を最優先に掲げた委員会の提案は、若干の例外は見受けられたが、直接利益を得られる州選出議員の賛同は得ても、多くの議員をひきつけることができなかった。上院におけるモローの報告書は、マディソン大統領の第七回年次教書を具体的に政策展開する試みの一つであったが、連邦政府による内陸開発政策の具体化の難しさを物語っている。

次に、マディソン政権期に入って以降のカンバーランド国道建設の経過について述べておきたい。

国道事業に要した費用は、一八一五年二月一四日に成立したカンバーランド国道関連法において道路基金からの拠出を決めた一〇万ドルを加えると、道路基金からの拠出総額そのものは四一万ドルに達していた。[12]一八一四年一月末、当時の財務長官ギャラティンが連邦上院に送ったカンバーランド国道事業報告書によれば、ビッグ・ヨカジェニー川に至る区間までの約三九マイルの道路がようやくできつつあった頃、メリーランド州では既にボルティモアからカンバーランドまでの約六〇マイルの有料道路が建設されていたという。メリーランド州からオハイオ州への道路建設工事は全体として遅れがちであった。一八一六年の報告書の中で財務長官ダラスは、道路建設が遅れている理由として、工事契約の形態が非効率なこと、そして、労働契約条件の悪さから熟練の建設労働者を十分に確保できないことを挙げている。[13]しかし、それとは別に、財務長官の頭を悩ませていたのは、既に開通していた道路の補修問題であった。前年の夏に最初の六区間一六マイルの補修に要した費用は一二〇〇ドルですんだものの、今後開通する道路の補修問題をダレスは懸念していたのである。[14]

包括的な内陸開発法案が実現をみない一方で、ジェファソン政権が種をまいた東西を結ぶ国道は着実にその姿を現しつつあった。一八一七年のボーナス法案の審議の際、ヘンリー・クレイは、メリーランド州がボルティモアからカンバーランドまでの有料道路を建設しており、あと三年もすれば、メリーランド州からオハイオ州に至るカンバーランド国道が完成すると述べ、そうなれば、ボルティモアからホイーリングまで、八日かかっていた移動時間が三日に短縮されることに言及する。[15]クレイの発言に代表されるように、カンバーランド国道事業は、開通後、州間にまたがる大規模な交通開発事業の成功例として、位置づけられるようになるのである。そうした中、一八一六年、カンバーランド国道には新たな展開が見られた。オハイオ州の西隣のインディアナ準州が州に昇格し、その連邦加盟を定めた法律の第六条三項において、公有地の売却益の三%はインディアナ州内の道路および運河建設に、そして、二%は州間にまたがる道路建設のために拠出することが規定されたのである。[16]これにより、カンバーランド国道がオハイオ州からさらに内陸部のインディアナ州にまで延伸する道が開かれることになるのである。

第二節　ボーナス法案への道程

一　ニューヨーク州の運河建設活動

一八一二年英米戦争後、ニューヨーク州においても、運河準備委員会が本格的に活動を再開する。そこで、本節ではまず、ニューヨーク州の動向を概観しておきたい。

同州では、戦争が終了した後も、五大湖上においてイギリス領カナダとの間で軍事的衝突が続いていた。ニューヨーク州にとってセント・ローレンス川を通らない国内航行ルートの開発が、実際のところ軍事的にも経済的にも重要な課題となっていたのである。そのような折、運河建設をめぐる政治経済的状況は戦争中に比べ著しく好転を見せていた。まず、マディソン大統領の第七回年次教書がニューヨーク州に再び連邦支援への期待を抱かせただけでなく、国際的な金融環境が良くなり資金調達の可能性が見え始めていたからである。

ニューヨーク州知事ダニエル・D・トンプキンズは、一八一六年の州議会に際し開会の辞でシャンプレイン湖とハドソン川とを結ぶシャンプレイン運河の開設を正式に州議会に要請した。[17] 同年三月八日に提出された運河準備委員会の報告書は、委員会に課せられた任務が戦時中は遂行不可能であったと述べ、戦後になって再開した活動状況を報告している。[18] そこでは、シャンプレイン運河計画も事業の柱の中に組み入れられたことや、新しく技師の人選が進められていることが報告された。また海外からの資金の借り入れについては、平時に戻ったことにより、州債の発行で一〇〇万ドルは借り入れ可能との見通しを明らかにした上、まずは工事を開始し、六％もしくはそれ以下の利子で以後も必要な資金を順次借り入れられると述べている。運河予定地については、市民からの土地の寄付が集まっていることが報告された。さらに、工事は、最初にロームからセネカ川のルートを開通させるのが最も望ましい、それによって貿易ルートを、オンタリオ湖、モントリオールからニューヨーク州内に変更させられるという直接的な効果を期待できるとの見解が示された。

一八一六年四月一七日のニューヨーク州内陸航行開発法により、スティーブン・ヴァン・レンセラー、デ・ウィット・クリントン、サミュエル・ヤング、ジョセフ・エリコット、マイロン・ホーレーの五人を新たに運河準備委員に任命した。そして、エリーとシャンプレインの二運河に関して、具体的な建設計画、請願活動、州債の発行条件、寄付を含む資金の調達方法、総工費の見積もり等を検討し具体的に行動する権限を委員会に与えたのである。[19] クリントンにとって、運河準備委員への任命は政治的復活の第一歩となった。クリントンは、フェデラリスト党から大統領候補として一八一二年の大統領選挙戦に出馬したものの敗れ、一八一五年にはニューヨーク市の市長職をも失っていた。ハートフォード会議後ニューヨーク州のフェデラリスト党も党勢が衰えたが、戦後、州政府主導で開発政策を推進する動きが高まったことによって、政治的に失墜していたクリントンにも活躍の機会が訪れたのである。[20]

英米戦争後に開かれた最初の連邦議会審議の状況、あるいはマディソンの教書は、明らかにニューヨーク州の運河事業にとって悪いものではなかった。そのため、一八一六年のニューヨーク州内陸航行開発法は、建設資金の調達に関して、借り入れだけでなく、一八一二年戦争前に一度は断念した連邦支援を再び視野に入れることになった。一二月一一日ニューヨーク州政府は、連邦政府に対し州選出の連邦議会議員を通して、ニューヨーク州の運河の政治経済的、軍事的効用を改めて強調した請願書を提出したのであるが、[21] 第一四連邦議会第一会期の請願活動は、他の開発事業同様、実を結ぶことはなかった。しかしながら、連邦政府に提出した請願書は、当時のニューヨーク州の状況と運河開設後の将来見通しを知る上で興味深い内容を伝えている。そこで、請願書の内容に触れておきたい。

ニューヨーク州の請願書は、いうまでもなく、エリーおよびシャンプレイン運河が建設可能であること、さらにその運河開設の利点を並べ立て、連邦政府に訴えるものである。これらの中で注目したいのは、州内の東西ルートの開発が州および連邦にとってどのような利点をもたらすのかという点である。

請願書は、運河が建設されれば、まず、五大湖周辺の水運が発達し、それによって移住民が増え西部開拓を促進させるだけでなく、公有地の地価を高めることにもつながるという。この交通網の発達によって、従来輸送費がかかり商品価値をもちえなかった余剰農産物が、商品として流通するようになると同時に、内陸部でも輸送費用の低下により入手困難であった消費財が購入できるようになり、生活の利便性が高まることを指摘する。また、運河の開通によって五大湖周辺の交易ルートをカナダ側からアメリカ側に引き寄せることが可能となり、毛皮交易を掌中に収め、イギリスの支配下にある西部の先住民部族に影響力を行使できるようになるだけでなく、この地域の貿易の利益をアメリカ市民にもたらすことができる。さらに、安全保障の面でもアメリカがイギリスに対して優位に立つことができると主張する(22)。

請願書は、「我が連邦の維持が我々の自由にとって不可欠であるということほど確かなことはありません。連邦維持の手段は、我々の共通利益の強度にのみ見出されるのです。これらの利益を拡大し堅固にするものは何であれ、連邦政府にとって際立って重要であるに違いありません。そして、我が国の遠くはなれた地域間において利用しやすく有益な交通を開くこと以上に効果的にこれらの目的にたどりつけるものが何か想像できうるでしょうか(23)」と、連邦維持という政治的側面が地域間の利益の共有によってより堅固となることを強調するのである。一部地域の利益の追求という批判をいかにかわすかという点で、今回連邦政府に提出した請願書の内容および構成はよく練り上げられたものとなっていたが、この請願書の見所は、前記したように内陸部に発展を続けるアメリカの様子を伝えている点ではなかろうか。

二　ボーナス法案提出に向けて

一八一二年英米戦争後マディソン大統領の下で、外国貿易に依存しない経済構造を構築し、合衆国が独自に経済的に発展することを目指す政策が本格化していた。既述のように、第二合衆国銀行の設立ならびに保護関税の導入は実現したのであるが、内陸開発政策実現への動きが本格化するのは第一四連邦議会第二会期に入ってからである。この第二会期において、連邦議会としては初めて内陸開発法案、通称ボーナス法案が可決をみるのである。そこで、ボーナス法案に焦点を当て第二会期の審議を見ていこう。

会期始めの一八一六年一二月三日、マディソン大統領は第八回年次教書を連邦議会に送付した(24)。そこで、マディソンは、長年の持論である首都ワシントンに大学を創設することを検討するよう求めるとともに、再び連邦政府による内陸開発政策を提案した。「私は交流や開発を促進することによって、また、いかなる地域も全国的な繁栄の分かち合いを増進することによって、我が国のあらゆる地域をよりいっそう緊密にする効果をもつ道路と運河の総合的なシステムを実現すべく、連邦議会の権限を行使する、また必要に応じ権限を拡大する場合に規定されている方法に訴えるという有効手段に関して、再度連邦議会議員の格別の配慮を求めるものであります」と(25)。マディソンは、教書の中で合衆国憲法修正を視野において、国内の道路や運河を総合的に開発することを改めて提案したのである。

大統領の教書を受け、連邦議会では前年度と同様に、内陸開発問題に関する委員会を上院、下院にそれぞれ設置し、各州が請願する開発事業に対する連邦支援の方法を検討することになった。下院の道路・運河委員会の構成は、ヴァージニア州選出のエイレット・ホーウィズ、ノースカロライナ州選出のバートレット・ヤンシー、デラウェア州選出のトマス・クレイトン、ニューヨーク州選出のマイカー・ブルックス、ニュージャージー州選出のイフレイム・ベイツマン、マサチューセッツ州選出のベンジャミン・アダムズ、そしてペンシルヴェニア州選出のトマス・ウィルソンの七名であった。一方、上院では前会期に引き続き、オハイオ州のジェレミア・モローとデラウェア州のアウターブリッジ・ホージーの二人を含む五名が任命された。[26] また、ブルックスによって提出されたニューヨーク州からの請願書も早速、下院の道路・運河委員会で諮られることになった。[27] 道路・運河委員会とは別に、一二月一六日、サウスカロライナ州選出の連邦下院議員ジョン・C・カルフーンは、連邦下院で、第二合衆国銀行設立認可のための特別配当金、すなわちボーナスを財源にして道路と運河の恒久的な建設基金とすることを検討するよう提案を行ったのである。この際、カルフーンは内陸開発事業の国家的意義が浸透しているにもかかわらずこれまで実現できなかった理由について、次の三点を指摘した。それは、資金不足、財政赤字、外交関係の危機的状況である。しかしながら、目下、連邦政府の歳入状況は好転しており、外交関係も安定を見ている。こうした状況変化を踏まえ、カルフーンは、ギャラティンの「道路と運河に関する報告書」以来、議題に上ってきた内陸開発基金を創設しようと主張したのである。彼の提案は、連邦議会で既に組織されている委員会とは別に、カルフーン、ヴァージニア州選出のダニエル・シェフィー、オハイオ州選出のウィリアム・クレイトン、ニューヨーク州選出のトマス・P・グローヴィナー、そして、ペンシルヴェニア州選出のサミュエル・イングハムの五人からなる委員会で審議されることになった。[28] このカルフーンの提案がその後ボーナス法案へと発展するのである。

次節では、ボーナス法案の審議過程を検討していこう。

第三節　ボーナス法案審議と原案の大幅修正

一　カルフーンのボーナス法案提出の意図

カルフーンの提案を審議した委員会は一二月二三日に、全三条からなる短い内陸開発法案、いわゆるボーナス法案を提出した。[29] それは、第二合衆国銀行設立認可の見返りとして特別配当金の総額一五〇万ドルを道路と運河の開発基金とし、財務長官の管理下におくという、非常にシンプルな法案であった。連邦助成の対象を具体的に特定せず、単に開発基金創設を目的とした点がこれまでの法案と大きく異なっている。このボーナス法案はカルフーンの動議によって一八一七年二月四日に、連邦下院の全体委員会で審議されることになった。

四日、提案者であるカルフーンは、開発対象を特定せず開発基金を設ける法案を提出した意図について、次のように述べている。詳細な法案は可決される見込みが低い。可能性がありうる開発システムに対し細部で反対する人々と原則に反対する人々とが結託して、法案を廃案にすることは目に見えている。それゆえに、あえて法案の条文に詳細な事業内容を盛り込まなかったのである、と。また、委員会が法案を「それ自体最も適切で最も成功しそうな形にまとめた」ことを率直に認めた上、「基金を創設することは最初の行為であり、少なくとも唯一の実行可能な道である」という。法案は開発対象を特定していなかったが、演説の中でカルフーンはメインからルイジアナに至る主要な交通路、五大湖とハドソン川との交通路、大西洋沿岸部の大商業都市と西部諸州とを結ぶ交通路、そして、西部とニューオリンズとを結ぶ交通路を開発することの重要性に触れていた。[30] 開発対象を明示しないことへの批判をあえて承知の上で、連邦政府による内陸開発政策が可決承認される内容を模索した苦肉の策が、ボーナス法案であった。

開発基金の創設を最大の目的とする戦略は明らかに功を奏したのである。これまで連邦下院でしばしば否決されてきたこの種の内陸開発法案が、二月八日、過半数の支持を得て下院を通過したからである。しかしながら、ボーナス法案が可決されたとき、当初目指したはずの開発基金構想からは程遠い内容に変容していた。条文の中で、基金は「各州間の国内通商」と「共同防衛」のために道路や運河を建設し、河川を改修することを目的とすると修正され、しかも、基金の運用方法についても、連邦議会は「当該州の同意を得て一般の福祉に最も貢献しうる方法」で運用すること、ならびに拠出される資金の配分は「各州の下院議員数に比例する」、という条件が付加されたからである。わずかな文言が付け加わっただけであったが、条文全体を通して見たとき、若干というにはあまりにも大きな開発政策内容そのものの変質であった。

カルフーンは、提案者として連邦議会においてどのように法案を支援したのであろうか。まず、審議の冒頭を飾ったカルフーンの二月四日の演説を再度振り返ってみたい。

カルフーンは、委員会を代表して法案を提出するに当たって、改めて、なぜ連邦政府が内陸開発政策を行うべきなのかについて説明を行った。彼は、内陸開発事業には州間の対立がつきものであり、連邦政府のみが唯一州間の対立を乗り越え大規模な事業を遂行することができるという。また、なぜ連邦規模での内陸開発事業が必要なのかについては、政治的統合の推進、国内市場の活性化と経済的発展、そして一八一二年戦争の経験が喚起する軍事的効用について言及した。そして、交通網の整備と連邦の維持を一体化して捉えた上で、カルフーンは、「私たちは連邦解体に向かうあらゆる傾向に抗するために緊急の責務を負っております」、「商業の流通領域が拡大すれば、社会的交流の領域も広がりますし、私たちをより強く結びつけることでありましょうし、私たちの運命をより分かちがたいものにするのであります」、「さあ、共和国を道路と運河の完全なるシステムで結びつけようではありませんか」と議場にいる議員たちに訴えかけた。[31] その演説は、戦後ナショナリズムの残り香を感じさせつつも、法案の原案者としての自信がみなぎるものであった。ボーナス法案が従来の内陸開発法案に比べ、短くかつシンプルなものであったとはいえ、カルフーンの開発政策についての考え方は、ギャラティンの「道路と運河に関する報告書」に通じる正統派のそれであったのである。

しかしながら、その後展開された審議の場では、それぞれの議員が出身州の思惑や自らの信念に基づいて法案の修正を提案していく。焦点となったのは、開発基金の使途とその拠出方法であった。細部における議論を避けるために大枠だけの法案を成立させようとしたカルフーンの意図は議論の初日からもろくも崩れ去り、噴出した議論は、カルフーンが予想もしなかった方向にボーナス法案を導いていくことになるのである。

二　州間に見る公平性の問題

以下において、二月四日から八日にかけて連邦下院全体委員会ならびに本会議における審議の中で、どのように論議が展開し、最終案が形成されていったのか、その軌跡をたどっていくことにする。

二月四日の審議

ボーナス法案に対する最初の修正提案は、二月四日、ニューヨーク州選出のエラスタス・ルートからのもので、内陸開発基金の対象から道路を外すことを提案していた。[32] ルートによれば、運河は連邦政府の政策対象となりうるが、道路は州政府の交通政策と抵触するという。道路は主に近隣地域の住民が利用し地域性が高いのに対して、運河は地域に限定されることはない、しかも、運河は遠隔地間の商品流通を促進し連邦内を統合する効果があるからである。この点に関して彼の念頭にあったのは、五大湖とハドソン川、オハイオ川、ワバシュ川を結ぶ内陸航行網であり、これらの航路が開発されれば、東部と西部との交流が進み、連帯意識が芽生えることから、一八一二年戦争末期に北東部の諸州が開催したハートフォード会議のような事態は起こらないであろう、という政治的、経済的効果を理由に挙げるのであった。その一方で、ルートは、道路建設のために開発基金が用いられるのは、既に道路網の発達した州にとってみれば不公平であるとも指摘した。例えば、メイン地区のポートランドからジョージア州のサバンナまでの主要道路の整備がしばしば取りざたされるが、ポートランドからデラウェア州のウィルミントンまでは既に良質な道路が建設されている。しかも、大西洋沿岸の東部や中部では民間企業による有料道路の建設が活発であり道路網はさらに拡張している。それゆえに、南部の道路建設に連邦基金が用いられるのは不公平ではないかというのがルートの意見であった。

ルートの主張には、ニューヨーク州が進めるエリー運河事業に有利な法案にボーナス法案を誘導しようとする意図が見え隠れしている。しかし、州の利害にとらわれた一方的な議論であると一概にいいきれないところがある。彼の主張はある意味で、当時の内陸開発事業を取り巻く状況や人々の意識を考えるとき、重要な論点を浮き彫りにしているようにも思われるからである。それは、第一に、諸州間にある経済力の歴然とした格差である。道路建設事業に関していえば、資本蓄積が進み民間の企業活動も活発であった大西洋沿岸の北部や中部においては、連邦政府の助成がなくとも自前で道路網を整備していた。一方、商工業の発達が遅れた南部や西部では、道路網の発達も立ち遅れていたのである。このことは当時の道路事情について大方の一致した認識であった。第二に、連邦の紐帯に関しては、ハートフォード会議が連邦解体をきたすことがなかったとはいえ、内陸開発政策の議論に少なからず影を落としていたように思われることである。第三に、連邦国家であるアメリカの中央政府が推進する国家的な政策は、一部の地域に奉仕するものではなく、全体に公平に行われるべきという意識が強くうかがえることである。そして、第四に、連邦制下の分権構造を基本としているため、諸州の多様性を自明とする意識である。そのため、州間にある交通格差を是正しようとする連邦政府の国家的な政策に対しては不公平という批判が生じることになる。ルートの発言から、連邦内の多様性、あるいは、諸州間の格差ならびに対立構造が透視できるのである。

さて、ルートの修正提案は即座に否決されたのであるが、彼の演説にある連邦政策の公平さに対する強い意識は、その後ボーナス法案の構想を歪めることになる開発基金の配分提案にも通ずるものである。法案の中で大きな焦点となった開発基金の拠出配分は、ルイジアナ州選出のトマス・B・ロバートソンによって提案されたものである。(33)

ロバートソンがボーナス法案の修正を提案した理由は、ルートのそれとは異なる背景からきていた。ロバートソンは、良好な道路や運河建設の重要性については同意しうるが、ボーナス法案に対しては「あいまいかつ一般的であり、不満足なもの」(34)だと率直に述べ、憲法解釈上の立場から反論を展開した。彼は、道路や運河の建設事業は州政府の管轄下にあるべきで、州政府の方が連邦政府以上に地域の需要や状況について熟知しており、政策遂行者として望ましいと主張した。州権論者のロバートソンは、合衆国憲法を緩やかに解釈するカルフーンの立場に強い不満を抱いていたのである。カルフーンは、合衆国憲法第一条第八節一項の中の、「共同防衛および一般の福祉」の文言を根拠に、連邦政府が憲法上列挙された項目にとどまらず、内陸開発事業に対して公的資金を拠出できると主張していた。その関連で、カルフーンは、列挙権限中の七項「郵便局および郵便道路を整備する権限」は郵便道路を選定する以上の意味があることも併せて示唆したのであるが、ロバートソンは、カルフーンの解釈に同意できなかった。そのため、ロバートソンは、合衆国憲法に適合するように法案を修正する立場から、各州の連邦下院議員数比に応じて開発基金を配分する提案を行ったのであった。

ところで、連邦制度に適合するため、人口に比例して各州に基金を配分するという提案は、古くはジェファソン大統領にも見られた。大統領は同様な考えに基づき、第二回就任演説の中で連邦政府の内陸開発政策実施の際「各州への公平な再配分」を提案したことがあった。今回の審議の中で、カルフーンにとって誤算であったのは、ロバートソンの提案が否決されるどころか、この修正提案を軸に、その後の議論が進展したことであった。

ボーナス法案が目指した内陸開発構想を根本から崩壊させるロバートソンの提案に対し早速異を唱えたのは、連邦下院議長ヘンリー・クレイであった。彼は、下院議長の立場から全体の議論に参加するのは本意ではないと断りつつも、ボーナス法案の原案を強力に擁護したのである。

クレイは、内陸開発と国内製造業は連邦議会の重点課題であるという見解を示し次のようにいう。「もし我々がこの法案を超えて何かを試みようとするなら、もし我々が細部に触れるなら、また、もし我々が基金の拠出される対象の特定にまで踏み込むなら、避けて通ることができない結果が生じるのであります。つまり、我々は何もなしえないということです。基金を拠出するために委員会を設置することが、あるいは各州間に基金を配分することが良いことなのかどうか、そして何がその適用に値する国家的な目的なのかは後ほど議論され決定されるべき将来の課題であります(35)」と。クレイは、今会期では、何よりも開発基金を創設することが重要であり、細部の内容を詰める作業は次会期以降にすべきだと主張したのである。また、クレイは、開発基金の拠出方法が各州の連邦下院議員数比に規定されると、開発事業は小規模化するであろうし、諸州にまたがる事業が行われにくくなると警告し、同僚議員に慎重な判断を求めるのであった(36)。

なお、クレイは、もし憲法修正の必要があればいずれ検討すべきであるが、州の管轄権に干渉しないように内陸開発基金を適用することによって、チェサピーク&デラウェア運河会社のような個別事業に出資することも可能になるであろうという考えを示した。クレイは、オハイオ川の滝周辺の航行開発事業や、ハドソン川と五大湖とを結ぶ運河、メイン地区からルイジアナへの大西洋に沿った主要道路の開設といった開発事業を例に挙げながら、諸州が関心をもちながら資金不足等の理由で建設できないでいる国家的な事業はそれほど多くはないと指摘するのである。そして、大規模開発であるがゆえ各州は自ら開発することに十分な関心を寄せていない。これらの事業を遂行するためには連邦政府の効果的な支援が必要であり、そうでなければ事業が完成することはないであろうと述べ、ボーナス法案を原案通り承認することを求めたのである。(37)

しかし、全体の審議過程から見ると、クレイの熱弁は議事進行においてそれほど効果を発揮しなかった。クレイの発言に反応したジョージア州選出のトマス・テルフェアは、全体にかかわる開発対象に対して基金を拠出するために基金の運営権を連邦議会に付与し、開発事業の実際の遂行は各州に任せるという修正を付加するよう提案した。また、ニューヨーク州選出のジョン・B・イェーツはボーナス法案の修正に反対するクレイやカルフーンに反対し、ロバートソンならびにテルフェアの修正提案を擁護した。イェーツは原案のままでは支持できないが、ロバートソンの修正案が加わることで各州への拠出額が公正かつ明確になるし、テルフェアの修正案によって連邦政府の監督権が機能し、特権の濫用を防止し、また国家的な開発対象に基金が正しく拠出されているか否かを監視できる、と支持の理由を述べるのであった。テルフェアおよびロバートソンの修正案は若干の修正を経て可決され、ボーナス法案は連邦下院の本会議に審議の場を移すことになった。(38)

こうして提案者カルフーンとその擁護に回ったクレイの主張は二月四日の全体委員会初日の場であっさり打ち砕かれたのである。二月四日の全体委員会は、修正ボーナス法案の原型を作り上げるものであった。以降の審議はテルフェアおよびロバートソンによって付加された修正文を軸に展開することになる。

二月六日の審議

二月六日の本会議では、テルフェアとロバートソンの修正提案が早速議題に上った。テルフェアの修正提案に関連して、マサチューセッツ州選出のエイサヘル・スターンズが、開発対象を選定させる権限を連邦議会に与えるのではなく、大統領の承認の下で州議会に与えるべきであるという動議を行ったが、それはすぐに否決された。(39) 焦点となったのは、やはりロバートソンの修正文であった。

連邦下院議員数比に応じて開発基金を拠出する配分提案は、ボーナス法案に賛成する議員たちにおおむね受け入れられていたとはいえ、議員たちは少しでも自州への配分額を増額させるために様々な修正を試みた。こうした議論の中で鮮明だったのは、下院議員数が少ない州や、今後議員数増加の見込みがない州から選出された議員たちの抵抗であった。メリーランド州選出のサミュエル・スミスは現在の代表数が今後減少する可能性がある州は、今なら多少でも拠出額を受け取れるものの、将来は配分額が少なくなる可能性が生じる懸念から、現時点での代表数に応じた基金配分を要望する、とニューハンプシャー、コネチカット、メリーランドといった小州の立場から修正を申し出た。しかしながら、カルフーンはそのような原則の挿入は法案を損なうことになろう、さらには、連邦政府の重要な原則は共同体の利益にかかわりかつ全体の便益のために設立されているので、その修正は不適切であり有害である、として即座に反対した。(40)

ケンタッキー州選出のベンジャミン・ハーディンは、さらに議論を進めて、開発基金を各州に配分するロバートソンの議論そのものに反対の姿勢を打ち出した。彼の反対の論拠は、連邦が拡大し新州からの下院議員数が現在の二倍になるような事態を懸念してのことである。また、オハイオ州選出のウィリアム・ヘンリー・ハリソンならびにジェイムズ・キルボーン、ケンタッキー州選出のソロモン・P・シャープもスミスの動議に反対した。シャープの場合は、開発基金は一時的なものではなく恒久的なものであり、国民の共有財産であることを考えると、現在の議員数比を基金の配分比に固定させようとするスミスの提案は、事実上不平等、不公正であるという理由からであった。スミスは現在の人口および富を基礎とする算定基準にあくまでこだわったのであるが、スミスの動議そのものは否決された(41)。

こうした中で、ティモシー・ピッカリングはこれまでの連邦下院における議論を集約する修正条文を提起した。提案された挿入文は次のようなものであった。まず第一条に、合衆国に保証された特別割り当て金および今後二〇年間にわたる配当金は「各州間の国内通商を円滑にしかつ推進し安定させるために、また共同防衛のために必要な手段と設備をより容易にし併せて費用を軽減するために、道路と運河を建設し河川航行を改修するための基金」として確保されること。次に、第二条として、「当該基金を構成する資金は、連邦議会が当該州の同意を得て、法律に従い一般の福祉に最も寄与する方法で監督し、その時々各州における道路や運河を建設するないしは建設するのを支援するために、河川航行を改修するないしは改修を支援するために適用されるものとする。そして、上記の対象に対する当該資金の各州における拠出割合は、国の立法府で最大議員数を有する部門の代表数比率に応じるものとする」という条文の挿入が提案された(42)。

この修正案の特徴は、第一に、道路と運河の建設と並んで、河川改修も開発基金の拠出対象として含めたこと。第二に、法案の目的は国内通商の活性化と共同防衛の促進にあるとして合衆国憲法上の根拠を明確にしたこと。第三に、基金を運用する際、建設事業だけでなく、既にある事業の開発支援にも適用できるように幅をもたせたこと。第四に、連邦議会が基金の運用を法律に従って監督するが、その際、当該州の同意を必要とするとしたこと。第五に、連邦議会は、一般の福祉に寄与する方法で基金が適用されるように管理するとして、州内の開発事業への無制限な適用に歯止めをかけたこと。第六に、連邦基金の配分は連邦下院議員数に比例するものであることをより明確にわかるような文言に修正したことであった。

ボーナス法案の提案者であるカルフーンは、これらの修正案に対してどのような対応をしたのであろうか。実は、カルフーンは以上見てきた修正提案に対して目立った反論をしてこなかった。ロバートソンの修正文が付け加わったことで、同法案は国家的な目的に奉仕すると謳いながら、運用面で各州政府の主導権が強化されることになり、結果として大規模な開発事業や諸州にまたがる開発事業への支援が難しくなることが予想された。しかしながら、カルフーンが内容の本質にかかわることで反論したのは、「当該州の同意を得て」という文言の削除を要請したときだけであった。二月六日にカルフーンはこの文言の削除を申し出たが、翌日大多数の反対で否決された。(43) 当初、ボーナス法案を修正することなく原案のままで可決してほしいと主張したカルフーンが、法案の目的を変質させる修正に対して、先述の文言削除を除いては表立った反論を展開することがなかったことは意外なことと思わざるをえない。審議におけるカルフーンのこの態度は実質的に修正案を容認するに等しいものであった。

ピッカリングの修正提案に関しては、当然のことながら異論が続出した。しかし、二月六日から七日にかけてなされた全体の議論を振り返ってみると、提案者のカルフーンがそうであったように、ボーナス法案の法律化を推進していたそれぞれの議員は、一部に不満を抱えながらも最終的に修正を擁護する議論を展開する場合が多かった。特に、自州内で大規模な開発計画が進行していたニューヨーク州やペンシルヴェニア州の議員にその傾向が顕著に認められた。一方、開発基金の拠出額が小さくなることが予想されるメリーランド州など小州選出の議員たちは、ロバートソンの提案した修正文への反対を最後まで崩さなかったのである。

一方で、修正が重ねられようともボーナス法案は合衆国憲法に照らして違憲であるとして反対の立場をとり続けた議員もいた。違憲派として論陣を張ったのは、ヴァージニア州選出のフィリップ・P・バーバー、マサチューセッツ州選出のサイラス・キング、ケンタッキー州選出のベンジャミン・ハーディンといった議員たちであった。なお、憲法の厳格解釈論者として有名なジョン・ランドルフは、この間目立った発言をしていないが、八日の採決では反対票を投じていた。

合衆国憲法を厳格に解釈するバーバーは、二月六日、州政府の管轄権は幅広く市民生活全般に及ぶとの観点から、賛成派が示す合衆国憲法上の根拠について、一つ一つ反論を加えていった。まず、一般の福祉や共同防衛を理由に道路や運河の建設を進めることができるのであれば、憲法が規定する列挙権限の意味がなく、連邦政府の権限は無制限なものになる。次に、郵便局および郵便道路の整備についてであるが、これは郵便ルートを選定する以上の意味はもちえないものであり、運河に適用することはできない。また、憲法が制定された当時から既に州政府が市民生活の便宜を図るために州内の開発事業を担っており、連邦政府が道路建設を行う必要はない。さらに通商規制権についても、連邦政府の役割は各州間の通商条件を平等にすることであって、道路や運河を建設することではない。これらの開発権は州主権に由来し実質的かつ独立した属性として州政府にある。また、軍隊を組織し維持する権限からも、郵便道路の整備と同様に、内陸開発権は派生しない。連邦政府には恒久的な軍用道路を建設する権限はなく、州の道路で十分であると論じたのである(44)。

このような違憲派の議論に対し、合憲派は憲法の拡大解釈で応酬した。ニューヨーク州選出のトマス・R・ゴールドはボーナス法案に対する憲法上の批判をかわすため、合衆国憲法がこれまで開発基金の拠出にとって障害となってきたことを認めつつも、憲法問題化させないように議論を進めた。彼は、通商規制権は連邦政府の権限の中で最も重要な権限であり、国内の通商を活性化するためには道路および運河を用いた通商交通網が整備される必要があり、この交通網は軍隊の迅速な移動や補給を確保する点で一八一二年戦争の経験から共同防衛の際にも有意義であることを示唆した。ゴールドはアメリカ合衆国内に住む人々の結びつきをいかに強めるかという一般的な議論を提示する一方で、ニューヨーク州が推進するエリー運河建設への連邦支援をも求めたのである(45)。

ペンシルヴェニア州選出のトマス・ウィルソンは、現法案は、個々の州の同意がなければならず、特定の目的や基金の適用方法は将来の連邦議会に委ねられている。基金を設立するだけの法案なのであるから、合衆国憲法の範囲内であると主張した。また、合衆国憲法は、共和政体を維持し、通商を規制し、共同防衛と一般の福祉の増進を連邦政府の役割とした上で、「交通路がなければ、我々は共通の利益をもてませんし、道路や運河がなければ、我々の交流は困難、ないしは実行不可能なのです」[46]と述べ、交通網の存在が、当然のことながら、平時においても戦時においてもアメリカ合衆国にとって不可欠な役割を果たすことを強調し、憲法修正は必要ないとの考えを示した。加えて、国庫に生じる剰余金を内陸開発よりも公債償還に充てるべきであるとのバーバーの主張に対しても、国内交通網を充実させることが、結局は国内の市場を活性化するだけでなく、公有地の地価を上昇させ税収増につながると、さらに、交通網が国防において果たす役割は決して軽視できないと、軍用にも供する交通網建設を批判するバーバーに反論するのであった。ウィルソンは、広大な国土をもつアメリカでは陸路よりも運河や河川の航行路の拡大がより重要であるとし、ディズマール・スウォンプ運河、チェサピーク&デラウェア運河、ニューヨークの運河事業の例を挙げながら、重要な開発事業は一地方の問題ではなく、共同体全体にかかわるものであり、大規模な事業は連邦政府の助力がなければ成功しないとして、ボーナス法案が可決されるよう懇請するのであった[47]。

同じくペンシルヴェニア州選出のジョン・ロスもウィルソン同様、州の同意を条件とすることで、連邦政府が州政府の管轄権に干渉することはないとの見解を示し、ボーナス法案擁護に回った[48]。

これらの議論に対し、まったく異なる観点からの反対論もあった。議論の無期延期を提案したマサチューセッツ州選出のサイラス・キングは、国内の不況の深刻さを訴え、開発基金を創設するよりも減税政策をとる方がよいと主張した。また、ボーナス法案の目的は一体何なのか、郵便道路なのか、軍用道路なのか、五大湖と大西洋とを結ぶ大運河建設なのか、という本質的な問いを投げかけている。[49] キングは、既に整備された道路網があり、交通網が整備されているニューイングランド地域の立場から、連邦政府が合衆国内の内陸開発事業に資金援助をしようとするボーナス法案を「不必要、不都合であり、抑圧的でさえあります」と切り捨てた。[50]

加えて、キングはボーナス法案をめぐる一連の議論を通して合衆国憲法の精神がますますないがしろにされているとの深い危惧の念を次のように表明した。「我々は前回、とある紳士が真に連邦的な原則、それは憲法の重要な精神であったはずなのに失われてしまったと、下院で厳かに陳述したのを聞いております。（中略）閣下、私は厳粛に紳士諸君に対し、彼らがいかほど軽佻に、不遜に聖なる憲章を語っているかを警告いたします。そうです。閣下、ある者たちはそれを軽く扱っておりますが、それにもかかわらず聖なる憲章なのであります。（中略）人々がそのような感情をもち、合衆国憲法に対する尊敬や愛着を失うとき、我々はその結果を思い、うち震えるやもしれません」[51]。キングは、ニューイングランド地域の立場を代弁するとともに、憲法に照らしてボーナス法案に断固反対であるとの強い態度を示したのであった。

しかしながら、二月七日の審議においてピッカリングの修正条文案は承認されることとなった。この時点で最終的に可決される法案の原型がほぼ整ったわけである。ピッカリングの修正条文が付加されたことで、ボーナス法案は、連邦財源を基盤にしながらも、実質的に州政府が主導し、州内の開発事業を遂行する内陸開発法案へと決定的に変質を遂げた。また、内陸開発政策は、通商政策、防衛政策の延長線上に位置づけられ、連邦議会は、国家的な目的をもつ開発事業を認定あるいは監督する権限を形式的に保持するとはいえ、実質的には、各州の同意を必要としたことで、国家的観点に立った体系的な開発政策の実現は難しいものとなった。しかも、各州への助成額は各州の連邦下院議員数に比例するものとされたことで、連邦政府は開発基金を配分する決定権をも失うこととなったのである。

三　地域対立とボーナス法案可決

カルフーンのボーナス法案は、翌日の二月八日賛成八六、反対八四の僅差で、連邦下院を通過し、上院に送られた。表3-1と図3-1[52]はボーナス法案に対する州別の投票行動を明らかにしたものである。

法案に賛成した八六票のうち州別で最大票を投じたのはニューヨーク州の二五票、次にペンシルヴェニア州の一七票が続いた。一方、反対した八四票の中で最大票を投じたのはマサチューセッツ州の一六票、次にヴァージニア州の一四票であった。州ごとの票の流れを見てみると、ニューイングランド諸州は賛成五、反対三四で圧倒的に反対票が多い。大西洋沿岸の中部諸州では複数の大規模な内陸開発事業を抱え、下院議員数の多いニューヨーク州とペンシルヴェニア州の二州だけで、四二票という圧倒的な賛成票が集まっており、また、この二州の周辺に位置するニュージャージーとデラウェアの小州は賛成三、反対五でわずかに反対票が多い。一方、大西洋沿岸の南部諸州は賛成二五、反対三〇で拮抗しているが、ヴァージニア州とメリーランド州を除く三州だけだと一七対一〇で、賛成票が多くなる。そして、オハイオ、ケンタッキー、テネシー、ルイジアナ、インディアナからなる西部は賛成一一、反対九で若干ながら賛成票が多い程度であった。

各州選出議員の投票行動から明らかなことは、第一に、多数の議員を抱え、内陸開発事業に積極的なニューヨーク州とペンシルヴェニア州の突出した支持と、連邦政府による内陸開発事業への公金拠出に反対するニューイングランド地域の際立った反対である。第二に、南部の対応は、一枚岩ではなく分裂していたことである。第三に、ボーナス法案が成立しても利点のない小州が反対の姿勢を示したことである。小州から選出された議員たちは、本来は連邦政府による内陸開発政策に対して積極的な支持者であった。しかし、ボーナス法案に開発基金

表 3-1　第 14 連邦議会第 2 会期　ボーナス法案における州別の議決結果

	連邦下院			連邦上院	
	議員数	賛成	反対	賛成	反対
ニューイングランド	41	5	34		
ニューハンプシャー	6	1	5	J. Mason	Thompson
ヴァーモント	6	0	5		Chace / Tichenor
マサチューセッツ	20	4	16		Ashmun / Varnum
ロードアイランド	2	0	2		Howell / Hunter
コネチカット	7	0	6		Daggett / Dana
中部　大西洋沿岸	58	45	11		
ニューヨーク	27	25	2	King / Sanford	
ニュージャージー	6	3	3	Wilson	
ペンシルヴェニア	23	17	4	Lacock / Roberts	
デラウェア	2	0	2	Horsey / Wells	
南部　大西洋沿岸	60	25	30		
メリーランド	9	2	6	Goldsborough / Hanson	
ヴァージニア	23	6	14	Barbour / A. Mason	
ノースカロライナ	13	6	6	Stokes	Macon
サウスカロライナ	9	6	3		Gaillard / Smith
ジョージア	6	5	1	Tait	Troup
西部	24	11	9		
オハイオ	6	5	0	Morrow / Ruggles	
ケンタッキー	10	4	5	Hardin	
テネシー	6	1	3		Campbell / Williams
ルイジアナ	1	0	1	Brown / Fromentin	
インディアナ	1	1	0	Taylor	
計	183	86	84	20	15

出所）*Annals of Congress, 1789-1825*, 14th Cong., 2nd Sess., p. 934.

の配分規定が盛り込まれたことで、反対派に回ったのである。

先述したメリーランド州選出のサミュエル・スミスは、ティモシー・ピッカリングの修正提案への反論の中で、次のようなことを述べていた。法案が通過すれば、毎年六五万ドルの資金が生ずるが、ニューハンプシャー、ロードアイランド、コネチカット、ニュージャージー、メリーランド、デラウェア、サウスカロライナは議員数の増加を見込めない。メリーランドは現在の基準に従えば三万二〇〇〇ドルの配分しか受け取ることができず、これでは四マイルの有料道路を建設することすらできかねる。ましてやデラウェアに至っては七一〇〇ドルの配分しか受け取れない。デラウェア、メリーランド、ペンシルヴェニアの三州はチェサピーク&デラウェア運河事業を進めているが、ペンシルヴェニア州は州内の内陸開発事業への拠出を優先しており、同運河事業に資金を回す余地はないであろう。結局、開発基金は重要な国家的事業に拠出されることはないのである、と。[53] 同様に、メリーランド州選出のロバート・ライトも、チェサピーク&デラウェア運河事業のような国家的開発対象に基金を拠出できないようなボーナス法案には不満であると述べ、合衆国憲法には連邦政府が内陸開発を行う権限はないとする厳格解釈の立場をかえって強めることになった。[54] いずれにしても、連邦下院の投票結果は、地域ごとの事情を反映してかなりいびつな利害対立の様相を呈していたのである。

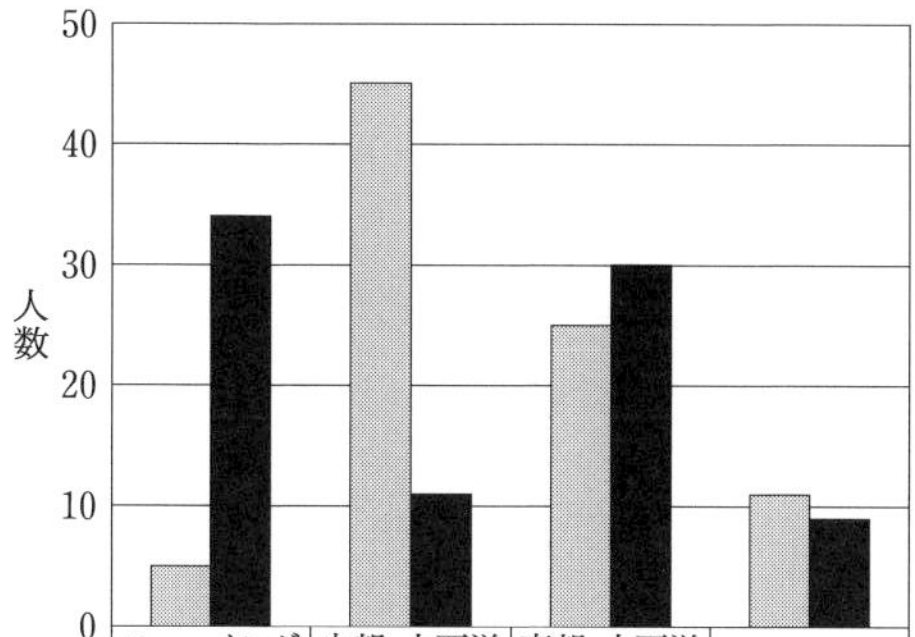

	ニューイングランド	中部 大西洋沿岸	南部 大西洋沿岸	西部
賛成	5	45	25	11
反対	34	11	30	9

図3-1　第14連邦議会第2会期　ボーナス法案における地域別議決結果

僅差で連邦下院を通過したボーナス法案はその後上院における審議に委ねられた。連邦上院においては、ペンシルヴェニア州選出のアブニア・ラコックやケンタッキー州選出のマーティン・D・ハーディンがボーナス法案成立の重要性を政治的、軍事的立場から強調した。[55] しかし、その一方で、強硬な反論がニューイングランド地域選出議員から相次いだ。コネチカット州選出のデイビッド・ダジェットは、同法案に対して憲法上違憲である、基金の運用方法や実施に関して詳細が一切ない、戦争が終了したばかりのこの時期に不適切である、交通開発の進んだ州とそうでない州との間で不平等が生じる、連邦政府が調整不可能な法案である、などと指摘した。ダジェットは、法案は州間における不和を生むという理由をも挙げて徹底的に反論を展開した。[56] マサチューセッツ州選出のエリ・P・アシュマンは、開発基金が果たして国家的な意義をもつ開発対象に拠出されうるのか、として州の同意を条件とするボーナス法案の問題点を取り上げた[57]。ノースカロライナ州選出のナサニエル・メイコンはボーナス法案に対して憲法を創造するかのようだとして従来の立法政策との異質性に言及し、彼自身は公債償還を優先すべきであると反対したのであった[58]。

しかし、上院におけるボーナス法案への反論は過半数の支持を得ず、結局、法案の本質にかかわることのない基金運用に関する文言が法案の第三条に付け加えられた以外は大きな修正もなかった。最終的に同法案は、二月二八日、賛成二〇、反対一五で通過したのである[59]。

上院の投票には下院よりも地域対立がより鮮明に反映されていた。先に掲げた表3-1の右欄に示した上院議員の投票動向に見るように、ニューイングランドは賛成一反対九で反対派がほぼ大勢を占め、一方、ニューヨーク州からデラウェア州までの大西洋沿岸中部の諸州は投票した全員が賛成に回った。また、下院で反対票が多かったヴァージニア州では、上院では二人とも賛成に投票したが、サウスカロライナ州は、上院では二人とも反対に回った。オハイオ、ケンタッキー、テネシー、ルイジアナ、インディアナの比較的新しい州は賛成六反対二で賛成に回った。上院の採決で興味深い点は、下院では反対票が多かったデラウェアとメリーランドの小州代表も賛成に回ったことが一つ、もう一つはボーナス法案の提案者であるカルフーンと同郷のサウスカロライナ州選出議員たちが全員反対票を投じたことである[60]。さらにいえば、下院では賛成と反対が入り混じっていた西部諸州がテネシー州を除き、上院では賛成に回った議員が圧倒的に多かったことである。三月一日、下院は改めて上院の修正案を可決し、地域ごとの亀裂を内包したまま、ボーナス法案はマディソン大統領へ送付されることになった。最終案は全部で四条から構成されるものとなった。以下はその法案である。

第一条 「アメリカ合衆国銀行への出資者を受け入れる法」の第二〇条によって合衆国に支払われることになっている金額、ならびに事業主が組織されてから二〇年間にわたる資本金への出資株式から生じる配当金は、(中略)各州間の国内通商を円滑にしかつ推進し安定させるために、また共同防衛のために必要な手段と設備をより容易にし併せて費用を軽減するために、道路と運河を建設し河川航行を改修するための基金として確保され保証されるものとする。

第二条 当該基金を構成する資金は、連邦議会が当該州の同意を得て、法律に従い一般の福祉に最も寄与する方法で監督し、その時々各州における道路や運河を建設する、河川航行を改修する、あるいはその両者のために適用されるものとする。そして、上記の対象に対する当該資金の各州における拠出割合は、国の立法府で最大議員数を有する部門の代表数比率に応じるものとする。また以下のことが定められる。州あるいはその地域に配分される当該基金の割合は当該州の同意により上記の目的のために他の州にも適用されるものとする。

第三条 当該基金は財務長官の監督下におかれるものとする。そして基金を毎年、現在の諸州ならびに後に連邦に加盟する諸州の間で、以前指示されたように、議員の代表数比に従って、配分し分配するのは財務長官の職務である。また、そのように配分し分配される当該基金を各州の名の下で、合衆国の長期公債に投資することもまた財務長官の職務である。また各州の名の下で設立された長期公債は連邦議会と利害のある州議会の共同監督の下で、上記の対象に配分されるものとする。そして財務長官は毎回連邦議会に当該基金の状況を報告するものとする。

第四条 合衆国銀行設立法第二〇条により合衆国に支払われる配当金を出資が満期になるまで預託することと、さらにまた当該基金の状況を報告することは、別の方法で監督しない限りは、財務長官の職務とする。(61)

（注：引用者の判断により各条文の前言はすべて省略した。）

四　その他の審議

第一四連邦議会第二会期における内陸開発政策をめぐる議論はボーナス法案が中心となったが、マディソン大統領の教書を受けた下院ならびに上院の道路・運河委員会は、ボーナス法案の審議とは別個に活動していた。これらの委員会で審議された内容は、下院ではペンシルヴェニア州選出のトマス・ウィルソンが委員会を代表して一八一七年二月八日に、また上院でも二月一四日に同じくペンシルヴェニア州選出のアブニア・ラコックが委員会を代表してそれぞれ報告書を提出した。ボーナス法案の審議が大詰めを迎える中で提出されたこれらの報告書にはどのような意味があったのであろうか。

連邦下院に道路・運河委員会からの報告書が提出されたのは、まさにボーナス法案が成立したのと同じ日であり、連邦上院に同委員会からの報告書が提出されたときは、下院で可決されたボーナス法案が上院で審議されている最中であった。結論を先取りして記すと、両院それぞれに提出された二つの報告書はボーナス法案と連動し同法案を補いつつ、国家的な内陸開発事業を模索する内容になっていた(62)。しかし、報告書が提出されたとはいえ、これまでの委員会報告と同様に、その後目立った審議がなかったばかりか、ボーナス法案の内容に直接的な影響を与えることもなかったのである。

下院の道路・運河委員会が提出した報告書は、ボーナス法案が提案したものと同様な開発基金の創設を提案するとともに、ギャラティンの提案した開発計画の骨子は維持しつつ、現状に合った新たな内陸開発構想と政策が必要であることを提言したものであった。しかも、開発基金の拠出方法はボーナス法案と同様に下院議員数比に応じて配分されるものとしており、うがった見方かもしれないが、委員会は、ボーナス法案が成立した後に、新連邦内陸開発報告書を通して開発基金の拠出方法に連邦的見地から何らかの影響を及ぼすことを意図していたと見ることもできよう。一方、上院の委員会は、これまでと同様に全体的な開発計画リストを提示した報告書を提出したにすぎなかった。ボーナス法案の内容を意識したにせよ、しなかったにせよ、実際には、委員会の活動がボーナス法案の審議と連動することはまったくなかった。そうした中、連邦議会では、ギャラティンの報告書が世に出て初めて、連邦政府による内陸開発基金が創設されようとする新しい局面を迎えていた。ところが、連邦議会の両院を通過し、後は大統領の署名を待つばかりであったボーナス法案は、その後予想外の展開を迎えることになった。それは、マディソン大統領による拒否権発動であった。

第四節　マディソン大統領の拒否権発動とその意図

一八一二年英米戦争をはさみ前後八年間に及ぶマディソン政権は、一八一七年三月三日のマディソン大統領による拒否権発動で衝撃的に最後を締めくくることになった。

合衆国の連邦下院へ

本日私のもとに提出された「内陸開発に一定の基金を確保し保証するための法」と題する法案、それは「各州間の国内通商を円滑にしかつ推進し安定させるために、また共同防衛のために必要な手段と設備をより容易にし併せて費用を軽減するために、道路と運河を建設し河川航行路を改修するための基金として確保され保証されるものとする」というものでありますが、同法案を検討した結果、私は合衆国憲法と折り合いをつけるのに克服できない困難を感ずることから、法案を作成した下院に以下の反対意見とともに差し戻さざるをえません。(63)

連邦下院ならびに上院を辛うじて通過したボーナス法案はこの日、大統領から拒否権を発動されたのである。連邦政府による内陸開発政策の実施を推進してきた人々の期待は見事に裏切られる結果となったのである。

マディソン大統領はこれまで、連邦内の道路や運河の開発に比較的熱心であると思われていた。しかし、そのマディソンがなぜボーナス法案に対して拒否権を発動したのであろうか。連邦議会に送付された教書によると、マディソンは、ボーナス法案を様々な立場から批判し拒否権を発動せざるをえなかった理由を明確に述べている。まず、連邦議会に付与されている立法権限は合衆国憲法第一条第八節で特定され列挙されているが、ボーナス法案で提案されている権限はこの列挙権限に含まれるとは思われないという。もし列挙条項が適用できなければ、「必要かつ適切な」条項を基にした立法ということになりうるが、その立場をとらない。また、通商規制権の中には、道路や運河の建設ならびに河川航行路を改修する権限はなく、ボーナス法案に関しては、合衆国憲法を拡大解釈せざるをえなくなる。法案で言及する共同防衛と一般の福祉に関しても、また従来の解釈に反する。一方、州の同意を得て連邦政府が支援する方法についても、合衆国憲法上問題がある等のことを指摘し、最終的に、マディソンは、連邦政府が開発政策を行うためには、合衆国憲法を修正して、道路や運河を開発する権限を連邦政府に付与すべきであるとの考えを示した。(64)

この教書がいかに衝撃的なものであったのかは、例えばヘンリー・クレイの書簡からもうかがえる。三月三日付け親展でマディソンに送った書簡の中でクレイは、「たとえ憲法について意見が異なっておりましても、私たちが内陸開発法案の目的についての意見を異にすることはありえないと承知いたしておりますが、貴殿はなぜ同法案を貴殿の後任に委任なさらなかったのかと私が謹んで申し上げることをどうぞお許しいただきたい。もし法案が一〇日以内に後任者の同意を得るなら、法律は法的に有効であると私は考えております。大統領の承認による二時間の法案可決の告示とは、法律の有効性についての本質を問うものではなく、形式であると私は信じます」[65]。クレイの立法過程についての解釈は特殊であり、それが説得力のあるものとは思われない。しかし、マディソンがボーナス法案を最終的に拒否したことに驚愕し、半ば非難せずにいられなかったクレイの思いが文面からにじみ出ている。

しかしながら、二月中旬のジェファソン宛て書簡を見る限り、マディソンにとってボーナス法案への拒否権発動は当然の帰結であったようである。マディソンは連邦議会における審議についてつづった中で、内陸開発法案について次のように述べていた。「別の法案が連邦上院に送付されたばかりです。私は見ていないのですが、私の意見を申すならば、それはきわめて異常な性格のものです。その目的は法律だけで道路や運河に関する権限を獲得しようとするものです。連邦上院は原則もしくはご都合主義に対する反対からなのかは不確かでありますが、この企てに同意しないであろうと取りざたされております」[66]。二月中旬の時点において、マディソンはボーナス法案が連邦上院を通過するとは思っていなかったのである。マディソンが、国内の交通網開発の重要性を強く認識しながら、ボーナス法案に関しては合衆国憲法上容認できないとする立場から、毅然として拒否権を発動したことは間違いない。

マディソンが常に合衆国憲法の厳格解釈論者だったとはいえないが、ことボーナス法案に関する限り、合衆国憲法を広義に解釈する立場を批判し、法案の成立を阻止したのである。実際、一八一二年戦争後に開かれた第一四連邦議会では、その第一会期において第二合衆国銀行法が成立をみている。合衆国銀行の創設については、ワシントン政権当時の財務長官アレグザンダー・ハミルトンと国務長官トマス・ジェファソンとの間で合衆国憲法上設立可能かどうかが問題になったことは有名な話である。第一合衆国銀行は一八一一年にその営業期間を終了していた。一八一四年に第二合衆国銀行設立が現実化したときマディソンは拒否権を発動し設立を阻止したものの、英米戦争の戦費の調達に苦労した経験と戦後復興資金の必要性から、一八一六年三月一四日に、二〇年間という期限付きで第二合衆国銀行の設立を認めたのであった。この銀行が発足したことで、その第二〇条を根拠にボーナス法案が画策されることになったのである。

とはいえ、周知のようにマディソン政権は前ジェファソン政権と比べて合衆国内の内陸開発政策に消極的であったわけではない。連邦政府による内陸開発事業の代名詞ともいえるカンバーランド国道事業を始めたジェファソン政権の政策を引き継ぎ、一八一六年四月に、インディアナ準州の州昇格法でも諸州間の道路建設を可能にするために公有地の売却益を利用した二%道路建設基金を承認した。(67) 遡れば、一八一一年一二月から翌年一月にかけてオハイオ州内の先住民保留地で三つの道路建設を承認している。エリー湖のマイアミ川の滝のふもとからコネチカット保留地の西境までの道路、サンダスキー川下流域から南方のグリーンヴィル条約によって設定された境界線までの道路、そして、ヴィンセンスからグリーンヴィル条約で設定された境界線までの道路建設である。(68) また、戦時中には二つの軍用道路の建設が軍隊によって進められた。一つは、オハイオ州のサンダスキー川上流からデトロイトまでの軍用道路であり、もう一つは、ニューヨーク州のシャンプレイン湖沿いのプラッツバーグからサケッツ・ハーバーへの軍用道路である。さらに、戦後は、戦争の被害にあったワシントン橋会社の救済をはじめとする首都ワシントン地区内の復興や、内陸部における先住民保留地との境の道路や軍事関連の道路建設を続行した。一八一六年四月末にイリノイ準州内のオハイオ川沿いのショーニータウンからカスカスキアに至る最適の道路コースを選定するため調査を行う法律を成立させただけでなく、テネシー州のダック川岸のコロンビアとルイジアナ州内のマディソンヴィル間の道路、そして、ジョージア州内のホーキンス要塞とスタッダート要塞との間の道路を補修するための費用を陸軍長官の監督下で国庫から一万ドル拠出する法律をも成立させている。[69] なお、プラッツバーグ軍用道路については、後にジェイムズ・モンローらが指摘するように、実は法律によって認可されたものではなかった。[70]

戦後になってからもマディソン政権が、準州や首都という連邦政府管轄地域を対象とするものが多かったとはいえ軍用を含め内陸部における道路建設事業を行ってきたこと、また彼自身が教書の中でもしばしばアメリカ合衆国内の交通網整備の重要性を指摘していたことを考えると、大統領の拒否権発動は、クレイならずとも驚きをもって受け止められた。しかも、マディソンが拒否権を発した三月三日、彼は別の道路事業を認可する法案に署名している。テネシー州のレイノルズバーグからチカソー族の土地を通ってナッチェス道路に交差する道路の建設に四〇〇〇ドル拠出し陸軍長官の監督下で実施する法律がそれである。[71] 第一四連邦議会第二会期に限定してみても、ボーナス法案を拒否した政策論理が徹底されていたわけではなかった。それでは、マディソンが承認してきた道路建設法案とボーナス法案とはどのような点において異なるのであろうか。

そこで、改めてボーナス法案の内容を検討してみよう。ボーナス法案に関して、第一の特徴として指摘できることは、法案の政策対象があいまいなことである。法案では、道路、運河の建設および河川改修事業を支援することが明記されているが、どの区間の道路あるいは運河なのか、どの川の改修事業なのか、といった開発対象が特定されていないことに気づく。この点、マディソンが承認していた同種の道路建設法案が特定の開発事業を対象としてきたことを考えると、かなり異質である。

次に、財政支援の対象となる事業の選定には当該州の同意を要するという規定がなされたことで、連邦政府の財政支援事業が果たして国家的意義のあるものになるかどうかが判然としないうらみがある。たとえ連邦議会の監督下という文言が付されたとしても、運用の側面で連邦政府の主導性が弱く、むしろ州の利益を優先する結果になりかねないという懸念が生じるのである。

加えて際立っていることは、開発基金の拠出配分が各州の連邦下院議員数に比例するという規定がもつ連邦政府の法政策上の不合理さである。この規定に従えば、メリーランド州選出の下院議員サミュエル・スミスが懸念を表明したように、州際事業よりも州内の事業が優先されることが予想される。また、各州への配分額が固定されることで開発対象事業の規模に応じて助成額を増減する柔軟性が失われる。その結果、連邦政府が国家的意義をもつ開発対象を支援することが難しくなる。

結局、開発対象を考慮せず、各州への基金の拠出配分を規定しようとするボーナス法案は、極論すれば、連邦政府の主導性を否定し各州が行う内陸開発政策の財源を確保するという意味しかもたない。連邦財源を利用して州政府が州内の開発事業を行うとする法案が、果たして連邦政府の法政策として適切であるかどうかという問題があったのである。二月中旬にマディソンがボーナス法案を指して「きわめて異常な性格」と称したことは確かにもっともなことであったのではなかろうか。

連邦下院議長という立場であったが、ボーナス法案を強力に援護したクレイ、そして提案者のカルフーンは、既に指摘したように、これまで連邦議会で具体的な開発対象を列挙し使途を特定した内陸開発法案が成立しなかった経験を踏まえ、開発対象を具体化せずにとりあえず財源を確保する、いわば器だけの法案を通そうとしたのである。そのためには、政策の国家的な性格を損ないかねない妥協も厭わなかった。しかしながら、目的達成のためには手段を選ばずとの戦略は、マディソンには受け入れられなかったのである。

マディソンは従来から広大な国土を抱える合衆国に交通網の整備が欠かせないことを一貫して主張してきた。しかし、マディソンにとって、ボーナス法案は連邦構造上あまりにも問題がありすぎたのである。合衆国憲法の制定に深くかかわったマディソンは、ボーナス法案が連邦政府と州政府の権限および管轄権をそれぞれの政府の目的に合わせて明確に区別しようとする連邦構造を破壊するおそれがあると見たのである。この点に関して、歴史家ドルー・マッコイは、広範な内容を含むボーナス法案に対してマディソンが拒否権を通して合衆国憲法の本来の意味を守ろうとしたのだと指摘する。(72)

また、建国期の思想史家ラルフ・ケッチャムも、一八一五年末の第七回年次教書においてマディソンが活力ある連邦政府を標榜し、第二合衆国銀行の設立、保護関税法の導入、内陸開発政策の推進を掲げたことと、最後の教書で発動した拒否権とは、必ずしも矛盾するものではないと指摘する。というのは、マディソンはヴァージニア決議とヴァージニア州議会に提出した「一八〇〇年の報告書」(注：ヴァージニア決議を説明擁護したもの)を通して、一貫して連邦政府の無制限な権力行使に反対し、自由の擁護を掲げてきた。第七回年次教書は、フェデラリスト的政策であり、マディソンが一七九八年の原則を放棄したと批判されるが、むしろ合衆国憲法の枠組みの中で機能する連邦政策を追求したものであるとする。そして、マディソンは個別政策に忠実であったのではなく、存立可能な共和主義に忠実であったという。そのため、マディソンにとって「自由、活力、独立、そして、一八一二年戦争を終え一八一六年に抱いた自信は議論の余地のないもの(73)」だったと結論づけている。さらに国民の自由と繁栄を推進するためには、権力の行使が制限された共和政府として連邦政府の形態を維持することが不可欠であり、このような文脈においてはボーナス法案に対する拒否権行使はそれ以前のマディソンの思考と矛盾するものではないと分析している。(74)

合衆国憲法を厳格に解釈したマディソン大統領に対して、マッコイもケッチャムも州権論者に転向したという見方をせず、両人ともマディソンを本来の連邦制の擁護者として評価するのである。実際、ボーナス法案は州益の立場から、州政府が本来なすべき政策を財源面で連邦政府に肩代わりさせるものであり、連邦政府が支援する必然性のないものまで含まれてくる可能性があった。マディソンにとってみれば、現行の連邦構造を変容させるおそれのある反連邦主義的なボーナス法案を廃案にするために、合衆国憲法の厳格解釈という見解を持ち出して、毅然たる態度で同法案を拒否したといえるのではないだろうか。

ボーナス法案は三月三日マディソンの拒否権によって再び連邦議会に差し戻された。両院で三分の二以上の多数決で再可決されれば、ボーナス法案が成立する可能性は残されていたのであるが、それぞれ僅差で可決された法案であったことを考えると、ボーナス法案の推進派にとって情勢はきわめて厳しいものであった。果たせるかな、同日下院で再投票が行われた結果、賛成六〇、反対五六に終わり、ボーナス法案はマディソンの拒否権を乗り越えることができなかったのである。(75)

（1） Seventh Annual Message, December 5, 1815, Jack N. Rakove, ed., *James Madison, Writings* (New York: Literary Classics of the United States, 1999), pp. 710–18.
（2） Veto Message, January 30, 1815, Gaillard Hunt, ed., *The Writings of James Madison*, 9 vols. (New York: G. P. Putnam's Sons, 1900–10) 8: 327–30.
（3） Seventh Annual Message, ibid., pp. 716–17.
（4） Appendix to *Annals of Congress, 1789–1825* (AC), 14th Cong., 1st Sess., pp. 1870–75.
（5） Ralph Ketcham, *James Madison: A Biography*, 1st paperback ed. (Charlottesville: University Press of Virginia, 1990), pp. 603–04.
（6） *The Journal of the Senate including the Journal of the Executive Proceedings of the Senate: James Madison Administration, 1809–1817*, 10 vols. (Wilmington: Michael Glazier, Inc., 1977), 9: 33.
（7） *American State Papers* (*ASP*), Miscellaneous, 14th Cong., 1st Sess., No. 399, 2: 285.
（8） *ASP*, Miscellaneous, 14th Cong., 1st Sess., No. 399, 2: 283–84.

(9) *ASP*, Miscellaneous, 14th Cong., 1st Sess., No. 399, 2: 285-91.

(10) *The Journal of the Senate*, 9 : 404-05.

(11) *AC*, 14th Cong., 1st Sess., pp. 404, 413.

(12) *ASP*, Miscellaneous, 14th Cong., 1st Sess., No. 403, 2: 296-98.

(13) *ASP*, Miscellaneous, 13th Cong., 2nd Sess., No. 357, 2: 227.

(14) *ASP*, Miscellaneous, 14th Cong., 1st Sess., No. 403, 2: 296-98.

(15) *AC*, 14th Cong., 2nd Sess., p. 867.

(16) Appendix to *AC*, 14th Cong., 2nd Sess., p. 1843.

(17) *Laws of the State of New York in Relation to the Erie and Champlain Canals, Together with the Annual Report of the Canal Commissioners and Other Documents*, 2 vols. (Albany: E. and E. Hosford, Printers, 1825), 1: 116.

(18) Ibid., 1: 117-18.

(19) Ibid., 1: 184-85.

(20) Evan Cornog, *The Birth of Empire: DeWitt Clinton and the American Experience, 1769-1828* (New York: Oxford University Press, 1998), p. 114.

(21) *ASP*, Miscellaneous, 14th Cong., 2nd Sess., No. 412, 2: 399-400.

(22) Ibid.

(23) Ibid.

(24) Eighth Annual Message, December 3, 1816, Hunt, ed., *The Writings of James Madison*, 8: 375-85.

(25) Ibid., 8: 379-80.

(26) *The Journal of the House of Representatives: James Madison Administration, 1801-1817*, 11 vols. (Wilmington: Michael Glazier, Inc., 1977), 11: 26-27; *The Journal of the Senate*, 10: 46.

(27) *The Journal of the House of Representatives*, 11: 47.

(28) *AC*, 14th Cong., 2nd Sess., pp. 296-97.

(29) *AC*, 14th Cong., 2nd Sess., p. 361.

(30) AC, 14th Cong., 2nd Sess., pp. 851–59. 引用箇所は p. 857.
(31) AC, 14th Cong., 2nd Sess., pp. 853–54.
(32) AC, 14th Cong., 2nd Sess., pp. 859–62.
(33) AC, 14th Cong., 2nd Sess., pp. 862–66.
(34) AC, 14th Cong., 2nd Sess., p. 862.
(35) AC, 14th Cong., 2nd Sess., p. 866.
(36) AC, 14th Cong., 2nd Sess., pp. 866–69.
(37) AC, 14th Cong., 2nd Sess., p. 867.
(38) AC, 14th Cong., 2nd Sess., pp. 868–70.
(39) AC, 14th Cong., 2nd Sess., p. 875.
(40) AC, 14th Cong., 2nd Sess., p. 874.
(41) AC, 14th Cong., 2nd Sess., pp. 874–75.
(42) AC, 14th Cong., 2nd Sess., p. 875.
(43) AC, 14th Cong., 2nd Sess., pp. 876, 922.
(44) AC, 14th Cong., 2nd Sess., pp. 893–99.
(45) AC, 14th Cong., 2nd Sess., pp. 878–80.
(46) AC, 14th Cong., 2nd Sess., p. 900.
(47) AC, 14th Cong., 2nd Sess., pp. 899–909.
(48) AC, 14th Cong., 2nd Sess., pp. 911–12.
(49) AC, 14th Cong., 2nd Sess., pp. 912–14.
(50) AC, 14th Cong., 2nd Sess., p. 914.
(51) AC, 14th Cong., 2nd Sess., p. 914.
(52) 連邦議会議員数は、以下を参照。アメリカ合衆国国務省編、斎藤眞・鳥居泰彦監訳『アメリカ歴史統計』第二巻（原書房、一九八六年）一〇八五頁。

(53) *AC*, 14th Cong., 2nd Sess., pp. 880-82.

(54) *AC*, 14th Cong., 2nd Sess., pp. 918-22.

(55) *AC*, 14th Cong., 2nd Sess., pp. 171-77.

(56) *AC*, 14th Cong., 2nd Sess., pp. 165-71.

(57) *AC*, 14th Cong., 2nd Sess., pp. 179-80.

(58) *AC*, 14th Cong., 2nd Sess., pp. 177-79.

(59) *AC*, 14th Cong., 2nd Sess., p. 191.

(60) 党派的には、北部のフェデラリスト党員の敗北で終わったが、中部の大西洋沿岸諸州ではフェデラリスト党員も賛成にまわっており、党全体で見ると、過半数が賛成している。投票行動を見る限り、党派性よりも地域性が強く反映されていた。

(61) *AC*, 14th Cong., 2nd Sess., pp. 1061-62.

(62) *ASP*, Miscellaneous, 14th Cong., 2nd Sess., No. 427, 2: 420-23; No. 429, 2: 424-25.

(63) Veto Message, March 3, 1817, Rakove, ed., *James Madison, Writings*, p. 718.

(64) Ibid., pp. 718-20.

(65) Clay to Madison, March 3, 1817, James F. Hopkins and others, eds., *The Papers of Henry Clay*, 9 vols. (Lexington, Kentucky: University Press of Kentucky, 1959-92), 2: 322.

(66) Madison to Jefferson, February 15, 1817, James Morton Smith, ed., *The Republic of Letters: The Correspondence between Thomas Jefferson and James Madison, 1776-1826*, 3 vols. (New York: W. W. Norton & Company, 1995), 3: 1781-83.

(67) Appendix to *AC*, 14th Cong., 1st Sess., pp. 1841-44.

(68) Appendix to *AC*, 12th Cong., 1st Sess., pp. 2226-27, 2229.

(69) Appendix to *AC*, 14th Cong., 1st Sess., pp. 1877, 1881-82.

(70) James P. Lucier, ed., *The Political Writings of James Monroe* (Washington, D.C.: Regnery Publishing, Inc., 2001), pp. 581-82.

(71) Appendix to *AC*, 14th Cong., 2nd Sess. p. 1319.

(72) Drew R. McCoy, *The Last of the Fathers: James Madison & the Republican Legacy* (New York: Cambridge University Press, 1989), p. 96.

(73) Ketcham, *James Madison*, pp. 403, 604.

(74) Ibid., pp. 608-09.

(75) *AC*, 14th Cong., 2nd Sess., pp. 1062-63.

第四章　革命世代最後の大統領

一八一二年英米戦争後のマディソン政権末期において、第二合衆国銀行が設立され、保護関税も導入をみたのであるが、内陸開発基金創設はついぞ実現しなかった。激しい地域対立、イデオロギー対立を乗り越えてボーナス法案が連邦議会において可決されたにもかかわらず、大統領の拒否権がその成立を阻んだからである。ボーナス法案に対するマディソン大統領の拒否権発動は、法案がマディソンの考える連邦原理から逸脱するものとして捉えられたゆえであった。その際展開された連邦政策のあり方をめぐる議論は、次期モンロー政権においても続くことになる。本章では、ボーナス法案廃案後、連邦支援を頼みにできなくなったニューヨーク州が、どのようにエリー運河およびシャンプレイン運河事業を進めていくのかを取り上げることにする。一方、連邦レベルでは、前任者の方針を受け継いだモンロー大統領と内陸開発推進派との間の攻防に注目し、ボーナス法案後の政治的閉塞状況を検討することにする。

第一節　ニューヨーク州によるエリー運河単独開発

ボーナス法案が成立していれば、ニューヨーク州は今後二〇年間にわたり年間九万ドルを連邦政府から支給されるはずであり、そうなれば運河建設に伴う借入金の利息を支払うのに十分であると、運河準備委員会は皮算用をしていた。しかしながら、ボーナス法案が不成立に終わったことで、エリー運河およびシャンプレイン運河事業は軌道修正を余儀なくされることになる。一八一七年三月一八日付けの運河準備委員会報告書の作成にかかわったニューヨーク州の両院合同委員会は、将来的な連邦支援の可能性に含みをもたせながらも、両運河の建設に単独で乗り出すことを強く求めるのであった。[1]

報告書は、エリー運河の建設に約五〇〇〇万ドル、シャンプレイン運河の建設に一〇〇〇万ドルを要するとする。[2]これらの運河が完成すれば、移動時間を短縮しかつ輸送コストを軽減することができ、生産物の市場範囲がヴァーモント州の西部、カナダの北部、アメリカ合衆国のアレゲニー山脈西側の北半分を占める地域にまで拡大する。当時バッファローからモントリオールまで輸送コストは一トンにつき三〇ドル、その復路は一トンにつき六〇から七五ドルであったが、オンタリオ湖とセント・ローレンス川を経由する航路は危険で、毎年数多くの船舶が遭難し人命が失われていただけでなく、ハドソン川を経由するよりも時間がかかっていた。しかし、ニューヨーク市からバッファローまで通常二〇日とはいえその輸送費が一トンにつき一〇〇ドルかかることを考えると、輸送コストの面でセント・ローレンス川ルートが隆盛なのは仕方のないことであった。こうした中、エリー運河が完成すれば、エリー湖からニューヨーク市への輸送コストは通行料を含めても一トンにつき一〇ドルから一二ドルに激減することが予測される。また、ニューイングランド地域から西部への移住者はここ二〇年だけで毎年六％の比率で増えており、この増加を支える数千人もの人々が毎年西部に新たな移住先を探している、と指摘し、運河建設がニューヨーク州西部を発展させる可能性を示唆するのであった。(3)

さて、運河建設を即時着工するとなれば、建設資金をいかに調達するのか、運河計画をどのように進めるのかという問題がある。オハイオ州がエリー運河計画への協力を表明しているとはいえ、オハイオ州からの直接的な資金援助を期待できるわけではない。頼みの綱だった連邦政府は、先の連邦議会でボーナス法案を否決したばかりである。それではいかなる方法があるのか。ニューヨーク州の両院合同委員会が提出した報告書は、まず、エリー運河の一部とシャンプレイン運河の開通を目指す方針を打ち出した。具体的には、西部内陸閘門航行会社の権利を購入し、ロームとセネカ川との間のエリー運河の一部区間、また、ベーカーの滝の下方の便利な地点でシャンプレイン湖とハドソン川とを結ぶ運河を先に開通させるというのがその提案の内容である。さらに、運河建設に特化した運河基金委員会を発足させ、運河基金の運用に当たることを提案したのであった。(4)

報告書がエリー運河建設に関して、全体の中で中間の部分に当たる区間から着工する提案を行ったのには理由があった。この区間の運河が完成すれば、セネカ川と、ハドソン川の支流であり西部を流れるモホーク川とが結ばれ、西部の内陸航行路の半分近くが開通する。それだけで、セント・ローレンス川を擁するカナダ側に対抗して、ニューヨーク州西部の農地としての利便性が高まる。それは、この地域の入植地としての魅力を高めるだけでなく、交易面でもニューヨーク市の商機が広がるという直接的な経済効果が見込まれるからである。さらに、地形的に見て、この区間は最も工事が容易であるという見通しもあった。

一八一七年四月一五日に成立したニューヨーク州運河建設法では、右報告書の提案がほぼ受け入れられた。(5)最も重要であったのは、運河建設の財務面を担当する運河基金委員会（以下、運河委員会）を発足させ、運河建設のために債権の発行を認めたことであった。運河基金の創設によって、将来的に連邦政府からの財政支援に対し受け皿を用意しうるだけでなく、一般から資金を広く調達しうる組織ができ、贈与、寄付、他州政府ないしは連邦政府からの助成金に依存しない財政基盤を築くことができた。また、運河建設計画に際して、エリー運河の中間区間(セネカ湖からユティカまで)とシャンプレイン運河を先に完成させることも決定した。この建設戦略が、後にエリー運河事業を成功に導くことになる。さらに、西部内陸閘門航行会社の権利と財産を早急に購入すべきであるという提案も取り入れられた。ニューヨーク州は、塩税、蒸気汽船による旅行税、運河から二五マイル以内の土地への課税といった新たな税を創設し、当面の運河債の利子支払いに充てることで、財政的に運河基金を支援した。[6] 連邦助成は獲得できなかったが、同州がこれまで運河建設に向けて準備してきた情報と知恵は、決して無駄にはならなかったのである。運河委員会はデ・ウィット・クリントン、スティーブン・ヴァン・レンセラー、ジョセフ・エリコット、マイロン・ホーレー、そしてサミュエル・ヤングの五人で構成された。ホーレーとヤングは委員代表として運河建設事業に専念することになった。一八一八年にはヘンリー・シーモアがエリコットに代わる席を埋め、一八二一年にはウィリアム・C・ボウクが委員に加わった。[7]

運河委員会が発行する運河債は、一八一七年六月に初めて売り出された。当初、運河債への出資者が集まるかどうか危ぶまれたのであったが、運河債は小口出資者を中心に購入されていき、資金調達に関する不安は杞憂に終わった。[8] エリー運河建設は、モンロー政権の副大統領となったダニエル・D・トンプキンズの後任としてニューヨーク州知事となったデ・ウィット・クリントンの下で、一八一七年七月四日にロームで始まった。一八一九年一〇月にはモホーク川とセネカ川とを結ぶ九四マイルの区間が完成し、翌年五月には中間区間が開通する。これによって運河委員会に通行料収入が入るようになったのである。[9]

エリー運河の進捗状況と投資家との関係を調査した歴史家ネイサン・ミラーによれば、一八一七年から二〇年までの間は小口の出資者が多数を占めたが、運河債が安全性の高い投資対象であるとの評判が内外に高まった一八二〇年末には、ニューヨーク州内だけでなく他州の投資家の関心までも集めるようになったばかりか、外国人、とりわけイギリス人投資家からの出資が増加した。[10] おりしも、アメリカ合衆国は経済不況の最中にあり、国内の健全な投資先としてニューヨーク州の運河事業が注目を集めたのである。さらに、不況によって、熟練労働者を安く雇用できただけでなく、材料の調達も安上がりとなり、不況は運河事業にとって追い風となった。運河債は、一八二一年にその年利を六％から五％に下げても一四〇万ドルを調達することができた。[11] 一八二三年秋には、エリー運河建設と同時に進められていたシャンプレイン運河が開通する。遅れて一八二五年に開通したエリー運河事業は、結局、建設資金不足に見舞われることはなかった。やがてこのエリー運河は、運河の時代が終わってからも一九世紀末まで内陸部と大西洋とを結ぶ輸送交通路として活躍し、水運に恵まれたエリー運河の周辺地域は運河委員会の予測通り経済的発展を遂げていくのである。

ところで余談であるが、エリー運河の建設に際して、地形的に工事が容易な運河全体の中間部分をまず開通させる方式をとったことで、技術面で運河技師や建設労働者が運河建設に関する経験を積む機会となり、その後の工事を円滑に導いたことが指摘されている。歴史家ロナルド・ショウによれば、エリー運河事業は運河建設の技能学校そのものであったという。当時、国内で最も経験のある技師であり、工事主任を務めた年長のベンジャミン・ライトの下で、エリー運河計画の実施調査に当たったジェイムズ・ゲデスは運河の力学構造の設計分野で第一人者となる。また、測量士であったネイサン・S・ロバーツはエリー運河事業を通して技能を磨き、運河航路や閘門の設計で高い業績を上げていくのである。さらにこのロバーツの下で訓練を受けたジョン・B・ジャービスは一八一七年に二二歳でエリー運河建設工事に加わった当時は建設労働者の一人にすぎなかったが、ロバーツの測量班に入り、彼から技術指導を受けたことをきっかけに運河技師として活躍することになった。彼は八年を

要したエリー運河完成後、デラウェア&ハドソン運河の主任技師となりその後は鉄道建設に進出していくのである。(12)

かつてボーナス法案の審議過程で、ニューヨーク州選出の下院議員トマス・R・ゴールドは、連邦政府の関税収入の三分の一を稼ぎ出すニューヨーク州への見返りとして、州事業への連邦助成を訴えたことがあった。(13)ニューヨーク州は、連邦助成を得ることは叶わなかったが、マディソン大統領の拒否権発動からほどなくして独自に運河建設法を成立させ、運河債を発行し内外から建設資金を調達した。結果的に連邦政府の支援を得ることなく、ニューヨーク州は大西洋沿岸の商都ニューヨーク市と五大湖ならびにハドソン川とを結ぶ航行網を開発することができたのである。とはいえこの成功は、当時のアメリカ合衆国内で最も経済的に発達していた州であればこそ可能なことであったといっても過言ではない。エリー運河事業は、この後連邦政府主導の内陸開発政策を推進する議論に少なからず影響を与えることになるのである。

第二節　ボーナス法案に対する拒否権発動の余波

一　モンロー政権と連邦議会

モンロー政権発足

第五代大統領に就任したジェイムズ・モンローは、まさにアメリカ合衆国の連邦制の領域が拡大する時代の大統領であったといえる。一八一七年アメリカの総人口は約九〇〇万人となり、一七八九年の約二倍に増加した。

この人口増加は自然増だけでなく、多数の移民の流入がもたらしたものであった。統計のある一八二〇年以降の移民数を見ると、主にヨーロッパから毎年六〇〇〇人から九〇〇〇人の人々が流入していた。毎年の移民数が一万人を超えるのは一八二五年以降である[14]。また、人口の約半数はニューイングランド地域や大西洋沿岸部の中部諸州に居住していたが、急増する人口は大西洋沿岸諸州から内陸部への人の移動を促したのである[15]。一八一〇年の国勢調査でミシシッピ・バレーに住む人々は約一四〇万人であったが、一八二〇年には二四〇万人に膨れ上がった。人口増加を象徴するのが、全米の郵便局数である。一七八九年にはわずか七五局にすぎなかったが、一八〇一年には一〇二五局に、一八一七年には三四五九局に達するのである[16]。また、一八一七年のモンロー大統領就任時に一九州で構成されたアメリカ合衆国は、彼の辞任時には二四州にまで増大した。

この拡大する共和国では、蒸気汽船が実用化された後、大西洋沿岸部の主要都市を運行する定期便の航行網が発達した。また、内陸部でも道路ならびに運河網が広がっていく。さらに、一八三〇年には二三マイルにすぎなかった鉄道の総距離数が、五年後には一〇九八マイル、一〇年後には二八一八マイルへと伸張し急速に鉄道網が拡大し、年間を通して運行できる輸送手段として鉄道は、運河に取って代わっていくのである[17]。アメリカは交通革命の最中にあった。こうした中で政権を二期務めたモンローは、前任者マディソンの拒否権発動を意識し連邦の開発政策に対して慎重な姿勢を示す一方、任期半ばを過ぎると一転して連邦主導の内陸開発政策の積極的な推進者となるという二つの顔をもつのである。

一八一七年三月四日のモンローの第一回就任演説は、対外的に諸外国からの経済的自立を模索する一方で、対内的には、革命から約四〇年あまり、合衆国憲法体制が確立してから二八年を経たアメリカ合衆国という政治経済的共同体の発展を強く訴えるものであった。モンロー自身がマディソン政権時代に国務長官を、また一八一二年戦争中は一時期陸軍長官を務めていたことを反映して、就任演説では、アメリカ外交や防衛に対する彼の意識の高さがうかがえる。また、連邦の維持と諸州の調和を懇請する点も印象的である。モンローは国内製造業を保護し諸外国に依存しない経済体制を構築すること、そのために、合衆国内の交通網を整備して国内市場を活性化する必要性を強調するのであった。[18]

三代続くヴァージニア州出身の大統領に対して好意的ではないことを承知していたモンローは、就任式後、自らの費用で三カ月半かけてアメリカのニューイングランド地域、ミシガン準州および大西洋沿岸の中部諸州を視察する。翌年はチェサピーク湾沿岸部を、そしてその一年後三月末から三カ月余りかけて、モンローは西部と南部の諸州も視察し、全米を実地見聞するのであった。最初に敢行したニューイングランド地域への視察旅行は、表向きはアメリカの軍事施設の現状を把握することが目的とされていたが、大統領の訪問は、党派性を超えモンロー政権への支持を確保することにつながるのである。フェデラリスト党の牙城であるマサチューセッツ州ボストンで歓迎を受けたモンローの姿は時代の象徴となる。それは、その後のフェデラリスト党の党派消滅とともに、水面下に多様な対立を抱えつつも、アメリカ合衆国では「好感情の時代」(Era of Good Feeling)の幕開けとなったのである。[19]

地方を直接その目で見た経験は、モンロー政権の様々な政策に生かされていく。内陸開発政策はその典型的な例であろうが、モンローは大統領就任後、内陸開発政策に対する相矛盾する感情に悩まされた。それはモンローの第一回年次教書においても見てとれる。教書の中でモンローは、アメリカ合衆国の広大な領土、物流、地域間の交流、繁栄の条件等を考えたとき、道路や運河の交通網がもたらす利便性を高く評価したのであるが、その一方で、連邦議会が合衆国憲法を修正せずに内陸開発法案を成立させることに熱心であると批判した。モンローは、連邦政府による内陸開発政策について合衆国憲法制定時より現在まで様々な意見があることに理解を示しながらも、連邦政府は憲法上内陸開発権限を与えられていないとの立場を表明し、憲法修正の必要性を改めて訴えるのであった[20]。

この見解は就任演説での見解を繰り返したものである。モンローが教書の件でマディソンに送った一八一七年一一月二四日付けの書簡を見ると、「運河と道路についての問題は、それについての従来の経緯から難しいことばかりです」と、その心情を吐露し、考慮を重ねた末、連邦議会には内陸開発権限はないという結論に達したこと、また前任者であるマディソン大統領の拒否権発動の後では、内陸開発法案が承認されることはないだろうという見通しを伝えていた[21]。

しかし、議員の中には憲法修正は不必要との意見が依然としてあった。現憲法体制において連邦政府が国内の道路や運河を建設することができないと指摘したマディソンの拒否権教書が、連邦議会における内陸開発論議を終息させることはなかったのである。その後のモンロー政権時代を概観すると、マディソンの拒否権が内陸開発をめぐる議論の枠組みを規定し続けた点は否定できないとはいえ、モンロー政権の内陸開発政策は、現行の合衆国憲法体制の維持と拡大する合衆国が要請する政策の必要性との狭間で揺れ動くことになるのである。

ところで、モンロー大統領は、しばしば前任者と書簡を交わし、内政だけでなく外交政策についてもマディソン、ジェファソンの意見を求めた。こうした書簡の中で、こと連邦政府の内陸開発政策に関する限り、マディソンは、合衆国憲法の起草者として厳格解釈の立場を強めていた[22]。モンローの一一月二四日付けの書簡に対するマディソンの返書では、モンローが合衆国憲法修正提案を行うことに躊躇した心情に理解を示しつつも、彼が達した結論を支持している[23]。また、第一回年次教書を受け取ったマディソンは、一二月九日付けのモンロー宛て書簡の中で、アメリカ合衆国が内外においておかれている状況説明とともに、憲法修正条項案の提起に関し教書の内容を評価し[24]、さらに、一二月二七日付けの書簡の中で、明確に合衆国憲法の本質が脅かされつつあることに警告を発するのであった。

このとき、ヴァージニア州選出のヘンリー・S・G・タッカーが一八一七年一二月一五日、連邦下院の道路・運河委員会を代表して提出した報告書が、マディソンの念頭にあったのである。

タッカーの報告書は、合衆国憲法修正を視野におき内陸開発政策を提案したモンローの教書を受けたものであったが、報告書の中身は、モンローの政策方針とはまったく異なるものであった。モンローに宛てた書簡の中で、マディソンは、カンバーランド国道事業を例として、政策はいったん承認されると、吟味されることなく以後の政権において継承されていくという法政策の実態についての経験を踏まえ、旧来の法律の適用範囲を拡大し本来の目的から逸脱した政策を推進することは政策の継承とは異なるという峻厳な態度を示した。そして、合衆国憲法の本質を脅かす三つの方法に言及する。第一に合衆国憲法の正当ではない自由な解釈によって、第二に起草者も法律制定にかかわった人々も想定しなかった前例の扱われ方によって、第三に法案の有用性や大衆の人気が与える影響によってである。第三の点は、前二者よりも危険であることを強調した。これはまさに内陸開発法案の扱い方について、モンローに注意を喚起したものといえよう。[25]

タッカーの報告書とボーナス法案再提案

前大統領マディソンが懸念したタッカーの報告書は、先例やその時々の法解釈を踏まえ、連邦政府が道路を建設する権限を有しているだけでなく、関係各州の同意が得られれば、郵便道路、軍用道路、運河を建設する権限を有してきたことを明らかにするもので、マディソンの拒否権教書ならびにモンローの教書が示した法解釈を論駁するものであった。[26] 報告書は教書との齟齬を強く意識していたのである。そのため同報告書は、「教書の中で連邦政府の憲法上の権限に批判的意見を大統領が表明することで、この関心を寄せる問題について連邦議会の立法姿勢に何らかの影響を及ぼすべきであると委員会は考えておりません」と述べ、[27] 行政部と立法部との間で意見が異なることは当然のことであり、大統領の教書が意図する方向に沿って常に連邦議会が動くとは限らないという立場を明確にした。委員会がなぜこのような立場をとるのかについて報告書は次のように述べる。それは、「教書で表明された見解への敬意から、もしも連邦議会が憲法上の原則にかかわる問題に対する検討を差し控えるべきなら、たとえ両院の立憲上の三分の二の多数の支持があっても、大統領の意見が法の制定を妨げることが起こりえます。このように、かような慣行を導入すると大統領の拒否権は憲法では計り知れない力を手に入れますし、立法部はその権力に対する自信喪失もしくは立法への消極姿勢から、立法部の権限を奪われることになります(28)」という理由からであった。

報告書は、連邦政府が合衆国憲法の修正を経ずとも、国内において、郵便道路、軍用道路そして運河を建設する権限を有していることを様々な先例を通して明らかにした。カンバーランド国道事業、ナッチェス＝ナッシュヴィル道路事業（一八〇六年）、またマディソン政権末期に財政支援が可決成立したレイノルズバーグ＝ナッチェス道路建設事業（一八一七年）が引き合いに出された。ニューヨーク州のプラッツバーグ軍用道路やナッチェス＝ナッシュヴィル道路事業に関しては州の同意を得ていなかった。

委員会は憲法解釈においても、連邦政府の開発権限は「その性質において抑圧的でもなくその傾向として危険でもなく連邦を強大にするために構成員を弱体化させるものでもなく、その効果において有益で州権を増大させる場合」、厳格解釈をとらなくても正当化されるであろうし、憲法修正の必要もないのではないか、という(29)。開発権限は、憲法上明白であるし、そうでなくても「必要かつ適切な権限」だと指摘したのである。また、郵便道路の開発は整備するという言葉に含まれるし、憲法は連邦政府に手段の権利のみを与え、土地ならびに管轄の権利は排他的に各州にとどまると認めるなら、諸州の同意で道路を開発するのに有効な反対はないという解釈を示すのであった(30)。

以上の見解を踏まえ、委員会が報告書の末尾で記した提案は、前会期廃案となったボーナス法案の復活提案であった。[31] マディソンによって拒否されたボーナス法案は、修正を重ねた結果、開発基金の財源配分を州ごとに固定させる内容に変質していたが、報告書は、ボーナス法案の原案を基礎に内陸開発政策を再提案したのである。大幅修正を加えたボーナス法案こそが問題であったという委員会の姿勢がうかがえる。

しかし、マディソン前大統領の拒否権ならびにモンロー大統領の度重なる修正提案によって、合衆国憲法の厳格解釈派は勢いづいていた。一八一八年三月七日の審議では、連邦主導の内陸開発政策の代表的な事例として必ず引用されるカンバーランド国道をめぐって、ヴァージニア州選出のアレグザンダー・スミスは、州と連邦の権限が重複するときは、連邦政府が控えるという一般原則を提示しただけでなく、開発事業は民間企業が行う方が経済的かつ効率的であると主張し、カンバーランド国道事業そのものを批判した。しかも、スミスは、カンバーランド国道の補修費を税金から拠出することを批判し、それは合衆国憲法上問題であるとの見解を示すと同時に、公債を償還し防衛を強化し終えれば、関税の一部を撤廃するのが適切と主張した。[32] 三月九日には、同じくヴァージニア州選出のアーチボルド・オースティンが、国家的な開発事業は時に州の利益と対立するに違いない大規模な国家計画を必然的に内包しているものだと非難した。[33]

こうした反論が相次ぐ中で、連邦政府が内陸開発政策を実施できると抗弁したのは下院議長ヘンリー・クレイである。三月七日クレイは、合衆国憲法の大きな目的は連邦と平和の実現にあり、連邦の強化は合衆国憲法起草者の目的に合致すると強調した。州と連邦との権限が対立するという議論に対しては、連邦の助成金を拒否する州は存在しないであろうし、その点で連邦政府と州政府とは対立しないと自説を展開した。また、地域間で郵便サービスの歴然とした格差があり、格差是正のために連邦政府が権限を行使することは認められると指摘するのである。[34] クレイの主張そのものは、前会期までのそれとそれほど変わっていない。しかし、さし当たり戦争の危機は去り、各州で独自の開発事業が進められている中、クレイが唱える連邦強化や連邦政府による開発政策の必要性は、下院全体委員会の討論の中で必ずしも多数派を形成するものではなかったのである。

連邦開発権限の是非

道路・運河委員会が提案した決議は、憲法問題を巧みに切り離し分割決議として提案しようとしたサウスカロライナ州選出のウィリアム・ロウンズ、ヴァージニア州選出のチャールズ・フェントン・マーサーや下院議長クレイといった推進派と、ヴァージニア州選出のフィリップ・P・バーバー、スミス、オースティンらの反対派との間の綱引きの結果、一八一八年三月一三日大幅に削除修正され、連邦政府の権限を四つに分類してその是非を問うことになった。第一は内陸開発事業のための財政支出権、第二は郵便道路と軍用道路の建設権限、第三は州際通商道路および運河の建設権、第四は軍用運河の建設権である。道路・運河委員会が連邦政府の包括的な開発権限を想定していたのに対して、個々の事業に応じて権限が細分化される結果となったのである(35)。

三月一四日の下院全体委員会では、四つの決議がそれぞれ審議され、最後に採決が行われた。結論からいえば、第一決議については賛成九〇、反対七五、第二決議については賛成八二、反対八四、第三決議については賛成七一、反対九五、そして、第四決議については賛成八一、反対八三となり、第一決議を除いて、他の三つの決議は否決されたのである(36)。図４-１はこれら四つの内陸開発政策についての決議の議決結果を図示したものである。

諸決議における議員の投票行動を地域別に見ると、ボーナス法案とよく似た傾向が認められる。つまり、ニューイングランド地域と大西洋沿岸南部地域の議員の多くが反対し、大西洋沿岸中部地域と西部地域の議員が賛成に回った構図である。また、ボーナス法案では不利となったニュージャージー、デラウェアの小州は、今回どの決議においても賛成が大幅に上回っていた。しかし、同じく小州のメリーランドは第一決議のみ賛成が上

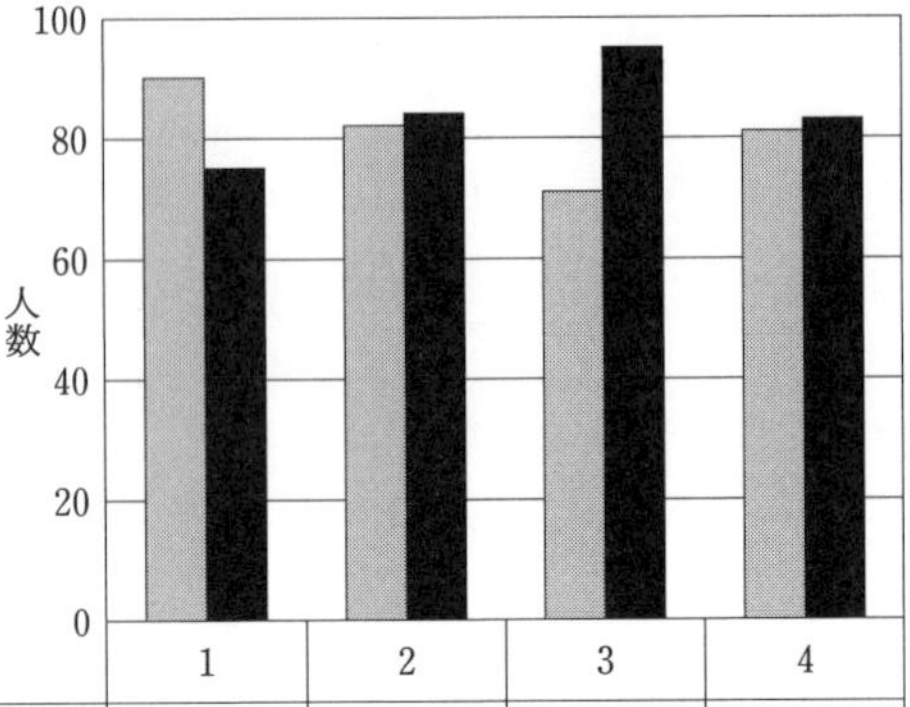

	1	2	3	4
賛成	90	82	71	81
反対	75	84	95	83

図 4-1　第 15 連邦議会第 1 会期，4 つの内陸開発政策についての決議の議決結果

回ったにすぎなかった。また、第一決議と第二決議の可否は分かれたものの、各議員の投票はほぼ連動していた。特に、この四つの決議の中で反対が多かったのは、第三の州際通商道路および運河の建設権に関するものであり、ヴァージニアはともかくとして、ペンシルヴェニア、ケンタッキーからの反対が増えていた。この四つの決議の結果とボーナス法案の議決結果とを比べてみると、小州の動向を除いてはほぼ共通の傾向が見られた。しかも、決議が細分化されたことで、議員たちの開発政策に対する全般的な考えが浮き彫りになったといえよう。

ここで特徴的なことは、ボーナス法案においても見られた傾向であるが、連邦的視野に立つ開発政策に対する反発と、各州内で行われる事業に対する開発支援への支持である。議員たちは利害関係が一致するそれぞれの地政学的地域、いわゆるセクションの単位で行動する傾向が明確に認められる。また、連邦政府の主導性を強化する方向性は過半数の反対にあっている。これは、別の観点で見れば、議員たちが各州および地域代表として行動し、連邦政府を舞台にした各州の利益誘導政治が顕著になってきたことを示しているといえるのではなかろうか。しかも、ボーナス法案の審議が行われた第一四連邦議会からモンロー政権の最初の議会における一連の議論を概観すると、セクショナリズムや利益誘導政治の台頭という側面だけでなく、政治的イデオロギーとして連邦政府の権限強化に反発する反連邦主義が形を変えて勢力を強めつつあったように思われるのである。

この反連邦主義は、州権論という形態が最もわかりやすいが、国家的な視点を展開するクレイらの議論も、連邦政府を利用して州を利するという政策手法になって表れると、やや乱暴ないい方になるが、導かれる結果は州権論者のそれと違いはないのである。つまり、内政における州の主導性はなんら損なわれることがないからである。クレイは、内陸開発政策において国家的な言説を繰り広げるが、それは結局のところ、地元であるケンタッキー、さらには西部に有益な政策を提案するものとして受け止められがちであった。クレイは反連邦主義的言動を展開したわけではないが、彼の出身州および地域を基盤とした政治経済的観点を抜きに彼の議論は語れない。実際、クレイが西部の利益代表的な側面を担った点は否定できないのである。

この点に関して、南北戦争前の内陸開発政治史家であるジョン・L・ラーソンは、モンロー政権最初の内陸開発政策四決議を分析し、反対票を投じた人々の中には、下院議長であり、内陸開発政策の積極的な主唱者でもあるヘンリー・クレイに対する反発、そして、連邦強化への反発、連邦主導の内陸開発政策そのものへの反対、といくつかの反感が入り混じっていたと指摘する。ちなみに、ラーソンは、新世代が多く登場した第一五連邦議会において、アメリカの連邦について再定義し、連邦主義の中の権力バランスを攻撃する新しい運動に火がついたこと、そしてそれが広まっていき、やがてはアンドルー・ジャクソン大統領時代、さらにはその先へと続いていくと論じるのである(37)。

アメリカ政治に見られるこの反連邦主義の傾向は一七七〇年以降に誕生した独立革命期および革命後生まれの政治家が議員の過半数を占めるようになったことと関連があるように思われる。というのも、一八一二年英米戦争後最初に開かれた第一四連邦議会では下院において、初めて一七七〇年以降に誕生した政治家が議員の過半数を占めたからである。若い政治家の台頭としては第一二連邦議会におけるカルフーン、クレイ、ポーターら好戦派の存在が有名であるが、モンロー政権発足時の下院では、彼らの世代が、約七割を占めるようになり、建国期のアメリカ政治を主導してきた革命世代を含む一七六九年以前誕生の政治家が激減した。ボーナス法案の復活ともいえる提案を審議した第一五連邦議会では、前会期と比べ政治家の世代交代がよりいっそう進んだ。ちなみにタッカーは一七八〇年生まれであり、一七八二年生まれのカルフーンとほぼ同世代である。新しい世代は、軍事外交面では、一八一二年戦争開戦期に見られるように国家主義的な傾向をもつ一方で、内政面、こと内陸開発政策分野の連邦権力の運用においては、内陸開発政策の審議に見られるように、多かれ少なかれ地域主義的ないし反連邦主義的傾向があり、連邦政策において、連邦政府の権限を強化することなく州権や州ないし地域の利害を連邦政治の中で実現していく傾向がうかがわれるのである。

最終的に、この会期では第一決議の内陸開発政策に対する連邦の財政支出権が採択されたことを受け、一八一八年四月四日に、陸軍長官に対して軍事的な観点から連邦政府が支援可能な開発事業に関する報告書をまとめることを、また、財務長官に対しても一八〇七年にギャラティンに依頼したものと同種の内陸開発計画と国内の開発状況を報告することを賛成七六反対五七で採択した[38]。合衆国憲法問題を回避しようとしたタッカーの報告書は、かえって、連邦権限の縮小を招く決議を生んだのである。

一方、連邦上院では、モンローの提案を受け、ヴァージニア州選出のジェイムズ・バーバーが、合衆国憲法修正の提案を行った。先のボーナス法案に賛成票を投じたバーバーは、連邦議会が道路と運河を建設し河床を改修するための資金拠出法を成立させるために、合衆国憲法の修正条項案を上院に提出した。ちなみに、彼が提出した修正条項案は、先の議会で可決されたボーナス法案の条文の一部を再現しており、内陸開発事業の際には、関係する州の同意を要すること、また、下院議員数に比例した開発資金の配分も盛り込んでいた[39]。バーバーの修正条項案は彼を含めた小委員会に諮られ当初案がそのまま上院の本会議に答申されたのであるが、三月二六日にコネチカット州選出のデイビッド・ダジェットによる審議延期の動議が賛成二二、反対九で可決され、憲法修正の試みは失敗に終わった。(40)

ボーナス法案の余波

モンロー政権の幕開けとなった最初の連邦議会では、廃案となったボーナス法案が憲法問題と絡んで議論の端々で姿を現していた。開発推進派にとって最大の難関は、マディソンの拒否権をいかに乗り越え連邦政府による内陸開発政策を推進していくかにあった。これについては、第一五連邦議会において連邦政府の権限を後退させつつも、連邦助成は可能という言質を何とか手に入れた。しかし、三月一四日に連邦下院において国内の開発事業に対する連邦助成を容認する決議が採択されると、修正を重ねたボーナス法案の審議を髣髴させる意見が再び登場するのであった。

同決議を受け、全体的な開発計画法案の必要性が提起された三月一六日の審議では、ジョージア州選出のジョン・フォーシスは、連邦助成の対象となる開発事業の報告書や全体計画の作成については、包括法案の場合、連邦内の地域の利害対立を調整できず一つ一つの開発項目提案が廃案になる懸念があることから、連邦議会の審議に上った場合そのつど個別に連邦助成を検討することを提案した。(41)これに対し、コネチカット州選出のティモシー・ピットキンが、ボーナス法案同様に連邦政府の財政支出に制限を設けることを要望した。(42)このような主張に対し、ペンシルヴェニア州選出のジョン・サージェントは、議論の方向がボーナス法案の修正と同様な内容に帰着しないよう抗弁した。サージェントは、連邦下院議員数に比例して開発資金を配分することに関して、そのようなシステムは政策の意図に応えるものではないとして、同方式ではチェサピーク＆デラウェア運河事業の完成が難しくなることを例に反対したのであるが、(43)ピットキンは連邦政府が助成する事業の規模や支出について明確な基準が必要であると応酬した。[44]結果として、内陸開発構想に関する報告書を提出するという決議が、先述したように一八一八年四月四日に採択されたという経緯があった。前会期に廃案になったボーナス法案は様々な面で、その後の連邦議会における議論に影響を及ぼしていたのである。

下院の道路・運河委員会が示した憲法解釈および提案の前には、マディソンの拒否権が高い壁として立ちはだかっていた。しかも政界引退後マディソンは合衆国憲法の見張り番としての役割を果たしていたのである。タッカーから委員会の報告書を受け取ったマディソンは、彼の活動に敬意を表しつつも、タッカーに対して憲法起草者としての立場から憲法の意図をねじ曲げる憲法解釈や政策を非難する。「私は報告書の中で用いられた憲法解釈の広さに、あるいは一つの州の場合であっても諸州の同意があれば連邦政府の管轄権を拡大できるという原則に、あるいは報告書で導入された前例や類推の強引さに同意できません。才能あふれる人々［憲法制定会議参加者――引用者注］に対する私の尊敬や憲法起草者の目的に対する私の信頼を損なうこの意見の相違を容認できません」と、同報告書を批判するのであった。マディソンの言葉は、合衆国憲法の拡大解釈が一般化しつつある現状を拒絶するもので、変質したボーナス法案に向けた批判と変わらないものであった。[45]このマディソンの解釈に立てば、連邦政府の内陸開発政策は大いに制限されることになる。しかし、実際に実施されている開発事業があることを考えると、マディソンの見解は従来の政策とどのように折り合いをつけていくのであろうか。依然として問題は解決されないまま残っていたのである。

二　陸軍長官カルフーンの報告書に見る内陸開発構想

前会期の決議を受け、財務長官と陸軍長官はそれぞれ異なる対応をとった。ウィリアム・H・クロフォード財務長官は報告書を用意しなかった。これに対して、かつてボーナス法案を提案したジョン・C・カルフーンは一八一九年一月七日、陸軍長官として軍事的観点から、どのような交通政策が求められるのかを簡潔にまとめた陸軍長官の道路と運河に関する報告書（以下、カルフーンの報告書）[46]を連邦下院に答申したのである。報告書は、軍備補給や軍隊の移動に苦労した一八一二年戦争の経験を踏まえ、軍隊を活用して政府主導で道路や運河の建設を推進すべき地域としてフロンティアの交通網を整備することを訴えるものとなっていた。

カルフーンの報告書の中で連邦政府が外敵に備えて特別な関心を払うべき防衛拠点として具体的に挙げられたのは、東部フロンティア（大西洋沿岸）、北部フロンティア（カナダ国境地域）、南部フロンティア（メキシコ湾地域）の三つの地域である。西部フロンティアについては、先住民対策の必要性が指摘されたが、ヨーロッパ諸国からの侵略可能性が低い点で、国防拠点からは除外された。報告書では「フロンティア」という言葉が用いられているが、ここでいう東部と北部フロンティアが必要とする交通ルートは、ギャラティンの報告書に照らせば、大西洋沿岸の南北の交通ルート、大西洋と西部諸州を結ぶ交通ルート、五大湖周辺の交通ルートの整備となる。報告書は「フロンティア」を辺境の地ないしは開拓前線という字義通りの意味で用いていない。軍事的な観点からフロンティアという言葉を用いたことで、報告書の扱う範囲が拡大した。しかも、アメリカ合衆国内で日常的に使用される交通網、すなわち通商ルートや郵便ルートといった交通網の充実は、戦時における軍隊の移動や軍備輸送をよりいっそう効率化し、国防の充実に寄与するという基本姿勢が示されており、陸軍長官が提出した報告書は決して一部地域に対象を限定したものとはならなかった。

カルフーンは、各地域において必要とされる大まかなルートについて、東部フロンティアにおける、「オルバニーから五大湖へのルート、フィラデルフィア、ボルティモア、首都ワシントン、リッチモンドからオハイオ川へのルート、チャールストン、オーガスタからテネシー川へのルートといった広領域にまたがる交通路」、北部フロンティアにおいては、「ジョージ湖とオンタリオ湖とオルバニーを結ぶルートやプラッツバーグからサッケッツ・ハーバーの軍用道路、デトロイトからオハイオ川への道路やイリノイ川からミシガン湖への運河」と示したものの、この報告書の中で、具体的な開発事業や開発見積もりを明記することはなかった。具体的な計画報告書は、むしろ、軍の技術者等による調査の後に提出されるべきとして、あくまでも開発政策の指針を提示するというのがカルフーンの趣旨であった(47)。

しかも、陸軍省管轄下の軍隊の任務に交通路の建設業務を加えることで、平時における軍隊の有効活用と戦時に向けての国防設備の両方を実現させようとしただけでなく、要塞、兵舎建設の延長線上に、軍用道路を位置づけ、合衆国憲法問題を回避する狙いもあった。軍隊の迅速な移動を可能にする内陸交通網の開発という観点に立てば、民間や州では開発が難しい諸州にまたがる広範囲な交通網の開発に、軍事費を通して連邦政府が支援できるという戦略である。また、軍事的目的に合致する開発事業に対して、既に事業として始まっているものには出資という方法をとることや、軍隊が建設にかかわれない事業では、工兵隊の将校の監督および点検の下で契約を結ぶという方式で、連邦政府が民間事業に協力できることを示唆したのである(48)。

陸軍長官による開発指針の報告書は、過去の内陸開発関係の報告書と比べると、かなり異質なものである。マディソン大統領の拒否権発動以後袋小路に陥っていた連邦主導の開発政策に、カルフーンが打開の糸口を示そうとしたように思われる。その有力な手段となったのが、平時における軍隊や軍事費の活用であった。実際、軍用道路という観点でいえば、これまでいくつか実例があった。モービルおよびニューオリンズ地域の開発は陸軍主導で実施されていた。また、先述したように軍用道路については、ニューヨーク州のプラッツバーグ軍用道路、テネシー州の南端からテネシー川を横断する道路、そしてデトロイトからメイグズ要塞への道路が既に着工されていた。カルフーンの報告書は、一八一二年戦争以後、特に軍事的側面から交通網開発の需要が高まっていたことに応えるものであったといえる。

同報告書は、これまでの審議動向を最大限に利用し、連邦の軍隊が抱える人的物的財的資源を活用するという新たな提言を含んでいたことから、モンロー大統領の見解と真っ向から異なり、閣議において物議を醸すことになる。モンローは報告書の答申が自らの内陸開発政策に対する姿勢と矛盾するだけでなく、連邦下院の決議自体が反則であると考えていたようである。(49) 彼は、大統領就任演説ならびに年次教書において、連邦政府が内陸開発政策を行うには憲法の修正が必要であることを繰り返し主張してきた。しかし、先述のように、連邦下院はこれまでも大統領の見解に従ってきたとはいえなかった。こうした中で閣僚であるカルフーンの報告書は、大統領に対する批判そのものとして受け止められても仕方がなかった。政権内部においてすら見解が分かれたカルフーンの軍事的観点からなされた内陸開発構想は、このとき実現することはなかった。(50) しかし、陸軍では、工兵隊による国内の開発ルート調査協力に応じていくばかりか、モンロー政権末期には、別の形で実現をみることになるのである。

ところで、この時期、大西洋沿岸部の軍事施設を強化するための軍事拠出法が可決されたのであるが、おりからの経済不況が連邦財政を悪化させていた。そのため、クロフォード財務長官は、緊縮財政を打ち出し、国防予算は削減に次ぐ削減に見舞われることになった。その結果、一八二〇年の国防予算は八〇万ドル、そして、一八二一年には二〇万二〇〇〇ドルにまで削減された。しかも、陸軍は一八一九年に一万二〇〇〇人から六〇〇〇人に削減され、カルフーンが提案した陸軍省の管轄下で内陸開発政策を推進する構想そのものは現実的なものではなくなってしまった。(51) しかも、軍事的観点からの内陸開発政策という問題意識そのものが、モンロー外交の成果とともに次第に説得力を失っていった。というのも、一八一九年にスペインとの間でフロリダ購入が合意に達し、最終的に一八二一年に条約が成立したことで、南部フロンティアにおけるスペインの脅威はなくなった。また、アメリカにとって最大の脅威であったイギリスとの関係も、一八一七年には五大湖のラッシュ＝バゴット条約で五大湖の非軍事化が実現しただけでなく、ニューファンドランドの漁業権や北部国境線についても妥協が成立し、一八一八年規約においてオレゴンの共同領有が確定したことで、東北部フロンティアにおけるイギリスの脅威は当面薄らいでいた。加えて、イギリスは一八二二年には西半球には干渉しない姿勢を打ち出したことで、戦時への備えという論法は一八一二年戦争後と比べ説得力が急速になくなりつつあったのである。

三　カンバーランド国道補修と憲法問題

モンロー大統領の拒否権発動

一八一八年四月の連邦下院における決議ならびに一八一九年一月のカルフーンの報告書に不快感を示したモンロー大統領は、ジェファソン政権期に始まったカンバーランド国道事業に対しても、複雑な感情を抱いていたようである。連邦政府の直轄事業であり、建設費の不足分を国庫からの補填でしのいでいるカンバーランド国道事業は、自らの政策方針と矛盾するのではないかという問題意識がその根底にあった。一八一八年四月にイリノイ準州の州昇格法が可決成立し、オハイオ州、インディアナ州の州昇格時と同様に州際道路の建設を進めるための道路建設基金が設立された。国道は将来、イリノイ州の西境のミシシッピ川まで延伸することになり、ルート選定作業が進行していた。また、ほぼ同時期、カンバーランド国道の建設工事費の不足分を補うために三一万二九八四ドルを国庫から支出することになり、この工事費の補填は翌年も続いた。一八一九年二月一〇日連邦下院において、クレイの働きかけで道路を完成させるためにさらに必要な二八万五〇〇〇ドルを支出する法案が、賛成六六、反対六一の僅差で通った。しかし、建設費の不足分を連邦政府が補填することに対しては反対意見もあり、翌日には、国庫から支出する二八万五〇〇〇ドルはいずれ道路建設基金から再拠出されるようにする修正提案が賛成八二、反対七一で可決されるに至った。(52)

カンバーランド国道は、当初の区間であるメリーランド州のカンバーランドからヴァージニア州（現ウェストヴァージニア州内）のホイーリングまでが一八一八年に開通していたが、マディソン政権末期より国道の維持補修の問題が新たな課題として浮上していた。モンロー政権は、既存の連邦事業を存続発展させる方針を堅持してきたものの大統領自身が感じてきた内陸開発政策全体の中での政策矛盾、自らの合衆国憲法解釈と実情との乖離に対する困惑は、結局、一八二二年モンロー大統領による拒否権発動へと発展する。

モンローは、一八二二年五月四日、通行料収入を道路の維持補修費に充てる「カンバーランド国道維持補修法案」に対して憲法上連邦議会はこのような権限を有していないという理由から拒否権を発動する教書を連邦議会に送ったのである。(53) 拒否権発動の理由は、単純明快なものであったが、モンローがこの教書の中で展開した法解釈はやや複雑でわかりにくいものであった。というのも、通行料を徴収してカンバーランド国道の維持補修費に充てることを内容とする法案を様々な権限に細分化し、法政策上問題であるという結論に導いていたからである。具体的にいえば、同法案には様々な権限が組み合わされているとモンローは指摘する。まず、有料道路を開設する権限、通行料金を徴収する権限は、内陸開発の完全なシステムを実施する権限を含んでいる。さらに、道路を通行する人、馬、車に課税する権利は、所有者から土地評価を得る法律ならびに、道路を損壊から保護する法律を可決する権限にかかわっており、一つの道路にその権利があるなら他の道路にもあり、連邦議会が建設するのを適切と認めた数多くの道路にもあるという。そういう意味で、通行料を徴収して道路の維持補修に充当する権限は「内陸開発にかかわるすべての目的を備えた一つの完全な管轄権と統治権であり、連邦議会に付与されている歳出権に基づいて資金を配分する単なる権限ではない(54)」という。

「カンバーランド国道維持補修法案」は連邦政府の内陸開発権限を前提としており、そのような権限は、合衆国憲法第一条第八節に列挙する権限のどこにも規定されておらず、憲法上のいかなる規定からも派生するものではないとモンローはいう。それゆえ、モンローは、大統領就任後、連邦政府が内陸開発権限をもたないことを明確にすることが自らに課された職務であると考え、連邦議会に対して合衆国憲法の修正を勧告してきたという[55]。結局、道路の利用者から通行料を徴収して維持補修を行う権限は、州政府が有する権限であると述べたのである。

同法案に対して、五月六日連邦下院では再可決に向けての議決が行われた。しかし、モンローの拒否権発動後、賛成六八、反対七二で、三分の二以上の賛成多数で再可決できなかったため、結局廃案になってしまった[56]。モンロー大統領在任中唯一の拒否権発動は、内陸開発政策の主唱者であり、長らく下院議長を務めていたヘンリー・クレイ不在の中で起こったものである。第一七連邦議会においてクレイは、体調不良と経済的な問題から、一時期政界から引退していた。ちなみに、道路の維持補修のために通行料収入を充てる法案そのものは、これが初めてではなかった。一八二〇年三月に上院において初めて提案されたが、十分な審議もなく不成立に終わっていた。またその翌年にも、再び提案されたが、同法案は議会で可決されることはなかった[57]。そのような中、第一七連邦議会第一会期において、初めて連邦上院、下院の両院でそれぞれ通行料徴収を合法化する法案が提出され可決されたにもかかわらず、大統領の承認を得ることができなかったのである。

拒否権発動の意図

連邦政府の内陸開発政策における行政部と立法部間の対立は、マディソン大統領の拒否権発動以後の一つの傾向である。モンローは、合衆国内の交通網整備の重要性を強く認識してはいたが、マディソンがボーナス法案に対する拒否権で示した合衆国憲法解釈の忠実な継承者としての立場を、就任後一貫してとり続けてきた。マディソンの拒否権を乗り越えようとする議会行動が繰り返される中で、大統領としての矜持を示したのが、この一八二二年のモンローの拒否権発動であったといえよう。

一八二二年五月四日、モンローは拒否権教書とともに、連邦政府の内陸開発権限について自らの見解をまとめた文書「内陸開発に関する見解」を発表している(58)。この文書は、先の拒否権教書と同様に、連邦政府の内陸開発権限は法的根拠がないことを説明すると同時に、連邦制の発展と連邦政府の管轄範囲について歴史的にかつ経験的に考察し、自身の政治的姿勢を明らかにするものであった。この中でモンローは、アメリカの連邦制が連邦政府と州政府というそれぞれ主権を有する二つの政府によって統治されるきわめて珍しい制度であると指摘する。モンローがこの文書で強調しようとしたことは、連邦政府の権限は合衆国憲法によって制限されており、旧植民地に由来する州の主権を侵害してはならないということであった。この二重主権構造の観点から内陸開発権限を見ると、同権限は合衆国憲法において明確な規定がないばかりか、郵便道路整備権、戦争宣言権、州際通商権、さらに連邦議会が有する必要かつ適切な条項等合衆国憲法内のいずれの規定からも派生するものではないという。合衆国憲法批准当時、モンローはアンティフェデラリスツとして知られ、連邦強化ならびに強力な中央政府の誕生に反対の立場にあった。この一連の文書を通して、先の拒否権が、前任者マディソンの意向を尊重したという単純なものではなく、もともとモンローの政治信条の中にある限定的な連邦政府観に由来するものであったことが明らかにされるのである。

しかしながら、マディソンが問題にしたボーナス法案と、今回のカンバーランド国道維持補修法案とは、政策の次元があまりにも異なる。ボーナス法案は連邦構造を変質させかねないほどの政治的影響力を内包していた法案であったが、今回の法案は政策の対象範囲が限定されており、合衆国憲法問題を持ち出すほどの内容ではないように思われる。しかも、カンバーランド国道の維持補修費用は、道路開通後は廃止しない限り半永久的に生じるもので、道路建設基金の原資が限られていることを考えれば、管轄する連邦政府がこの費用を負担するか、あるいは道路が所在する州に管轄を移管せざるをえなくなる。そこで、恒久的な財源確保のために、税金からではなく利用者負担の原則を打ち出す方針を示したにもかかわらず、この法案は連邦政府が有さない内陸開発権限の範疇にあるという観点から否定されたのである。

もしモンローがこの権限を理由に法案の拒否権を発動するのであれば、一八一八年ならびに一八一九年に承認したカンバーランド国道事業の拡張と国庫からの補塡を、そもそも批判すべきであったが、そうはしなかった。結局、モンローは、拒否権という強硬手段を通して、現合衆国憲法体制の下で、連邦政府による内陸開発政策を実現させようとする動きに一撃を加え、連邦議会と大統領府との間にある内陸開発問題に対する政策対立を収束させようとしたように思われる。しかし、合衆国憲法修正には四分の三以上の州の賛成が必要であり、六州でも反対があると、憲法修正は不可能である。憲法問題を回避して、連邦政府が国内交通網の開発を支援する政策を実現させようとする開発推進派は、モンローの拒否権によって再び戦術の仕切り直しを迫られることになったのである。

（1） *Laws of the State of New York in Relation to the Erie and Champlain Canals, Together with the Annual Report of the Canal Commissioners and Other Documents*, 2 vols. (Albany: E. and E. Hosford, Printers, 1825), 1: 272-87.
（2） Ibid., 1: 273.
（3） Ibid., 1: 276-78.
（4） Ibid., 1: 281-82.
（5） Ibid., 1: 358-64.
（6） Nathan Miller, *The Enterprise of a Free People: Aspects of Economic Development in New York State During the*

Canal Period, 1792-1838 (Ithaca: Cornell University Press, 1962), pp. 71-72.

（7）Ronald E. Shaw, *Erie Water West: A History of the Erie Canal, 1792-1854*, paperback ed. (Lexington, Kentucky: University Press of Kentucky, 1990), p. 86.

（8）Miller, *The Enterprise of a Free People*, pp. 84-85.

（9）Ibid., pp. 92-93.

（10）Ibid., p. 86.

（11）Ibid., pp. 97-98.

（12）Shaw, *Erie Water West*, pp. 88-89.

（13）*Annals of Congress, 1789-1825* (*AC*), 14th Cong., 2nd Sess., pp. 879-80.

（14）アメリカ合衆国国務省編、斎藤眞・鳥居泰彦監訳『アメリカ歴史統計』第一巻（原書房、一九八六年）八、一〇六頁。

（15）Noble E. Cunningham, Jr., *The Presidency of James Monroe* (Lawrence, Kansas: University Press of Kansas, 1996), p. 24.

（16）『アメリカ歴史統計』第一巻、八〇五頁。

（17）同右、第二巻、七三一頁。

（18）First Inaugural Address, March 4, 1817, *Messages and Papers of the Presidents* (New York: Bureau of National Literature, Inc., 1897), 2: 573-79.

（19）Cunningham, Jr., *The Presidency of James Monroe*, Ch. 3; Harry Ammon, *James Monroe: The Quest for National Identity* (Charlottesville: University Press of Virginia, 1990), Ch. 20; Daniel Preston and others, eds., *The Papers of James Monroe: A Documentary History of the Presidential Tours of James Monroe, 1817, 1818, 1819*, Vol. 1 (Westport: Greenwood Press, 2003), pp. xvii-xxvii.

（20）First Annual Message, December 2, 1917, *Messages and Papers of the Presidents*, 2: 580-89.

（21）Monroe to Madison, November 24, 1817, James P. Lucier, ed., *The Political Writings of James Monroe* (Washington D.C.: Regnery Publishing, Inc., 2001), pp. 499-500.

（22）晩年のマディソンの合衆国憲法観は以下が詳しい。Drew R. McCoy, *The Last of the Fathers: James Madison & the*

Republican Legacy (New York: Cambridge University Press, 1989).

(23) Madison to Monroe, November 29, 1817, Gaillard Hunt, ed., *The Writings of James Madison*, 9 vols. (New York: G. P. Putnam's Sons, 1900-10), 8: 397-98.

(24) Madison to Monroe, December 9, 1817, ibid., 8: 399.

(25) Madison to Monroe, December 27, 1817, ibid., 8: 403-07.

(26) *American State Papers* (*ASP*), Miscellaneous, 15th Cong., 1st Sess., No. 435, 2: 443-47.

(27) Ibid., p. 443.

(28) Ibid., pp. 443-44.

(29) Ibid., pp. 444-45.

(30) Ibid., p. 445.

(31) Ibid., p. 447.

(32) *AC*, 15th Cong., 1st Sess., pp. 1139-64.

(33) *AC*, 15th Cong., 1st Sess., pp. 1207-17.

(34) *AC*, 15th Cong., 1st Sess., pp. 1164-80.

(35) *AC*, 15th Cong., 1st Sess., p. 1380. 決議案の詳細は以下である。

一、連邦議会は合衆国憲法下、郵便道路、軍用他の道路、運河の建設ならびに河川改修のために財政支出する権限を有する。

二、連邦議会は合衆国憲法下、郵便道路、軍用道路を建設する権限を有する。その場合、私有財産は正当な補償がなければ、公的目的に供さないものとする。

三、連邦議会は合衆国憲法下、州間にわたる通商に必要な道路ならびに運河を建設する権限を有する。その場合、私有財産は正当な補償がなければ、公的目的に供さないものとする。

四、連邦議会は合衆国憲法下、軍事目的のために運河を建設する権限を有する。その場合、いかなる私有財産も正当な補償がなければ、いかなる目的にも供さないものとする。

(36) *AC*, 15th Cong., 1st Sess., pp. 1385-90. なお、議事録には議決結果および賛成票、反対票を投じた議員名が記載されているのであるが、各採決結果と記載された議員名の数とが若干異なっている。そのため、本文では議決結果として記されている数を用いた。

（37） John Lauritz Larson, *Internal Improvement: National Public Works and the Promise of Popular Government in the Early United States* (Chapel Hill: University of North Carolina Press, 2001), pp. 117-19.

（38） *AC*, 15th Cong., 1st Sess., pp. 1678-80.

（39） *AC*, 15th Cong., 1st Sess., pp. 21-22; Joseph Hobson Harrison, Jr., "The Internal Improvement Issue in the Politics of the Union, 1783-1825" (Ph. D. diss., University of Virginia, 1954), pp. 392-93, 395.

（40） *AC*, 15th Cong., 1st Sess., p. 292; Harrison, "The Internal Improvement Issue," p. 454; Larson, *Internal Improvement*, pp. 111-12.

（41） *AC*, 15th Cong., 1st Sess., p. 1397.

（42） *AC*, 15th Cong., 1st Sess., pp. 1397-98.

（43） *AC*, 15th Cong., 1st Sess., p. 1398.

（44） *AC*, 15th Cong., 1st Sess., pp. 1398-99.

（45） Madison to Henry St. George Tucker, November 23, 1817, Hunt, ed., *The Writings of James Madison*, 8: 402-03.

（46） *ASP*, Miscellaneous, 15th Cong., 2nd Sess., No. 462, 2: 533-37.

（47） Ibid., p. 536.

なお、カルフーンが陸軍長官に就任した頃には工兵隊(the Corps of Engineers)、地形調査部隊(Topographical Engineers)、さらに陸軍士官学校(Military Academy)を含む工兵課(the Engineer Department)が形成されており、陸軍長官の指揮監督下で港湾や道路建設等の工兵活動、未探査地域の地形測量調査に従事する仕組みが既にできあがっていた。Forest G. Hill, *Roads, Rails & Waterways: The Army Engineers and Early Transportation* (Norman: University of Oklahoma Press, 1957), p. 11.

（48） *ASP*, Miscellaneous, 15th Cong., 2nd Sess., No. 462, 2: 536.

（49） Charles Francis Adams, ed., *Memoirs of John Quincy Adams*, 12 vols. (New York: AMS Press, 1970), 4: 217-18.

（50） Harrison, "The Internal Improvement Issue," pp. 467-73.

（51） Gerald M. Capers, *John C. Calhoun: Opportunist: A Reappraisal* (Chicago: Quadrangle Books, 1969), pp. 65-66;

Harrison, "The Internal Improvement Issue," pp. 454, 474; Appendix to *AC*, 15th Cong., 1st Sess., pp. 2540–41; *AC*, 15th Cong., 2nd Sess., pp. 1147–48, 1150.

(52) Harrison, "The Internal Improvement Issue," pp. 454, 474; Appendix to *AC*, 15th Cong., 1st Sess., pp. 2540–41; *AC*, 15th Cong., 2nd Sess., pp. 1147–48, 1150.

(53) *AC*, 17th Cong., 1st Sess., pp. 1803–05; Veto Message, May 4, 1822, *Messages and Papers of the Presidents*, 2: 711–12.

(54) Ibid., 2: 712.

(55) Ibid.

(56) *AC*, 17th Cong., 1st Sess., pp. 1872–75.

(57) Harrison, "The Internal Improvement Issue," pp. 482, 515.

(58) *AC*, 17th Cong., 1st Sess., pp. 1809–63.

第五章　アメリカン・システムと反連邦主義

モンロー政権は、国外に向けてモンロー宣言を発表し、国内においてはアメリカン・システム政策を導入したことで知られる。しかしながら、就任当初モンロー大統領は、マディソン前大統領が最後に発動したボーナス法案に対する拒否権を意識し、連邦政府による内陸開発政策に対しきわめて抑制的であった。そのため、一八二二年五月カンバーランド国道の維持補修に関して通行料収入を徴収する法案が連邦議会で可決されたとき、モンローは合衆国憲法上問題があるとの判断から拒否権を発動したのであった。本章では、モンロー政権において、アメリカン・システム政策がどのような文脈の中から生み出されたのかについて、連邦議会議員の連邦政策に対する考え方や投票行動を中心に取り上げる。そして、その政策実態を通して、アダムズ政権以後の政策的行き詰まりを検討することにする。

第一節　アメリカン・システム下の内陸開発政策

一　モンロー大統領の方針転換

カンバーランド国道の維持補修問題解決へ

モンローはカンバーランド国道の維持補修法案に対して自らの政治信条を理由に廃案とし、合衆国憲法の修正を連邦議会に要請したのであるが、既設道路の荒廃が進むカンバーランド国道の現状は、結局、モンローの翻意を促すことになるのである。国道の補修問題は、一八二二年一二月三日に出されたモンローの第六回年次教書で再び取り上げられた。[1]従来、外交、通商、軍事問題が中心であったモンローの教書では異例の扱いであった。そこで、モンローは前会期に提出した自身の拒否権発動について改めて正当化する一方で、巨費を投じて建設された国道の維持補修問題をこれ以上先送りできないとして、現実的な対応策について示唆するのである。

モンローが提案したのは、国庫からの拠出であった。モンローは、教書の中で、連邦政府が内陸開発政策を実施するためには合衆国憲法の修正が必要であり、その観点から前会期において拒否権を発動せざるをえなかった点に変わりはないという。しかし、カンバーランド国道事業は西部諸州と大西洋沿岸諸州との間の交流を促進するものであり、その便益は計り知れないこと、また、実際に既設道路の維持補修は切迫した問題であったことから、モンローは自らの政治信条を曲げざるをえなくなるのである。

道路を建設する権限はいうまでもなく内陸開発権限に属するものである。この矛盾にモンローが無自覚であったわけではない。彼は、「前会期に言及した文書の中で連邦議会に私の意見を十分伝えておりますので、問題となっております領域への管轄権ならびに統治権とは区別されるものとしての歳出権限に関しましては、私がここで話題にするのは不適切であると考えております」[2]と述べ、この問題を締めくくった。歳出権は連邦制を脅かす権限の行使にはならないという観点を持ち出し、モンローはカンバーランド国道事業を、あえて連邦政府の内陸開発権限の行使から区別しようとしたのである。

モンローの第六回年次教書が起点となって、第一七連邦議会第二会期に入ると、再びカンバーランド国道の新しい維持補修法案が取り上げられ、法案は一八二三年二月成立することになる。同法は、カンバーランドからホイーリングまでの道路の維持補修のために二万五〇〇〇ドルを国庫から拠出するというものであった。維持補修法案の成立によって、ひとまずカンバーランド国道事業にかかわる懸案事項は片づいたのであるが、根本的な問題は残ったといえよう。というのも、モンロー政権後も連邦政府が将来的に国庫からカンバーランド国道の維持補修費用を拠出し続けるのか、まったく保証がなかったからである。この一八二三年から二七年の間に連邦政府が拠出した補修費は五万五〇〇〇ドルに上ることになる[3]。ちなみに、モンロー大統領の拒否権発動やその後出された内陸開発に関する制度的な見解に対して強く支持した人々がいた。その代表的な人物の一人が、第七代大統領となるアンドルー・ジャクソンである[4]。

第七回年次教書

いずれの形にせよカンバーランド国道の維持補修法案が成立したことは、モンローの拒否権発動という政治的衝撃を和らげたばかりか、さらなる内陸開発法案成立に向けて間違いなく呼び水となった。しかも、モンローが一八二三年一二月二日に発表した第七回年次教書は、カンバーランド国道の維持補修法案への方針転換をも含めた、彼自身の内陸開発政策に対する政策転換を印象づけるものとなるのである。内陸開発政策に関してこの年次教書で示した方針転換は二つある。一つはカンバーランド国道の維持補修方式を見直すもので、もう一つは、陸軍の工兵将校、技官が内陸開発事業の事前調査を行い報告書を提出することを提案するものである。(5)

まず前者から見てみよう。これは、既設のカンバーランド国道が毎年補修を要することから、連邦政府が道路の所在する当該諸州と調整を行い、それぞれの管轄内で通行料を設定できるよう提案するものである。通行料を徴収することによって将来の補修費をまかなうとともに、料金所を通して道路を管理し、罰則規定を設けて器物損壊から守ることを企図していた。提案は、カンバーランド国道の維持補修問題が政治状況に左右されることがないようにするため、安定的な財源確保を優先させるものである。いうまでもなく、これはモンローが前会期に拒否した補修費用の財源案を復活させたものであり、大統領は、合衆国憲法修正の難しさから現実的な問題解決のために政策転換を図ったといえよう。

ちなみに、カンバーランド国道の維持補修問題は、結論を先取りすると、モンロー政権では解決せず、その後一八三〇年代に新たな局面を迎えることになる。道路の維持管理は、やがて連邦政府から州政府に移管され、州内有料道路としてカンバーランド国道が運営されていくことになるのである。この先陣を切ったのがペンシルヴェニア、メリーランド、ヴァージニアの三州で、連邦政府は大規模な修繕工事を実施し、連邦政府から州政府に道路を移管したのである。そういう意味で、連邦政府が建設しその後の維持管理を州が担う政策の流れを作ったのは、図らずも一八二二年五月のモンロー大統領の拒否権発動であったのである。(6)

一方、カンバーランド国道の維持補修問題以上に重要な政策提案が後者の陸軍工兵隊にかかわるものである。これは、特定の運河建設への助成提案ならびに陸軍工兵隊を活用した次のような調査提案であった。「連邦議会がかような国家的な目的〔首都ワシントンを通過し西部と大西洋とを結ぶチェサピーク&オハイオ運河建設事業――引用者注〕のために資金を拠出する権限を有する（運河が通過する当該諸州に管轄権をとどめつつ）ものと私は考えておりますので、次会期に未調査の地を調査し報告するために、適切な予算で適正規模の工兵隊の将校たちを雇用する権限をもつことが賢明であるかどうかを貴殿の検討に委ねます。同様に、エリー湖の水運とオハイオ川を運河によって結ぶいくつかのルートについて工兵隊の調査範囲を拡大するのは適切なことであります」(7)。

ここでモンローが提案したことは、第一に、陸軍工兵隊の活用が進む現状の制度化であり、第二に、自覚的であったかどうかはともかく、合衆国規模の内陸開発計画立案への準備であった。カルフーンが報告書の中で力説した軍隊を建設作業にも従事させる提案については触れられなかったが、国内の開発事業を軍隊が技術的に協力支援していく体制作りは、かつてモンローが不快感を示した一八一九年一月のカルフーン陸軍長官の報告書で提起されていたものである。

前章で述べたように、カルフーンの報告書は内陸開発事業に積極的に軍隊を活用することを構想するものであった。その際、まず行うべきこととして報告書が提案していたのが、工兵隊による現地調査とその調査報告書の提出である。当時、カルフーンの報告書や提案は棚上げにされたものの、これまで立法化の動きがなかったわけではない。一八二二年四月のこと、各州から寄せられる様々な内陸開発事業への連邦助成を求める請願書を扱う下院の道路・運河委員会は、フランスの先例を挙げてカルフーン提案を焼き直し、連邦助成に値する開発事業であるかどうかを検討するための調査法案を提出したことがある(8)。既に工兵隊は国内各地の港湾整備を担っており、民間の内陸開発事業においても事前調査に協力する事例が見られていた。しかし、工兵隊が実際に各地の民生用の開発事業を技術支援していたとはいえ、それは陸軍省内の判断であって、法制度化されていたわけではないという状況下で、今回のモンロー大統領の教書が出されたのであった。

このように、一八二三年末、モンローは、合衆国憲法問題に拘泥せずカンバーランド国道事業を全面的に支持する方針に切り替えただけでなく、さらなる内陸開発政策の実現に向けた政策転換を図ろうとしたのである。そして、大統領の方針転換は、一時期引退していたヘンリー・クレイの政界復帰と呼応して、第一八連邦議会においてクレイの提唱するアメリカン・システムを推進する大きな力となるのである。

二　モンロー宣言と全体調査法

モンロー政権最後の一年間は、連邦政府の内陸開発政策史の中で画期的な年となった。二〇年近くにわたり連邦政府からの財政支援を求めてきたチェサピーク&デラウェア運河会社に対する公的支援が実現しただけでなく、フロリダ、ミシガン、アーカンソー準州の道路建設、チェサピーク&オハイオ運河のルート調査支援といった連邦助成案件が相次いで成立するのである。チェサピーク&オハイオ運河のルート調査支援法は一八二四年四月三〇日に成立した「道路と運河に関して必要な調査、計画、ならびに見積もりを行う法」、通称、「全体調査法」を受けたものである。(9) 全体調査法によって合衆国内の交通網の事前調査計画に陸軍の技官を活用できるようになったのである。全体調査法は開発事業を財政的に支援するものではなかったが、同法をきっかけに、一八二五年連邦議会では民間企業であるチェサピーク&デラウェア運河会社の株式に出資し支援するチェサピーク&デラウェア運河会社出資法も成立した。(10) 合衆国内の交通網の拡充を目的とする一連の諸法は、アメリカン・システムの一環としてみなされる政策に連なるものである。

大統領が拒否権を発動した政策をその後承認した先例としては、前任者のマディソン大統領の第二合衆国銀行の認可問題がある。このときは、一八一二年英米戦争後で国内外を取り巻く政治経済環境が大きく変わったことがマディソンの政策転換の背景にあった。それではモンローの場合、カンバーランド国道維持補修法案に対して拒否権を発動した第一七連邦議会第一会期とそれ以降とで、どのような政治状況の変化があったのであろうか。

政権が一期目を終えたところでフロリダ地域を獲得し領土が拡大した。さらに、西部における人口増加に伴って内陸部準州の連邦加盟が相次いだ。一八二二年前後の時期は、一八一二年戦争のような国家を挙げての戦争こそなかったが、国務長官ジョン・Q・アダムズの下、アメリカ外交がヨーロッパ列強の脅威から解放され、西半球における平和が確立した大きな外交上の転換期であった。独立以来、アメリカ最大の脅威であったイギリスとの緊張関係は、国境線の確定とともにひとまず収束した。フロリダ領有をめぐって対立していたスペインとの関係も、一八一九年二月のアダムズ゠オニス条約の締結でフロリダの購入が正式に決まっただけでなく、スペイン領メキシコとの国境線も確定した。その結果、アメリカは国境の南北を接するヨーロッパ列強との関係が安定することになる。

しかも、一八一八年から二二年にかけて、アメリカの独立革命に刺激されたラテン・アメリカのスペイン領植民地が、相次いで宗主国であるスペインあるいはポルトガルから独立を宣言し、アメリカがその独立を承認するという新たな国際環境が生まれていた。この時期、一八一八年にチリ、一八一九年にノヴァグラナダ(後のコロンビア)、一八二一年にペルーとメキシコ、一八二二年にブラジルが誕生する。こうした中南米諸国の動きに対して、一八二三年にはイギリスから、南米におけるロシアを中心とするヨーロッパの神聖同盟諸国からの干渉を共同で阻止しようという提案がもちかけられた。これへのモンローの返答がモンロー宣言であった。第七回年次教書の中で提唱されたモンロー宣言とは、ヨーロッパによる西半球の植民地化を終わらせ、西半球の独立国への干渉はアメリカへの脅威とみなすとの警告を宣言したものであった(11)。

モンロー外交におけるアメリカのヨーロッパ離れは、経済政策においても顕著に見られた。既にマディソン政権末期より顕在化しつつあったが、国内製造業の育成と保護を目的とする保護関税政策と国内市場の発展という経済政策の機運は、ヨーロッパ諸国との友好関係の確立と一八二〇年代初めの西半球における独立国家の続出によってより強まっていた。こうした中で第七回年次教書は、ヨーロッパ諸国から距離をおき外国に依存しない経済体制の確立を背景に、製造業を振興するための関税率の見直しを促すのである。

内陸開発政策分野におけるモンローの政策転換は、モンロー宣言の形成と軌を一にして起こったと認められよう。しかも、一八一九年の経済不況を脱し、奴隷制度をめぐる南北の対立と均衡の狭間で西部諸州の存在が政治的にも経済的にもアメリカ合衆国内で徐々に大きくなりつつあった。この西部を大西洋沿岸諸州に結びつける航行路や道路の開発は、人の移動や生産物の輸送経費の軽減と時間の短縮の観点から、ますます連邦内で重要な課題となっていたのである。この点に関して、モンローが、第七回年次教書において合衆国憲法問題を脇においてまで、わざわざ西部と大西洋とを結ぶ道路と運河の開発に言及した点は重要であろう。その際、モンローが挙げたのは、カンバーランド国道事業であり、チェサピーク＆オハイオ運河事業であったのである(12)。

モンローが教書の中で言及した工兵隊を活用した開発計画の調査と全体報告書の提出に関する法案は、会期の終盤となる一八二四年四月三〇日に全体調査法として成立することになる。同法は、同時期に成立した保護関税法とともに、アメリカン・システムの柱となる内陸開発関連法である。この法律の全文は、次のように全二条から構成されたきわめて簡潔なものであった。

第一条　合衆国大統領は、本法によって、通商的ないし軍事的観点、あるいは郵便配達に必要な観点において、大統領が国家的な重要性をもつと考える道路や運河のルートに関して、必要な調査、計画、ならびに見積もりを行う権限が付与される。また、運河の場合には、帆船航行がどの部分において可能であるかについても明示するものとする。それぞれについて調査、計画、ならびに見積もりが完了次第、連邦議会に提出するものとする。

第二条　この法律の目的を達成するために、大統領は、本法によって、二人ないしそれ以上の民間の熟練した技師と大統領が適切であるとみなした工兵隊の将校たちないし工兵隊とともに正式に派遣されうる将校たちを雇用する権限が付与される。そして、本法によって、三万ドルが国庫から支払われるべきものとして拠出され、それ以外の目的には拠出されない。[13]

（注：引用者の判断で各条文の前言はすべて省略されている。）

本法律は、アルバート・ギャラティンの「道路と運河に関する報告書」が提出されて以降これまで幾度となく審議されてきた内陸開発諸法案と比較すると、その性格と趣旨が著しく異なっている。連邦政府に与えられる役割が、開発計画策定の事前調査のみに限定されており、かつ開発財源を規定していない点が最も大きな相違点である。加えて、従来重視されてきた全国的な体系性をもった交通網の開発という視点がないことが見てとれる。そのため、連邦政府の開発主導性や財政補助、そして、全国的な内陸開発システムの構築という、従来の連邦内陸開発政策の骨子と考えられていた要素が見事に抜け落ちているのである。歴史家のフォレスト・G・ヒルは全体調査法を指して、「一連の開発事業の調査と立案のための全体計画を制度化したものにすぎなかった」と評する。[14] しかしながら、成立したこの法律は、モンロー大統領がまさに第七回年次教書の中で示唆した内容そのものであったといってよい。

全体調査法案の審議——ヘンリー・クレイとF・P・バーバーを中心に

さて、全体調査法案の審議は決して円滑に進んだわけではなかった。連邦下院において委員会が組織されたのが一八二三年一二月九日、道路・運河委員会を代表してペンシルヴェニア州選出のジョセフ・ヘンプヒルが全体調査法案を提出したのが同一五日、下院で可決されたのが、一八二四年二月一〇日、さらに、上院において可決されたのが四月二四日である。これほど時間をかけ難航を極めたにもかかわらず、最終的に成立した法案は、金額が挿入されている以外はヘンプヒルが最初に提出した法案とほぼ同じものである。具体的な調査対象を盛り込もうとする修正案が幾度となく出されながらも、紆余曲折を経て最終的にほぼ原案通りの内容で収まったからである(15)。

この法案審議過程において、争点となったのは調査対象の具体化と合衆国憲法問題であった。そこで、ここでは、連邦政府の内陸開発政策に対する強硬な反対派として知られるヴァージニア州選出のフィリップ・P・バーバーと、連邦議員に復帰し再び下院議長の任に就いたヘンリー・クレイの二人を軸に、全体調査法案をめぐる議論を概観しよう。ちなみに、バーバーは、クレイが一時引退していたとき第一七議会の連邦下院議長を務めていた。

まず、一八二四年一月一二日、審議が下院全体委員会に移ったときから振り返ってみよう。下院議長クレイは法案の細部に立ち入る議論に水を差し、改めて二つの問題について連邦議会の姿勢を質すのである。一つ目は、連邦議会が内陸開発法を立法する際、憲法上の権限があるかどうか、二つ目は、連邦議会がそのような権限を行使するのが得策であるかどうかであった[16]。

全体調査法案は、開発ルートを選定し、それらの開発に必要な財源を規定するものではない。法案は、連邦軍の資源を有効活用して、測量を含め具体的な開発に必要な予備調査を行うものである。しかし、たとえ直接開発に着手するものでなくとも、連邦政府の権限行使の対象であるかどうかが問題となったのである。クレイ自身は、全体調査法案に合衆国憲法上の問題があるとは考えていなかったが、連邦議会が憲法上内陸開発権限を有するとの合意がなければ、下院の支持は得られないと述べている[17]。

翌日、合衆国憲法問題について、再び賛成と反対の立場から議論の応酬が見られた。その中でバーバーは、合衆国憲法に関する厳格解釈の立場から反対派の論陣を張るのである。彼は、国内交通網の発達がもたらす経済的効果について十分に理解し、全体調査法案が道路や運河の開発に有用な情報を入手する性格のものであることを承知してはいても、同法案は連邦政府の権限を拡大するおそれがあるとして徹底的に反論を展開したのである。

バーバーは、州の同意を根拠に連邦政府が開発政策に着手できるという賛成派に対して、連邦議会が内陸開発権限を有するものなら州の同意はそもそも必要ない、また、州の同意は連邦議会に新しい権限を与えるものであり、本来は合衆国憲法の修正を要するものだという。また、合衆国憲法は要塞や武器庫の敷設については建設地を州から連邦に移譲することを条件付けているが、これは例外的で他の分野にまで適用できるものではないと主張する。さらにバーバーは、カンバーランド国道事業の合憲性にも疑問を呈し、連邦政策のあり方そのものに対する疑問も露にした。焦点の内陸開発政策は、国全体から集められた税金が一部地域の開発のために用いられるという問題があるという。また、先例を持ち出す擁護論についても、ジェファソン、マディソン、モンローという歴代の大統領自身が、これまで憲法の修正を示唆してきた事実に触れ、先例に対する疑問が当事者である大統領自身からも挙がっていたことを例に反駁するのであった[18]。いずれにせよ、各州における政策の公平性を確保すること、そして、利権が絡む内陸開発政策を可能にする合衆国憲法の拡大解釈を阻止することが、バーバーの主張に一貫して見られる特徴であった。

バーバーにすぐさま反論したのが賛成派のニュージャージー州選出のジョージ・ホウルカムであった。ホウルカムは、内陸開発政策の合憲性についての疑問を一掃しようと試みている。(19) しかしながら、賛成派と反対派の議論は平行線のまま、妥協の余地を見出すのは困難であった。連邦議会議員であっても各選挙区から選出された議員たちが、内陸開発政策において議論の一致をみることは、地域性やイデオロギーの違いからきわめて難しい。これは、ニューヨーク州が進めるエリー運河事業についての各議員の見解にも表れていた。反対派の急先鋒であったバーバーは、同運河に対して基本的に地域的便益を高めるものであると見ていたのに対して、道路・運河委員会の委員であるペンシルヴェニア州選出のジョセフ・ヘンプヒルは、交通網開発の成功例として見た。先述のホウルカムもまた、運河に関してニューヨークの経済的繁栄と連邦政府の歳入増加への貢献という州と連邦全体の双方にもたらした効果について言及する。(20) とはいえ、賛成派の言説をその言葉通りに受けとめることはできない。自州において開発事業を抱える議員の思惑を差し引いて考えなければならないからである。

さて、バーバーの言説にこだわってきたが、彼の言説には地域と国家の問題とを峻別する論理が明確にある。これは、詰まるところ、国内交通網の開発を州の問題と見るか連邦の問題と見るかであり、連邦国家の中で連邦政府の役割をどのように捉えるのか、という根本的な問題と密接にかかわっているのである。この議員間で見られる連邦制観の相違をまさに問題にしたのがクレイであった。

翌一四日の審議において再び発言の機会を得たクレイは、憲法問題で膠着状態にあった議場において、内陸開発政策をめぐる対立は、根本的には合衆国憲法体制のあり方をめぐる相違であることを指摘した。クレイはそこで政治制度にかかわる二つの本質的な問題を提起している。第一に、行政部と立法部との意見の相違である。マディソン、モンロー両大統領が相次いで内陸開発法案に拒否権を発動した事実は、連邦議会が代表する民意の否定でもあった。大統領と連邦議会のうちどちらが民意を代表しているのか。第二は、連邦制についての議員間の意見の相違である。(21)

前日バーバーは、合衆国憲法の厳格解釈論者としての立場から、州内の内政事項は州政府の管轄であり、連邦政府の権限は列挙権限事項に限られると明言していた。彼の論理でいけば、内陸開発政策は州政府の専管事項となる。しかし、クレイは、州は州の利益ないし目的を、連邦政府は全国的な目的を推進するためにあり、二つの政府の性格は異なるのであり、それゆえに連邦政府の権限は制限されていると述べるのである。(22)しかしながら、二つの政府の連邦制の中での役割を厳格に定めるのはことのほか厄介である。クレイがこの二つの政府の役割をどのように捉えているのかについて、その主張を見ていこう。

クレイは自ら「一七九八年の原則」に同意しており、連邦政府が付与された権力以外は行使できないという見方をバーバーと共有しているとわざわざいう。その一方で、クレイは、連邦政府の管轄権は幅広く、列挙権限の中に広範囲な内政事項が規定されているともいう。バーバーは、内陸開発は州政府に属するものであり、連邦権限は限定的な性格をもつと述べたのに対して、クレイは、多くの開発事業は確かにそうであったとしても全体的かつ連邦的性格をもつ開発事業も存在し連邦政策がありうることを改めて指摘した。例えば、ミシシッピ川の航行開発、オハイオ川、ポトマック川を結ぶ航行開発などである。これらは特殊地域的なものとはいえず、連邦の権力と資金を適用するに値するものである、という。さらに、連邦政府も州政府も内政事項を扱うため、連邦政府が権力の行使において州に依存しないようにする必要があるものの、同じ問題に取り組む場合もありうるという現実を強調した。加えて、州の同意があれば州と協議できることになり、賢明なことであるとクレイは述べ、連邦政府と州政府の政策協力の効用にも目を向けさせたのである。(23)

しかし、クレイがいくら州権論の聖典ともいえる一七九八年の原則、すなわちケンタッキー決議ならびにヴァージニア決議に自ら依拠していると主張しても、クレイは、憲法解釈においてバーバーと大きく隔たっていたことは否定しがたい。クレイの憲法解釈をもってすれば、一見、連邦政府の目的は限定されているように見えても、その対象は確定できず、むしろ州政府と共通する管轄領域におけるあいまいさが不可避であることを認めているようなものである。クレイの議論の後、下院では、全体調査のための拠出額を三万ドルとするヘンプヒルの提案が採択されることになった。その後、全体委員会は修正案を含めて全体調査法案を可決するのである。[24]

全体調査法案の採決と諸州の動向

成立した全体調査法の条文および内容は、一八二四年一月一四日の下院審議で可決されたときのものと比べ変更はない。既に下院および上院の審議において、重要な開発対象を明示する修正など様々な修正要求が提案され繰り返し審議されたのであるが、結局、どの修正案も賛成多数を得られず、同法案は二月一〇日に下院を賛成一一五、反対八六で通過し、四月二四日には上院において、賛成二四、反対一八で可決したのであった。[25] 表5-1は、連邦下院および上院における全体調査法の議決結果を示したもので、図示したものが図5-1である。[26]

議決状況を概観すると、地域および州により顕著な傾向が見られる。地域ごとに、反対派が賛成派を上回るのは、ニューイングランド、大西洋沿岸南部の二地域であり、それ以外の地域は賛成した議員の方が多い。しかも、下院議長クレイを擁する西部では、反対した議員が一人もいない。一方、州ごとに見ていくと、ニューイングランド地域は、反対派が多い中でマサチューセッツ州のみ賛成派が上回っている。次に大西洋沿岸中部地域は賛成派が多い中で、ニューヨーク州は、唯一反対派が上回るだけでなく、合衆国の中で最大の反対勢力を形成していた。この地域別議決結果は、上院でもほぼ同様な傾向を示していた。連邦下院の議決結果を一八一七年三月の

表5-1　第18連邦議会第1会期における全体調査法の議決結果

	連邦下院		連邦上院	
	賛成	反対	賛成	反対
ニューイングランド	12	26		
メイン	1	5		Chandler / J. Holmes
ニューハンプシャー	0	6		Bell
ヴァーモント	1	4		Palmer / Seymour
マサチューセッツ	8	5	J. Lloyd	Mills
ロードアイランド	2	0		De Wolf / Knight
コネチカット	0	6		Edwards
中部　大西洋沿岸	37	26		
ニューヨーク	7	24		
ニュージャージー	6	0	Dickerson / Mcllvaine	
ペンシルヴェニア	23	2	Findley / Lowrie	
デラウェア	1	0		Van Dyke / Clayton
南部　大西洋沿岸	23	34		
メリーランド	8	0	E. Lloyd / Smith	
ヴァージニア	6	15		Barbour / J. Taylor
ノースカロライナ	1	12		Branch / Macon
サウスカロライナ	5	4	Hayne	Gaillard
ジョージア	3	3		Elliott
西部，自由州	18	0		
オハイオ	13	0	Brown / Ruggles	
インディアナ	4	0	Noble / W. Taylor	
イリノイ	1	0	Thomas	
西部，奴隷州	25	0		
ケンタッキー	10	0	R. Johnson / Talbot	
テネシー	7	0	Eaton / Jackson	
ミシシッピ	1	0	D. Holmes / Williams	
ルイジアナ	3	0	H. Johnson / J. S. Johnston	
アラバマ	3	0	Kelly	King
ミズーリ	1	0	Barton / Benton	
計	115	86	24	18

ボーナス法案と比較すると、どのような相違ならびに共通点が見られるのであろうか。

七年前のボーナス法案は、合衆国内の道路、運河、河川改修のための開発財源を明記し、その開発基金の配分方法までも規定したものであった。ボーナス法案と全体調査法とはその政策内容が異なるため単純な比較はできない。しかし、それを承知の上で両者を比較してみよう。

第三章第三節の図3-1と図5-1を通して両法案の議決結果を見ると、地域としての全体的な傾向は変

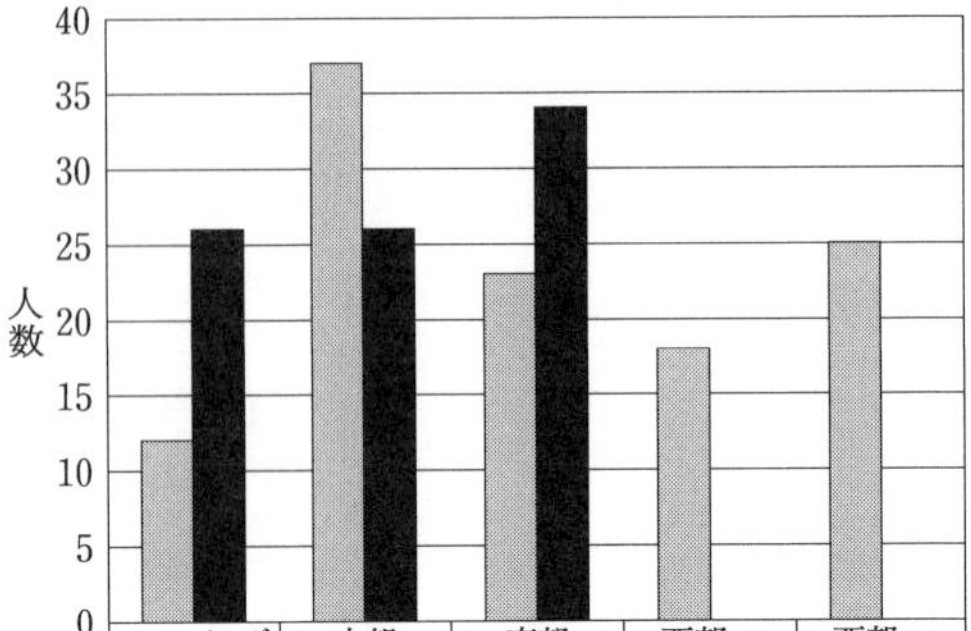

	ニューイングランド	中部大西洋沿岸	南部大西洋沿岸	西部，自由州	西部，奴隷州
■賛成	12	37	23	18	25
■反対	26	26	34	0	0

図 5-1　第 18 連邦議会第 1 会期における全体調査法の地域別議決結果

注 1）第 14 連邦議会時，西部はオハイオ，ケンタッキー，テネシー，ルイジアナ，インディアナのみ。
注 2）州の数は第 14 連邦議会時 19 州，第 18 連邦議会時 24 州に増加。新州はニューイングランドのメインを除いて全て西部地域。

わらないが、州別では大きな違いが見てとれる。それは、第一に、ボーナス法案に対しては最大の支持勢力であったニューヨーク州が、今回は最大の反対派に転じたことである。第二に、ボーナス法案には反対する議員が多かった西部から、今回は反対投票をした者が一人も出なかったことである。第三に、南部においてボーナス法案の場合、賛成派と反対派が拮抗していたが、全体調査法案の場合は反対派が増加したことである。最後に、ボーナス法案ではヴァージニア州を抑えて最多の反対者を出したマサチューセッツ州の議員たちの中で、賛成派が上回っていることである。これらの比較から指摘できることは、特定州への明確な利益配分になりうるボーナス法案とは異なり、全体調査法が定める開発政策支援方式は、全般的な支持を集めたということである。さらに踏み込んでいえば、一つには南部における連邦政策に対するイデオロギー上の反対が強まっていること、そして、ボーナス法案の不成立から七年の間に進んだ内陸開発事業の各州間の格差がそのまま連邦政府の政策に大きな影響を及ぼしている点である。

後者の点で最も注目したいのは、ニューヨーク州とペンシルヴェニア州の対比である。ニューヨーク州は当時アメリカ最大規模の運河事業であるエリー運河、さらにはシャンプレイン運河の建設に独自に取り組んでいた。既に一八二三年にシャンプレイン運河は開通し、この時期エリー運河も全航路の開通が目前に迫っていた。連邦政府の支援を受けることなく巨大事業を成し遂げつつあるニューヨーク州にとって、内陸開発事業が連邦政府の管轄領域である必要性はきわめて小さかったといわざるをえない。一方、ペンシルヴェニア州は、ニューヨーク州のエリー運河建設に刺激され、険しい山岳地帯を後背地に抱える州内でエリー湖とフィラデルフィアを結ぶ大規模な航行網の開発に取り組み始めていた。いくつもの難事業を抱え財源不足が懸念されるペンシルヴェニア州は、連邦支援を何よりも必要としていた。この二州に注目すると、この状況の違いが議決に如実に表れているのである。

アメリカン・システム

ところで、全体調査法の成立と同時期、一八一八年以後幾度となく議論されてきた保護関税法も成立した[27]。同法によって、加工状態にもよるが、羊毛製品の税率は二五%から三三・三%になり、また綿製品等の従価税および工業製品の従量税も引き上げられた。その一方で、銑鉄や圧延棒鉄のような工業用加工品の税率は据え置かれており、加工品への関税率が一律に引き上げられたわけではなく、その後、より高率の関税率を求める声が製造業者を中心に出されることになる[28]。この保護関税法案の審議過程でサウスカロライナおよびヴァージニア州選出の議員たちが同法案に反対する中、三月三一日に、クレイの有名な「アメリカン・システム」演説が行われるのである。左記がそのくだりである。

政府の範囲内で救済策はないのでしょうか。我が国の産業がますます衰退していくことを我々は運命づけられているのでしょうか。しかしながら、救済策はあるのです。その救済策は、我が国の外交政策を見直すこと、つまり、真のアメリカン・システム(a genuine American system)を採用することにあります。我々は自国に技術を取り入れなければなりません。そして我々は諸国の英知でいまだに見出されていない唯一の手段で効果的に、すなわち、外国人の圧倒的な影響に対して適切に保護するという手段によって、それらの技術を取り入れなければなりません。これは唯一、関税の設立によって達成されるものなのです。[29]

クレイの演説はアメリカの経済的自立を促進するための諸政策の体系としてアメリカン・システムの確立を提唱するものである。クレイが述べるアメリカン・システムとは、連邦政府の助力によって国内経済の自立的発展を目指すもので、具体的には、大西洋沿岸北部だけでなく中部も含む広い意味での東部の製造業、西部ならびに南部の農業という地域の産業特性を生かした国内分業を前提に、外国に依存しない国内経済体制の発展を推進するものである。そのためには、保護関税による製造業の振興、合衆国銀行による通貨の安定供給、そして、国内市場を結ぶ通商網となる国内交通網の整備といった体系的な経済政策を追求するのである。

ちなみに、クレイが最初にアメリカン・システムという言葉を用いたのは、一八二〇年五月一〇日の下院であったとされる。外交史の視点からアメリカン・システムとモンロー宣言を考察した中嶋啓雄によれば、そもそもアメリカン・システムは「一八一二年戦争後に高揚した、アメリカの経済ナショナリズムを反映したもの」であり、「元来、対外的には新興のラテン・アメリカ諸国がアメリカに農産物を供給し、アメリカはそこに製品を輸出するという南北分業を提唱していた。これは別の角度から見れば、アメリカを中心とした南北アメリカの諸共和国が一種の「自給自足的経済(アウタルキー)」を形成して、そこからヨーロッパ列強を排除することを意味した」と分析する。[30] とはいうものの一般に、アメリカン・システムと称されるのは、アメリカの国内政策システムのことである。この点に関して歴史家モーリス・G・バクスターは、一八二〇年にクレイが対外構想としてアメリカン・システムという言葉を用いたとはいえ、「それは今や保護関税と同義語となっており、後に別個の諸政策にまで拡大したのであった。アメリカン・システムは経済のあらゆる部分を相互の便益のために調和させ、間に介在する全国的政府からの積極的支援によってそのような政策を実施するという考えに依拠していた」と指摘している。[31]

ところで、そもそもアメリカン・システムという言葉はクレイが最初に用いたわけではない。既にアレグザンダー・ハミルトンが『ザ・フェデラリスト』の第一一篇で用いている。そこでは、アメリカの一三州が一緒になって堅固で揺るぎない連邦を形成し、新世界において旧世界のヨーロッパ列強から干渉を受けない政治経済体制を築くことがアメリカン・システムの意味であった。[32] 第一一篇に限らず、ハミルトンは通商立国論をしばしば展開したが、『ザ・フェデラリスト』の中で、アメリカン・システムという言葉が用いられたのは、この一箇所だけである。[33] 後にワシントン政権の財務長官となるハミルトンは、まだ幼年期の国内の製造業を育成する政策を推進しようとした。これが経済ナショナリズムとしての「アメリカン・システム」の先駆けであったといえる。

ジェファソン政権においてもその後期には、製造業の振興、国内交通網の整備を通じ国内経済の発展を見据えた経済政策の必要性が認識されていた。それは、彼の年次教書でも言及されている通りである。この傾向はマディソン政権に受け継がれたばかりか、実際に、一八一二年戦争後、保護関税の導入(一八一六年)、第二合衆国銀行の認可(一八一六年)、製造業の振興、内陸開発の推進といった後のアメリカン・システムを構成する諸政策が具体的な政策課題となり結実したのである。当時、アメリカン・システムという名称こそなかったが、一八一二年戦争後は実質的にアメリカン・システムの時代に入っていたといえる。その意味で、クレイの演説で展開されたアメリカン・システム論それ自体は斬新な政策論であったとはいえないのである。にもかかわらず、アメリカン・システムという名称が外国からの政治的経済的自立と結びつき、後に一八二〇年代を象徴する言葉となったのにはそれなりの意味があったといえよう。

保護関税法案は一八二四年連邦下院において四月一六日に賛成一〇七票、反対一〇二票という僅差で可決され、その後大きな修正もなく上院を賛成二五票、反対二二票で通過し、五月二五日にモンロー大統領の署名を経て成立した。保護関税法案の議決結果は、下院と上院との間で投票行動が若干異なるものの、下院の投票行動を見る限り、先の全体調査法と同様な傾向が見られた。ニューイングランド諸州および大西洋沿岸南部諸州は法案への反対票が多く、西部や大西洋沿岸中部諸州は賛成票が大幅に上回っていた。しかし、圧倒的かつ強固な反対勢力はなんといっても南部諸州であった。下院では南部票五八票のうち賛成票はたった一票のみである。また、上院においても、南部の一六票のうち賛成票は二票のみである。(34) 関税引き上げは大西洋沿岸中部の製造業者にとっては有利であるが、主要輸出産品である綿花を栽培する南部のプランターや貿易・海運業者にとっては不利に働くからである。ちなみに、四年後の関税法改正時、ニューイングランド地域は、工業化への産業構造の転換に伴い、保護関税支持派に転ずることになる。地域利害の対立をはらみながらも、国内製造業の育成と保護を目的とした保護貿易政策が成立し、アメリカ経済の自立的な発展を推進するアメリカン・システムが動き出すことになるのである。

四　モンロー政権末期の内陸開発政策

全体調査法を実行に移すために、モンロー大統領は一八二四年五月三一日に内陸開発工兵委員会を創設し、主任技官アレグザンダー・メイコムの下で委員会の人事が発令された。チェサピーク&デラウェア運河の新ルート調査に当たった有能な技官サイモン・バーナードとジョセフ・G・トッテンとともに、民間からはジョン・L・サリヴァンが任命され、彼らの指揮監督下に三つの調査班がおかれ、委員会は以後多忙な調査任務に当たることになるのである。(35)

第一八連邦議会第一会期を振り返ると、全体調査法を筆頭に、各地の河川改修、道路建設を技術的かつ財政的に支援する多種多様な諸法の成立に驚かされる。準州に関連した二つの道路の建設、アーカンソー準州のリトルロックへの道路建設（一八二四年一月三一日）と、ミシガン準州のデトロイトまでの道路建設（一八二四年五月二六日）には軍隊が活用されることになった。また、内陸部の航行を円滑にするために、西部と南部の重要な通商航路であるミシシッピ川とオハイオ川の河川改修法（一八二四年五月二五日）も成立した。さらに、ワバシュ川とエリー湖のマイアミとを公有地を通って結ぶ運河の建設も条件付きで認可（一八二四年五月二五日）された。(36)このように、全体調査法の成立に伴い一八一九年のカルフーンの報告書の提案が具体化していくのである。

全体調査法、保護関税法に代表される一連の政策はクレイが主張したアメリカン・システムを構成するものであることから、しばしばクレイの功績のように思われがちである。下院議長として、連邦下院の審議をリードしたクレイの功績は決して小さくないとはいえ、こと連邦政府の内陸開発政策に限っていえば、陸軍工兵隊を活用した全体調査法の枠組みを連邦政策の中で実質的に形成した陸軍長官カルフーンの役割が大きかったといわざるをえない。

モンロー大統領最後の年次教書は、平時における軍隊活用の開発政策をいっそう鮮明に打ち出すものとなった。大統領は一八二五年一二月七日に出した第八回年次教書の中で、前年度に成立した全体調査法に言及し、工兵隊の将校二名、民間の技師一名と助手たちからなる内陸開発工兵委員会が通商的軍事的観点ならびに郵便配達の観点から、航行網の調査に既にとりかかっていることを報告した。調査の対象となった航行ルートは、後のチェサピーク&オハイオ運河、後のオハイオ&エリー運河、後のメインランド運河西部（アレゲニー川とサスケハナ川とを結ぶルート）、後のデラウェア&ラリタン運河ルート等であった。モンローが最も重要だとみなしていたポトマック川とオハイオ川とを結ぶルートの調査には陸軍の地形調査部隊が携わっており、調査は次会期まで続くことが報告された。また、次会期の初めに、委員会が首都ワシントンから南部諸州を通ってニューオリンズに達する道路の調査を開始することも伝えられた。その他、モンロー大統領は、教書の中で工兵隊ならびに地形調査部隊の拡充を提案するとともに、技術の民間への伝播と活用、軍隊に対する市民の信頼の醸成等、平時における軍隊活用の有効な事例として、内陸開発分野での陸軍工兵隊の活躍を高く評価したのである。(37)

全体調査法成立の反響

この全体調査法の成立によって、地方の開発事業から調査依頼が殺到することになる。工兵隊は国家的な意義のある事業かどうかとは無関係に調査依頼を引き受けたことで、その活動は多忙を極めていった。(38)従来の業務に加えて全体調査法に基づく業務増加に対応するために、その後、工兵課は陸軍省を通して連邦議会に工兵隊および地形調査部隊の増強を陳情するようになるのである。(39)

ところで、先述したように、工兵隊の技術調査協力そのものは一八二四年の全体調査法に先立って各地の開発事業で実際に行われていた。そのうちの一つであるチェサピーク&デラウェア運河会社は、一八二一年にペンシルヴェニア、デラウェア、メリーランド三州の州政府から出資を受けたことが転機となって事業が再開されることになった。運河会社は工兵隊の技術調査協力を得て運河建設ルートの再調査を行い、当初のルートに比べ沿岸寄りのルートを選択し、一八二四年に新ルートでチェサピーク&デラウェア運河建設工事が再開されたのである。(40)しかも、モンロー政権末期の一八二五年に、チェサピーク&デラウェア運河会社は最終的に連邦助成を獲得することに成功した。同社は連邦政府から一五〇〇株（三〇万ドル）の出資を受けたのである。[41] 合衆国憲法上の反対論はあったものの、チェサピーク&デラウェア運河事業は軍事的にも通商的にも国家的に重要であると了承されたことによる。また、同社はジョン・Q・アダムズ政権末期の一八二九年三月にも一五万ドルの追加増資を受け、同年一〇月一七日に、会社設立から約三〇年後、念願の運河が開通するのである。[42] 特定地域の交通開発を連邦政府が支援するという批判、連邦政府は州内の交通政策に取り組む憲法上の権限はないという批判がこれまで根強くあったのであるが、陸軍工兵隊の調査協力を得たことで、分権的な連邦制の壁を越え、地域の問題を連邦の問題に変換させる公式ルートを全体調査法下のシステムが作り上げたといえよう。陸軍工兵隊の調査協力を得た事業の国家的意義は、例えば、デラウェア州選出の連邦下院議員ルイス・マクレーンの演説に顕著に見られるのである。[43]

ちなみに、ルイスヴィル&ポートランド運河は、ディズマール・スウォンプ運河会社とともに一八二六年連邦政府からの出資を獲得することができた。いずれも、チェサピーク&デラウェア運河と同様、連邦政府に対して長年にわたって連邦助成を求めてきた事業であった。[44]

一八二四年四月に成立した全体調査法は、国家的な見地からの交通網の体系的開発を保証するものでも開発財源を規定するものでもなく、その政策範囲は測量を主とする調査に限定されていた。しかしながら、民間の技術者が不足していた時代、土木事業の専門家である工兵隊は各地の交通路建設事業において地形調査、開発計画の策定、開発路線の選定といった重要な役割を担ったのである。当初工兵隊の調査対象は、運河、道路、河川改修が念頭にあったのであるが、まもなく鉄道ルートの調査にも及び、一八二五年には鉄道路線のための最初の調査が行われた。そして、同法が廃止される一八三八年までに約六一の鉄道路線の調査が実施され、その大部分は現実に建設されたのであった。[45]

カンバーランド国道のその後

さて、カンバーランド国道についても取り上げておこう。国道は、一八一八年のイリノイ準州、また一八二〇年のミズーリ準州の州昇格法を通して、将来ミズーリ州まで延伸する可能性が見えてきた。一八二〇年五月のカンバーランド国道関連法では、ホイーリングからミシシッピ川左岸までの区間と、セントルイスとイリノイ川河口との間の路線調査等のための費用として一万ドルを拠出することや道路の規格が設定されたのであるが、延伸するための建設費用が拠出されるのはそれから五年後のことである。一八二五年三月のカンバーランド国道延伸法において、道路基金から一五万ドルを拠出し、ホイーリングの対岸のオハイオ川のキャントンからゼーンズヴィルのあるマスキンガム川に至るまでのオハイオ州内の区間の道路を建設することが認められた。また、五年前のカンバーランド国道関連法に基づいて、オハイオ州、インディアナ州、イリノイ州の各州都を通りミズーリ州の州都にまでカンバーランド国道を延伸するための調査実施も付記されたのであった(46)。

ちなみに、現在の国勢調査の地域分類に従えば、一八二〇年から三〇年までの一〇年間で最も高い人口増加率を記録した地域はイリノイ、インディアナ、オハイオ州を含む東北中部とミズーリ州を含む西北中部地域であり、まさに国道の通過と一致する(47)。交通路の発達と人口増加の相乗効果が如実に現れていた。とはいえ、実際にモンロー政権で建設工事費が予算化されたのはオハイオ州内の区間だけであり、連邦政府によるカンバーランド国道の延伸工事そのものは一八三〇年代に入ると財源化がますます難しくなっていくのである。

一八二四年大統領選挙

第七回年次教書以降、モンロー政権は劇的に変化した。このモンロー政権の内部から次期大統領選挙に向けて、国務長官ジョン・Q・アダムズ、財務長官ウィリアム・H・クロフォード、陸軍長官ジョン・C・カルフーンが意欲を示していた。一方、連邦上院からは元軍人のアンドルー・ジャクソンが、また下院からはヘンリー・クレイが立候補を表明した。この中で、いち早くカルフーンが大統領選挙戦から離脱し、結局、副大統領候補として一八二四年の大統領選挙に臨むことになる(48)。

アメリカン・システムを提唱したクレイであるが、クロフォードならびにジャクソンが農村地域からの支持を集め、商工業地域からの支持はニューイングランド地域出身の国務長官アダムズに奪われた。しかも、一八二〇年のミズーリの連邦加盟に際して連邦下院議長としての調停が大統領選挙において裏目に出ることとなった。このとき、ミズーリを奴隷州として、同時に、メインをマサチューセッツ州から切り離して自由州としてそれぞれ連邦に加盟させ、連邦上院における自由州と奴隷州との均衡を維持させることに成功したのであったが、このことが、奴隷州、自由州の双方から反発を受ける結果を招いたのである。

一八二四年一二月初旬に判明した大統領選挙の選挙人投票の結果はジャクソンが九九票、アダムズが八四票、クロフォードが四一票、クレイが三七票という結果に終わり、立候補者中クレイは最下位であった(49)。この選挙人獲得選挙では当選に必要な過半数の一三一票を獲得した候補者がいなかったため、上位三名による決選投票が一八二五年二月に連邦下院で行われた。各州の下院議員団は各一票を有し、過半数の一三票を獲得した者が次期大統領になる仕組みであった。二月九日の決選投票の結果は、一般投票では第一位を獲得したジャクソンが七票で、同二位であったアダムズが一三票、そして同三位であったクロフォードが四票という結果となり、ジャクソンは一般得票、選挙人得票では第一位でありながら、連邦下院における決選投票で敗れ、第六代大統領は第二代大統領ジョン・アダムズの息子ジョン・Q・アダムズに決定した。

アダムズはその後、大統領選挙時の対立候補ヘンリー・クレイを国務長官に任命するのであるが、これが巷間の噂を呼ぶところとなった。クレイがアダムズ政権の国務長官のポストと引き換えに下院議長としての影響力を行使してアダムズ当選に尽力したとの噂はあったが、それが現実のものとなったことで、一八二四年大統領選挙は不正取引として非難されたからである[50]。アダムズ政権の門出は険しいものとならざるをえなかった。

アダムズは政権の土台固めのために、モンロー政権の閣僚の留任を決め政治的融和を図ろうとしたのであるが、ジャクソンとクロフォードはアダムズの申し出を拒絶した。そのため、アダムズは二人に代わって、財務長官にリチャード・ラッシュ、陸軍長官にジェイムズ・バーバーを指名せざるをえなかった[51]。アダムズの政権運営はその始まりから既に波乱含みであった。そのことを反映してか、彼の三月四日の就任演説は政権担当者としての危機感がにじみ出ていた[52]。演説の中でアダムズは、国内にある政治的意見の相違や地域利害の対立で連邦が解体されかねないことを憂慮する気持ちを率直に語っている。また「不確かな意見ないし政権の政策についての異なった意見に端を発する党派心は、その性質において一時的なものであります。地理的な区分、土地や気候、国内生活様式に内在する対立利害に基づく党派心はより永久的なものであり、それゆえに、おそらくより危険なものであります[53]」と地域の生活様式に根ざした党派心、つまりセクショナリズムについて強い危惧の念を表明したのである。

モンロー外交の成果とともに、ヨーロッパ諸国からの外交的脅威が低下する中、モンロー政権末期は、アメリカン・システムが始動した時期であった。しかしそれは、政権への求心力が強まり国家的な政策機運が高まった結果、成立したとは必ずしもいえなかった。ジェファソン、マディソン、モンローと三代続いたヴァージニア出身の大統領を継いだのはマサチューセッツ州出身のジョン・Q・アダムズであった。この史上初の親子二代にわたる大統領の誕生は、革命世代の議員の引退と第二世代の議員の台頭を印象づけるものとなった。その一方で、この第二世代の時代は、脱中央政府的傾向の強い反連邦主義に傾きがちな民主政治の大衆化という新しい波をアメリカ政治にもたらすことになるのである。

第二節　エリー運河の成功と波紋

一　ジョン・Q・アダムズ政権発足

第六代大統領となったジョン・Q・アダムズは、豊かな国際経験をもつ当代屈指の外交官であった。モンロー政権の国務長官となるまでにオランダ、プロシア、ロシア、イギリス大使を歴任した。一八一二年英米戦争末期にはギャラティン、クレイらとともにマディソン大統領の特使としてゲント条約の交渉に当たり、モンロー政権では国務長官として実質的にモンロー外交を取り仕切ってきた実力者でもある。アダムズが大統領に就任したとき、一三州で始まった合衆国は二四州に拡大し、人口も一〇〇〇万人を超えていた。

アダムズは、その就任演説の中で先人から受け継いだ貴重な遺産である合衆国憲法への忠誠と尊敬を強調した。そして、連邦政府も州政府もその主人である同じ人民に奉仕者として仕える点で共通していること、連邦政府も各州政府もその権限は限定されているが、それぞれの管轄領域では絶対的な権限を行使でき、互いに干渉できない関係にあるとして、憲法が謳う連邦制を堅持することを明言した。(54) また、「より完全な連邦を形成するために、正義を確立するために、国内の平穏を保障するために、共同防衛を提供するために、一般の福祉を推進するために、そして次世代のこの合衆国の人民に自由の祝福を保証するために」連邦政府が存在するのである、と連邦政府の意義と役割を再確認した。(55) アダムズの言葉は、憲法解釈をめぐる対立が激しさを増す中で、二重主権を特徴とする合衆国の連邦制を堅持していくこと、そして、自ら合衆国憲法の精神にのっとっていくことを改めて示したものであった。

アダムズは就任演説ならびに第一回年次教書において、モンロー政権の国内外の政策継承を明らかにした。[56]それには当然のことながら、内陸開発政策を含めアメリカン・システムの継続も含まれていたのであるが、同政策の遂行に関して不安要素がないわけではなかった。事実、アダムズは最初の教書で次のように述べる。

〔壮大な開発政策に対する――引用者注〕連邦議会の立法権限に関して見解の相違が広がっております。しかし、最初の国道建設が始まってからほぼ二〇年が経ちました。当時その建設権限に疑いはありませんでした。(中略)立法部で繰り返されてきた自由で公正な議論が、感情をなだめ連邦権限の問題に関して啓発した精神に根ざす見解に近づけたのであります。私は同様な友好的で忍耐強い不撓不屈の熟慮によって、あらゆる憲法上の反対が究極的には取り除かれるよう期待せざるをえません。[57]

この文言の意味するところは、内陸開発政策への強力な反対派がうごめく連邦議会に対して、大統領として協力を仰ぐものであったと思われる。教書では、早速前政権末期に成立した全体調査法の下で行われた調査について報告があった。モンローが強力に推進していたオハイオ川とチェサピーク湾とを結ぶ運河(チェサピーク&オハイオ運河)は内陸開発工兵委員会による調査を終え、報告書を準備中であること、そして、その他の国家的な意義をもつ二つの事業、一つは首都ワシントンからニューオリンズへの国道を完成させること、さらに他の一つ、ヴァーモント州北部メンフレメイゴグ湖とコネチカット川との連結についてはその可能性を目下調査中であることが述べられた。[58]

二　エリー運河開通後の地域社会の変化

ジョン・Q・アダムズ大統領が就任した年は、おりしもニューヨーク州が単独で開発を進めてきたエリー運河がオルバニーからバッファローまで全面開通した年であった。一八二五年一〇月末のエリー運河の開通は東部と西部間の交通、輸送、旅行にかかる費用と時間を縮減することになる。同運河が建設されるまでは、オルバニーからバッファローまでの移動や輸送には駅馬車や荷馬車が利用されていた。しかし、運河が開通し一貫した船舶航行が可能になったことで五日から七日でこの区間を移動できるようになった。以前はこの二倍の日数がかかっていたのである。また、移動日数が短縮され輸送費が軽減したことで、商品の価格は、それまでの五分の一から六分の一に低下した(59)。

運河は、西部を東部に結びつけただけでなく、内陸部への新入植者の増加と運河開通地域の経済発展をもたらした。大西洋と五大湖とを結ぶエリー運河はニューヨーク州だけでなく合衆国北西部の流通と人の流れを変えることになった。エリー運河周辺地域はヨーロッパからの移民だけでなく、ニューイングランド地域やペンシルヴェニア州からの移住者も招き入れた。しかも、大西洋沿岸地域の市場と結びついたことで、西部の農村社会を自給自足の農業から商業指向の農業へと変化させただけでなく、周辺地域において新たな産業を発達させたのである。

エリー運河がもたらした空間の克服と交通の発達によるニューヨーク州西部社会の変容は、チャールズ・セラーズがこの時期の合衆国史で描いた「市場革命」さながらであった。ロジャー・イヴァン・カープは、エリー運河の開通によるニューヨーク州西部の発達と運河周辺地域の社会経済的変化の実態を、人口増加、開拓地の拡

表 5-2　1820-40 年間におけるエリー運河周辺カウンティの人口増加

（単位：人）

		1820	1825	増減%	1830	増減%	1835	増減%	1840	増減%
運河の東側	オルバニー	38,116	42,821	12%	53,520	25%	59,762	12%	68,593	15%
	ハーキマー	31,017	33,040	7%	35,870	12%	36,201	1%	37,477	4%
	マディソン	32,208	35,646	11%	39,038	10%	41,741	7%	40,008	−4%
	モントゴメリ	37,569	39,706	6%	43,715	10%	48,359	11%	—	—
	オネイダ	50,997	57,847	13%	71,326	23%	77,518	9%	85,310	10%
	スキネクタディ	13,081	12,867	−2%	12,347	−4%	16,230	31%	17,387	7%
	小計	202,988	221,927	9%	255,816	15%	279,811	9%	248,775	−11%
運河の西側	カユーガ	38,897	42,743	10%	47,948	12%	49,202	3%	50,338	2%
	エリー	—	24,316	—	35,719	47%	57,594	61%	62,465	8%
	ジェネシー	58,093	40,906		—	27%	58,588	12%	59,587	2%
	リヴィングストン	—	23,860	—	27,729	16%	31,092	12%	35,140	13%
	モンロー	—	39,108	—	49,855	27%	58,085	16%	64,902	12%
	ナイアガラ	22,990	14,069	67%	18,482	31%	26,480	43%	31,132	18%
	オノダガ	41,467	48,435	17%	58,973	22%	60,908	3%	67,911	12%
	オンタリオ	88,267	37,422	—	40,288	8%	40,870	1%	43,501	6%
	オーリンズ	—	14,460	—	17,732	23%	22,893	29%	25,127	10%
	セネカ	23,154	20,169	—	21,041	4%	22,627	8%	24,874	10%
	ウェイン	—	26,761	—	33,643	26%	37,788	12%	42,057	11%
	イェーツ	—	17,455	—	19,009	9%	19,796	4%	20,444	3%
	小計	272,868	349,704	28%	370,419	17%	485,923	31%	527,478	9%
運河周辺カウンティ		475,856	571,631	20%	626,235	10%	765,734	22%	776,253	1%
ニューヨーク州		1,372,812	1,616,458	18%	1,913,006	18%	2,174,517	14%	2,428,921	12%

注 1）エリー運河東側のモントゴメリ・カウンティは分割され，北部がハミルトン・カウンティを組織。

注 2）エリー運河東側カウンティのうち，ナイアガラ・カウンティからエリー・カウンティが，また，ジェネシーおよびオンタリオの両カウンティからオーリンズ，モンロー，リヴィングストン，イェーツ，ウェインのカウンティが組織された。

出所）Roger Evan Carp, “The Erie Canal and the Liberal Challenge to Classical Republicanism, 1785-1850” (Ph. D. diss., University of North Carolina at Chapel Hill, 1986), Table 1 in Ch. 8.

表 5-2 補足　1820-1835 年間の人口増加率

地域	エリー運河東側	エリー運河西側	エリー運河周辺	ニューヨーク州
人口増加率	37%	78%	60%	58%

表5-3　1820-40年間におけるエリー運河周辺都市の人口推移

（単位：人）

	1820	1825	1830	1835	1840
オルバニー	12,630	15,971	24,209	28,109	33,721
バッファロー	2,095	5,141	8,668	19,715	18,213
ローチェスター	1,972	4,375	9,307	14,504	20,191
シラキュース	1,814	3,833	6,929	7,793	11,013
ユティカ	2,972	5,040	8,323	10,183	12,782

出所）Ibid., Table 18 in Ch. 8.

大、製造業の発達と雇用者の増加等を通して、カウンティ、町、市ごとの統計データによって明らかにしている。この地域の変容を知るのにカープの研究は有益である[60]。以下、エリー運河周辺地域の発展をカープの研究に依拠しつつ概観してみよう。

表5-2は、一八二〇年から四〇年の二〇年間におけるエリー運河周辺カウンティの人口増加とニューヨーク州全体のそれとを比較したものである[61]。また表5-3は、州都オルバニーおよびエリー運河によって発達した周辺中核都市の人口増加である[62]。運河の開通が引き寄せた人口増加により、行政区域であるカウンティの数が増え、運河の物流を担う都市が急激に発展したことが手にとるようにわかる。

もともとエリー運河の東側のカウンティは、モホーク川（ハドソン川に流れ込む）の航行可能な流域に位置し大西洋沿岸地域と交易があった。この東側に対し、運河開通以前は市場から孤立していたエリー運河の西側地域の人口増加は際立っていた。人口の増加に伴い、西側地域のカウンティ数が二〇年間で倍増する[63]。ニューヨーク州西部における人口の爆発的な増加は一八四〇年には収束したが、一八二〇年から三五年までの一五年間の人口増加率はニューヨーク州全体では五八・三％であったのに対し、エリー運河周辺カウンティ全体では六〇・九％で、州全体を若干上回る程度である。しかしながら、個別に見ると、東側カウンティのそれは三七・八％、西側カウンティのそれは七八・〇％である（表5-2補足）。新入植地域として拓けたニューヨーク州西部のさらに内陸地域の人口増加率は州全体をはるかに上回っていたのである[64]。また、エリー運河周辺地域への新入植者の増加は、表5-4に見るように、同地域の開拓率の

表 5-4　1820-45 年間のエリー運河周辺地域の開拓地の拡大状況

（単位：エーカー）

	カウンティ	カウンティ面積（エーカー）	1820 年開拓地	1845 年開拓地
運河の東側	オルバニー	325,590	159,907	233,295
	ハーキマー	887,000	147,440	255,725
	マディソン	372,000	128,261	267,812
	オネイダ	704,740	179,730	362,559
	スキネクタディ	125,000	58,785	92,459
	小計	2,414,330	674,123	1,211,850
運河の西側	カユーガ	414,678	152,690	295,651
	エリー	561,000	46,855	224,196
	モンロー	388,900	78,849	281,011
	ナイアガラ	309,500	34,775	148,108
	オノダガ	455,100	145,747	311,872
	オンタリオ	395,107	246,409	274,395
	オーリンズ	238,154	—	151,711
	セネカ	197,550	84,899	140,588
	ウェイン	375,576	46,862	140,689
	小計	3,335,565	837,086	1,968,221
エリー運河周辺カウンティ		5,749,895	1,511,209	3,180,071
ニューヨーク州		29,220,936	5,742,787	11,787,276

注）運河東側のモントゴメリ・カウンティ，西側のジェネシー，リヴィングストン，イェーツ・カウンティは除く。

出所）Ibid., Table 4 in Ch. 8.

上昇として如実に表れている。西側は東側よりも開拓地の拡大が顕著であった(65)。

エリー運河の開通は、それまで孤立していたニューヨーク州西部を大西洋沿岸地域の市場に結びつけたばかりか、運河周辺地域への入植者の増加や都市化によって綿織物および毛織物工場、皮なめし業、製紙工場など、地域住民の需要に応える製造業の発達をもたらした。表5-5は、エリー運河周辺地域の産業の推移である(66)。以前からある製粉所、製材所の数が増加する一方、東部市場と結びついたことで搾油所・蒸留酒製造所は激減する(67)。依然として農業従事者の比率は高かったが、運河が開通してから二〇年間で工場労働者も増え、農作物、蒸留酒、材木、塩といった主に一次産品の産出地だったニューヨーク州西部の社会経済構造は大きく変わっていくのである(68)。また、エリー運河は入植者、商人、旅行者だ

表 5-5　エリー運河周辺地域の産業　(1820 年/1840 年)

	1820 年			1840 年		
	エリー運河東側	エリー運河西側	計	エリー運河東側	エリー運河西側	計
製粉所	291	343	634	201	273	474
製材所	651	694	1345	883	899	1782
搾油所	36	32	68	9	14	23
綿・毛織物	29	18	47	81	66	147
鉄工所	13	26	39	—	—	—
蒸留酒製造所	93	300	393	30	49	79
灰焼場	135	316	451	—	—	—
皮なめし業	—	—	—	202	208	410
製紙工場	—	—	—	19	8	27
小麦製粉所	—	—	—	22	139	161

注 1）エリー運河東側カウンティは以下である。オルバニー，ハーキマー，マディソン，モントゴメリ，オネイダ，スキネクタディ。
注 2）エリー運河西側カウンティは以下である。カユーガ，エリー，ジェネシー，モンロー，ナイアガラ，オノダガ，オンタリオ，オーリンズ，ウェイン。
出所）Ibid., Table 7 & 8 in Ch. 8.

けでなく、福音派の伝道者にも利用されたことで、ニューヨーク州西部は後の宗教的大覚醒の時代に布教活動の拠点になった。さらに、黒人奴隷解放組織のいわゆる「地下鉄道組織」にも利用され、シラキュースからカナダ国境のバッファローまで奴隷たちを送り出すルートが発達するのである[69]。

エリー運河の成功はニューヨーク州内陸部に経済成長をもたらした。同地域での企業活動資金の源泉を作り出したのが、ほかならぬエリー運河事業であった。エリー運河は、総工費に七一四万三七八九ドルかかったのであるが、その収益性の高さは、一八一九年に中間部分が開通してから広く知られるようになった。全長三六三マイルの全面開通に先駆けて一部営業していたエリー運河の中間部分は、一八二五年までに既に通行料収入だけで五〇万ドルの収入を上げていた。これは運河債の利子総額の一〇万ドルをはるかに上回るものであった。しかも、利子の支払い、維持補修費、運河債の償還にもかかわらず、運河委員会は一八二九年末の会計報告で五六万三九〇〇ドルを超える黒字を報告するのである。最初に起債した運河債は一八三七年までに完済し、エリー運河の経営的成功は際立っていた[70]。

ところで、エリー運河を運営する運河委員会は、通行料および塩税から生じた収入を預金という形で運河周辺地域の銀行に預託した。預金額は六〇〇〇〇ドルから一八万四〇〇〇ドルまで幅があったが、これらの預金は運河基金に組み込まれるまで銀行が比較的自由に運用できた。また、一八三一年には四・五%の利率で銀行に貸付を行うようになり、一八三六年までに銀行は三六〇万ドルを超える債務を運河基金に負うまでになっていた。一八三七年には五二の銀行とこのような取引があったことが報告されている。運河基金からの資金は銀行を通して、ニューヨーク州全体に行き渡った。特に、資金需要の高い都市、ニューヨーク市、オルバニー、トロイ、ユティカ、シラキュース、ロックポート、ローチェスター、バッファローにこれらの資金が流れ込んだのである(71)。エリー運河基金は、合衆国銀行に依存しないですむ金融環境を生み出し、ニューヨーク州の金融的独立性を高めることになる。加えて同基金は、同州銀行の金融資産が増え金融市場が発達する一八五〇年頃まで、ニューヨーク州の金融および経済を支える重要な役割を果たすのである(72)。

エリー運河の成功は、東西交通の大幅な輸送コストの軽減をもたらし通商や人の往来を活発化したことで、通商都市ニューヨーク市の卓越した地位を固め、エリー運河周辺では先述のローチェスター、バッファロー、シラキュースに代表される一連の新興都市を生み出しただけでなく、ニューヨーク州西部に経済的恩恵を行き渡らせる複数の支線運河の建設を促したのである(73)。その一方、ペンシルヴェニア州はエリー運河に対抗してフィラデルフィアからピッツバーグに至る独自の東西ルート(後のメイン・ライン)を作り出そうと躍起になった(74)。さらに、内陸部のオハイオ州やインディアナ州においても、エリー運河の開通に刺激され、五大湖とオハイオ川を結ぶ内陸部の航行網を発達させる広大な運河建設が進められることになる。エリー運河の開通は、ニューヨーク州の繁栄を支えただけでなく、合衆国に運河の時代をもたらすことになるのである(75)。

第三節　アメリカン・システムに対する不協和音

一　ジョン・Q・アダムズ政権下の全体調査法

全体調査法の積極運用

一八二五年三月四日の就任演説においてジョン・Q・アダムズ大統領は、「内陸開発の話題につきまして、モンロー前大統領が就任演説の中で強調しておられましたが、格別の思いがよぎります。この大陸に後世住むいまだ生まれていない何百万人もの我々の子孫は、合衆国建国の父祖たちに厚く感謝するであろうことを確信しております。というのも、この連邦政府の有益な行為は必ずや認識されることでしょう。父祖たちがなした壮大かつ輝ける公共事業の数々は、古代の共和国の不朽の栄光に列せられるものでありますり(76)」と述べ、これまでの連邦政府の内陸開発事業の功績を称え、反対意見はあろうとも前政権までの内陸開発政策を堅持する方針を示したのである。

アダムズ政権期に入ると、ニューヨーク州が単独で建設したエリー運河の成功に刺激され、全米で運河建設ブームが起きる。モンロー政権末期に成立した全体調査法は、全国各地の交通路開発に対する連邦支援の受け皿となり、同法の下、工兵隊による国内の開発事業の調査が一躍増加するのである。一八二七年一二月に発表されたアダムズの第三回年次教書では、次のような地域の調査が終了したことが報告されている。チェサピーク&オハイオ運河、カンバーランド国道の延伸、ボルティモアからフィラデルフィアに至る郵便道路、メイン州ケネベック川、ワシントンからバッファローに至る国道、ミシガン準州ソーガタック港と同河川、ポンチャントレイン湖からミシシッピ川に至る運河、マサチューセッツ州ニューベリィポートのエドガータウンとハイアニス港、ミシガン準州ラ・プライサンス湾の諸事業である。また、調査を終え、現在報告書を作成中の地域についても詳細な言及があった。(77)

しかし、教書で紹介されたものは調査対象の一部にすぎない。陸軍省工兵課による一八二七年の報告書では、既に三五地域の調査を実施したことが明らかにされている。運河計画調査(一九ヵ所)、運河と河川の連結調査(二ヵ所)、運河ないし鉄道建設のための調査(一ヵ所)、河川改修調査(三ヵ所)、そして道路調査(一〇ヵ所)である。(78)工兵隊は、国防目的のため、大西洋沿岸部に要塞等の軍事施設を建設するという本来の業務を遂行する一方、全体調査法の下で交通網整備に必要な各地の開発調査も担ったのである。(79)全体調査法は「通商的ないし軍事的観点、あるいは郵便配達に必要な観点において、大統領が国家的な重要性をもつと考える道路や運河のルートに関して、必要な調査、計画、ならびに見積もりを行う」ことを定めたものであったが、調査対象地域は、アダムズ政権以降、地方からの要請に応じたため全国各地に広がることになった。また、工兵隊の活動には、鉄道ルートの調査も加わることになる。最初の鉄道ルート調査は、一八二六年にジェイムズ川、ロアノーク川、カナワ川を連結させるのに、鉄道にするか運河にするかという形で行われ、翌一八二七年にはボルティモア&オハイオ鉄道のルートを調査している。(80)

アダムズ政権は全体調査法の下で、ニューイングランド地域から大西洋沿岸南部、準州を含め西部に至るまで全国各地の開発調査協力に工兵隊を派遣しただけでなく、州、民間が進めてきた開発事業に対する財政支援も実施した。財政支援を受けた事業としては、連邦助成を求めて古くから連邦議会で取り上げられてきたデラウェア川河口部の防波堤建設、チェサピーク&デラウェア運河事業、ルイスヴィル&ポートランド運河事業、ディズマール・スウォンプ運河事業、チェサピーク&オハイオ運河事業が代表的であるが、これらの運河事業に対して株式の引き受けが行われた。資金難および技術不足から工事を中断せざるをえなかった多くの開発事業が、連邦政府による一連の技術的、財政的支援によって、事業を再開し完成させることができたのである。クリーブランドからアクロンまでのオハイオ運河は一八二七年に、ディズマール・スウォンプ運河は一八二八年に、チェサピーク&デラウェア運河は一八二九年に、ルイスヴィル&ポートランド運河は、一八三〇年一部開通、一八三三年に全面開通することになる。[81] これらの運河は開通してもなお拡幅工事を繰り返していくことになる。また、アダムズ政権は、オハイオ州、インディアナ州、イリノイ州、アラバマ州に対して州内の交通網開発を支援するために大規模な公有地を下付している。[82] 以上のように、モンロー政権末期からアダムズ政権にかけて、これまで、憲法問題が立ちはだかって実現が難しかった連邦政府の内陸開発政策が一気に開花したのである。

全体調査法施行後最初の四年間で工兵隊は一〇〇カ所近くの調査を実施した。その調査の内訳は、運河三四カ所、道路一八カ所、河川および港湾四四カ所である。[83] 一八二八年の陸軍長官の年次報告書に添付された陸軍工兵課の活動報告書によると、議会で成立した個別の開発事業法や全体調査法に基づいた事業調査を除いて、民生分野の道路建設、河川改修、港湾建設への従事は三七カ所に上り、その対象地域は、オハイオ州、ニューヨーク州、マサチューセッツ州が多かったとはいえ、ほぼ全国各地にわたった。また、全体調査法に基づき二〇カ所の事業地域の調査が行われたことも報告されている。ちなみに、河川航行開発ないし改修、道路や運河および鉄道建設のための調査対象地域は首都ワシントンから北部の大西洋沿岸諸州で、先の民生用工事がほぼ国内全域にわたっていたのに比べると、地域的な偏りが見られるのである。[84]

全体調査法に対する批判

全体調査法をきっかけに、連邦政府にとっては国家的な意義を有する交通網の開発を支援する道が開かれた一方で、その実態は制度の定着とともに当初の理念から乖離する傾向が見られるようになる。確かに、全体調査法が作り出した開発支援制度の下で長年の懸案事項であったチェサピーク&デラウェア運河事業等に対する連邦支援が実現したことは否定できない。しかしながら、国家的意義のある重要な開発事業の調査は最初の数年間でほぼ終わり、工兵隊はより小規模で地方的な色彩の濃い開発事業に従事するようになるからである。サウスカロライナ州の上院議員ロバート・Y・ヘインは、全体調査法成立時数個の国家的な事業が指摘されていたにすぎなかったにもかかわらず、施行から四年後、国内のいたるところで国家的なもの地方的なものを問わず夥しい数の調査が行われており、これが果てしなく続いていく、また、どの道路も運河も国家的だと主張されていると全体調査法の実態を揶揄している。同様に、ヴァージニア州選出の下院議員ウィリアム・C・リーブズも全体調査法の趣旨が侵害されていると述べている。同州選出下院議員であるフィリップ・P・バーバーも「とんでもないパトロネージの広がり」と同法を批判している。[85] 彼らに限らず、連邦政府による内陸開発政策に反対する議員たちは、全体調査法がその対象範囲を逸脱し地方色の強い開発支援を増加させていることを拠出権の濫用として非難し、工兵隊の調査費も含めた内陸開発予算法案の審議は、次第に難航していくことになるのである。

アダムズ政権三年目の一八二八年の内陸開発予算法案審議では、全体調査法の憲法上の根拠を問いただしてその日の審議が終了するということもしばしば見受けられ、全体調査法の存続意義および運用をめぐって反対派と賛成派との間で激しい論争が巻き起こることとなった。これは、同法の成立から四年が経ち、調査対象が全国的に増加してきていることが問題となり、調査対象や調査費の拠出に関して制限を加えようとする反対論が強まったことがその背景にある。この点に関して、サウスカロライナ州選出の下院議員ウィリアム・D・マーティンは調査費として法的に規定されていた三万ドルの削除を提案した。これは多数の反対にあって否決されたものの、毎年一定額が拠出され続ける全体調査法のシステムに対する批判は反対派の共感を得るところとなった。また、同州選出の下院議員ウィリアム・ドレイトンは、本来の調査目的である軍事的観点、あるいは郵便配達に必要な調査に限るという規定を盛り込むように提案した。調査対象の制限としては、ニューヨーク州選出の下院議員トマス・J・オークレイが提出した、現在計画中の事業に拠出を制限するというものもあった(86)。

ところで、全体調査法の枠組みについては、「大統領が国家的な重要性をもつと考える道路や運河のルートに関して、必要な調査、計画、ならびに見積もりを行う」と規定されていたことから、行政府に調査を求める陳情が相次いでいた。陳情を通して工兵隊による開発調査の選定が全国域に広がっていたことで、かえって、アダムズ政権に対する批判が加速することになった。反対派は、アダムズ政権が公的資金を地方に恣意的に配分していると解釈し、アダムズ政権が腐敗している、あるいは権力を濫用していると非難したのである。大統領の意図はさておき、全国域にその対象が拡大した全体調査法の運用を利益誘導とみなし開発支援を連邦政府の腐敗の温床として、反対派が批判するのはまったく根拠のないことではなかったのである。

前述の一八二八年の内陸開発予算法では、最終的に全体調査法が定めた三万ドルの調査費は盛り込まれたが、国家的な意義があるとみなされないものを工兵隊の調査対象としない旨の文言が付加されるに至った。このように、連邦政府は工兵隊の運用に関して一部制限を加えざるをえなくなるのである(87)。ちなみに、同予算法では、カンバーランド国道関連を除き、一二にわたる港湾整備、河川改修、道路建設案件が列挙されているが、そのうちオハイオ州内の河川改修にかかわるものが四個と際立って多く、次いでニューヨーク州内の港湾整備が二個と続き、地域的には内陸部が圧倒的に多かった(88)。

アダムズ大統領は歴代大統領の中でも、連邦政府による内陸開発政策に最も熱心に取り組んだ大統領であったし、また取り組むことができた大統領であった。五大湖からメキシコ湾に至る国境周辺の港湾整備事業を含め、この時期、エリー運河開通によって国内の交通網開発が活発になっており、各地の内陸開発事業への支援が増大していた。全体調査法の下で、工兵隊は要塞等の軍事施設の建設のみならず、道路や運河のルート調査、河川や港湾の改修事業、開発計画の策定や予算の算出に取り組んだため、内陸開発工兵委員会を構成する調査班は倍増した。[89]しかし、支援事業の拡大は、これまで支援が届かなかった地域における政策の実現になりえたのであるが、一面において、州や地方の利害を巻き込んだ議員たちによる利益誘導を招くことにもつながったのである。交通網の整備に関する連邦政府の国家的な役割を強調し、自州内の開発事業案件を可決させようとする賛成派に対して、反対派は、アダムズ政権の内陸開発政策を批判する際、腐敗、権力濫用、堕落、特定利益の擁護といった言説を好んで用いた。内陸開発史家のジョン・L・ラーソンは、連邦助成をめぐって議員たちの利益誘導《ポーク・バレル》が横行し、連邦政府の内陸開発政策が国家的な体系性を失ったアダムズ政権下の実態を揶揄し、アダムズ政権下の内陸開発政策を「腐敗した内陸開発」と総称する。[90]連邦政府の内陸開発事業が拡大したとはいえ、その内実は国家的あるいは連邦的な目的をいかに追求するのか、という連邦政府の政策姿勢そのものが開発事業側に政治利用されたとの側面は否定できない。このような開発支援の構図は、連邦支援によって完成したチェサピーク&デラウェア運河等の国家的意義を有するとみなされた事業においても無縁ではなかったのである。

連邦政府の権限をめぐるイデオロギー対立の陰で、より根の深い問題として指摘しておきたいのは、連邦の内陸開発政策対象地域の分布において著しい地域的偏りが見受けられたことである。表5-6は経済史家ローレンス・マローンが調査しまとめた南北戦争前の連邦内陸開発助成拠出額一覧を基に、アダムズ政権期の一八二六年から二八年までの三年間の州別拠出額を抽出し、助成合計額の多い州から順に並べ直したものである。連邦助成対象は、公共建造物、河川、港湾、要塞、工廠、武器庫、その他の公共事業である。[91]

表5-6を見ても明らかなように、大西洋沿岸地域と、カンバーランド国道の通過する地域に開発助成拠出が偏っている。これは、本来の開発助成が必要な地域に資金が投下された結果の偏りであると理解できよう。例え

表5-6　1826-28年における州別の連邦内陸開発助成拠出額

（単位：ドル）

地域	州	1826年	1827年	1828年	州別　計
東北中部	オハイオ	21,621	201,298	222,106	445,025
大西洋沿岸中部	ニューヨーク	18,823	39,945	76,696	135,464
大西洋沿岸南部	メリーランド	54,164	28,816	33,839	116,819
大西洋沿岸南部	ノースカロライナ	87,833	12,773	9,163	109,769
大西洋沿岸南部	ヴァージニア	75,637	7,111	25,287	108,035
大西洋沿岸南部	デラウェア	53,925	31,300	15,377	100,602
ニューイングランド	マサチューセッツ	46,007	17,918	28,047	91,972
東北中部	インディアナ	22,177	24,153	25,088	71,418
東南中部	ケンタッキー	16,600	19,472	20,960	57,032
大西洋沿岸中部	ペンシルヴェニア	10,723	28,095	14,616	53,434
ニューイングランド	メイン	3,552	17,200	18,772	39,524
東南中部	ミシシッピ	7,488	18,815	4,693	30,996
東南中部	アラバマ	12,958	12,146	14,336	39,440
西北中部	ミズーリ	10,486	4,653	12,836	27,975
大西洋沿岸南部	ジョージア	1,500	17,850	7,910	27,260
西南中部	ルイジアナ	1,633	16,545	6,052	24,230
ニューイングランド	ロードアイランド	59	8,949	5,501	14,509
大西洋沿岸南部	サウスカロライナ	308	2,666	9,435	12,409
東北中部	イリノイ	1,600	4,472	4,893	10,965
東南中部	テネシー	1,600	2,672	4,760	9,032
ニューイングランド	ヴァーモント	3,159	129	0	3,288
ニューイングランド	コネチカット	503	2,162	0	2,665
大西洋沿岸中部	ニュージャージー	0	0	272	272
ニューイングランド	ニューハンプシャー	0	0	0	0

注1）準州への拠出額は除く。
注2）国勢調査の地域分類

ニューイングランド：コネチカット，メイン，マサチューセッツ，ニューハンプシャー，ロードアイランド，ヴァーモント。
大西洋沿岸中部：ニュージャージー，ニューヨーク，ペンシルヴェニア。
東北中部：イリノイ，インディアナ，ミシガン，オハイオ，ウィスコンシン。
西北中部：アイオワ，カンザス，ミズーリ，ミネソタ，ネブラスカ，ノースダコタ，サウスダコタ。
大西洋沿岸南部：デラウェア，フロリダ，ジョージア，メリーランド，ノースカロライナ，サウスカロライナ，ヴァージニア，ウェストヴァージニア。
東南中部：アラバマ，ケンタッキー，ミシシッピ，テネシー。
西南中部：アーカンソー，ルイジアナ，オクラホマ，テキサス。
山岳部：アリゾナ，コロラド，アイダホ，モンタナ，ネバダ，ニューメキシコ，ユタ，ワイオミング。
太平洋沿岸：カリフォルニア，オレゴン，ワシントン。

出所）Laurence J. Malone, *Opening the West: Federal Internal Improvements before 1860* (Westport: Greenwood Press, 1998), Appendix A.

ば、ニューイングランド諸州を除く大西洋沿岸地域でもサウスカロライナ州とニュージャージー州はかなり下位にある。ニュージャージー州は面積も小さく既に州内の交通網がある程度発達していたという事情がある。もう一方のサウスカロライナ州の場合は一八二八年以前、州際開発事業計画が立ち上げられたのであるが、連邦助成を得られなかったということがあった[92]。実際、同州選出下院議員のウィリアム・D・マーティンは、一八二八年の下院審議の中で、自身に地域的な感情はないといいつつもサウスカロライナ州には工兵隊が調査に来ていないことを明らかにしている[93]。両州内で大規模な交通網の開発案件がなかったことが下位にランクされた背景にある。なお、両州は一九世紀前半期で見てもそれほど多くの連邦助成を得ていない。一方、アダムズ大統領時代のうち三年間にわたり最高の受益州となったオハイオ州は、南北戦争以前の六〇年間を通して見ても最高の受益州である[94]。同州が上位にある背景としては、カンバーランド国道事業だけでなく、西部の内陸航行の重要な拠点であるオハイオ川やその支流の河川改修および、これらを結ぶ道路や運河網の建設に積極的であったことも指摘できよう。

さて、内陸開発予算法案は一八二八年に最終的に可決されたのであるが、法案の成立阻止に立った議員たちの中で、サウスカロライナ州選出の議員たちが多数反対論を展開したことは注目に値する。同州選出の議員たちについて付言すれば、上院議員ウィリアム・スミスは別として、彼らは必ずしもバーバーのような合衆国憲法の厳格解釈者ではない。彼らの多くは、軍事的ないし郵便、通商等の国家的な目的に応じた連邦政策の実施を認めていた。彼らが批判したのは、主に、法原則から外れた行政上の恣意性や裁量であった。この行政行為の恣意性は、連邦の拠出先が西部諸州をはじめ一部の地域に集中しているという州間の不均衡として問題とされた。連邦上院議員のスミスは、既に大規模な公有地の下付を受けていた西部諸州にさらに一千万エーカーの公有地を下付したことや、サウスカロライナやジョージア以外の諸州に三億ドルを超える巨額の資金を使ってきた連邦政府の開発援助政策の不公平さを厳しく非難した。さらに、一八一八年の貿易統計によれば、この二州の合計の輸出総額はデラウェアを含む北部大西洋沿岸一〇州の輸出総額に匹敵しており、アメリカ合衆国の経済成長に大いに貢献しているにもかかわらず、連邦政府の内陸開発政策が連邦内で公平になされていないことを指摘するのであった(95)。

サウスカロライナ州は保護関税法に反対して、この時期、反連邦主義の拠点となっていた。反対派は保護関税とは南部の農民を犠牲にして北部の製造業者を利するものと見ていたのである。この点だけを見れば、連邦制の下での受益州と税負担州間の対立という地域対立の構図が成り立つのであるが、問題はそれほど単純ではない。なぜなら、このとき、サウスカロライナ州選出議員とともに連邦の内陸開発政策に反対した議員たちの中には、マーティン・ヴァン・ビューレン上院議員、トマス・J・オークレイやヘンリー・R・ストアーズ、サイラス・ウッド下院議員のようなニューヨーク州選出の議員たちも少なからずいたからである。

軍用道路の建設や港湾整備等で連邦政府の内陸開発政策はニューヨーク州にも及んでおり、実は、同州はオハイオ州に次いで連邦政府から多額の開発支援を受けていた。議会審議の中でもニューヨーク州の議員たちの中には、サイラス・ライトやデイビッド・ウッドコック下院議員たちのように選挙区からの陳情で自州内の五大湖周辺の港湾、鉄道関連にかかわる調査の必要性を主張した議員たちもいた。その一方で、ストアーズやウッドは、そもそも全体調査法は違憲であるとの立場を示していた。ニューヨーク州は独自の財源と民間技術者の力でエリー運河を建設したことから連邦政府の内陸開発拠出に対して批判的で、全体調査法の議決時も多くの反対者を出していたが、連邦助成額の高さとは裏腹に、同州議員の中で連邦政府による内陸開発に対する批判は強かった。事実、アダムズ政権に入ってから最初の連邦議会で、ニューヨーク州選出上院議員のヴァン・ビューレンが、連邦議会に州内の道路や運河を建設する権限はないという決議案をことさらに提出したほどであった(96)。

ちなみに、サウスカロライナ州は一八二八年五月に成立した関税法以降、よく知られているように連邦の保護関税政策に反対し、州による連邦法の違憲無効を宣言したばかりか、連邦離脱の言説を持ち出し、連邦政府批判の急先鋒に立っていく。もちろん、州全体が無効宣言論を支持していたわけではないのであるが、サウスカロライナ州の反連邦主義の主唱者は、かつて連邦の内陸開発政策を強力に擁護したジョン・C・カルフーンであった。(97)彼は一八二八年末、サウスカロライナ州の立場を明らかにする「解釈と抗議」を匿名で著していた。第七代大統領となったアンドルー・ジャクソンは、州による連邦法の無効宣言を連邦離脱と同義とみなし、一八二八年関税法に対するサウスカロライナ州の反発を敵視した。そのため、ジャクソンは組閣の際、同州から一人も入閣させないほどであった。カルフーンはジャクソン政権の副大統領を務めたのであるが、大統領との個人的な確執に加え経済政策や憲法観においても亀裂を深め、一八三一年夏以降、彼は地元サウスカロライナ州の代弁者として公然と発言するようになり、翌年副大統領職を辞するに至るのである。

ジャクソン大統領は、一八三二年一二月サウスカロライナ州が一八二八年および三二年保護関税法を無効と宣言し連邦離脱も辞さない態度を示したことに対し、無効宣言は違憲であり連邦を解体させる行為であるとする特別宣言を発表した。そして、翌年一月軍隊に関税徴収を認める強制法の可決を連邦議会に促した。(98)三月、強制法の成立と同時にクレイならびにカルフーンが連邦議会で低関税法案を取りまとめたことで、最終的にサウスカロライナ州は無効宣言論を撤回し連邦の危機は収束したのであるが、同州は連邦批判の急先鋒であった。カルフーンは上院議員として、その後、連邦内で少数派に転じていく南部を代表し奴隷制度擁護論を展開していくことになる。

一方、ニューヨーク州は連邦政府に対して限定的な役割しか求めないマーティン・ヴァン・ビューレンが、一八二一年に連邦上院議員に選出されてからその政治的影響力をいっそう強め、一八二四年大統領選挙ではヴァージニア州と連携してウィリアム・H・クロフォードを推し、一八二八年にはニューヨーク州知事として南部諸州とともにアンドルー・ジャクソンを支持した。[99] このニューヨーク州では、クリントン派と反クリントン派を軸に一八三二年までに民主党とホイッグ党が組織（正式な党名を冠するのはさらに後のことである）され、同州は近代政党の形成と政党再編の台風の目となるのである。[100]

アメリカ初期における反連邦主義の思想的展開を研究したサウル・コーネルが、アメリカ政治の民主主義的地方主義の伝統である反連邦主義の継承者として位置づけるのは、ほかでもないこのマーティン・ヴァン・ビューレン、後の第八代大統領であった。[101] 彼は、ジャクソン政権の国務長官を務め、大統領の第一回年次教書を起草し、ジャクソンの市場経済志向、州主権を重視した連邦政策を支えていくのである。[102] ニューヨーク州は、サウスカロライナ州とは異なる意味で、やはり、反連邦主義の拠点と見てもあながち間違いではないように思われる。この時代に広がった平等主義的かつ民主的な政治運動を含意する「ジャクソニアン民主主義」という名称は、ジャクソニアン民主主義の保守的実態を明らかにしたリー・ベンソンの『ジャクソニアン民主主義の概念』（一九六一年）以降、歴史家の間では用いにくくなったが、ジャクソン時代の政治思考が、連邦政府の権限縮小を求める州権的、市場志向的、平等主義的な特徴をもつことは否定できないであろう。[103]

ジョン・Q・アダムズ政権期、かつてないほど連邦政府による内陸開発政策が実施された一方で、アメリカン・システム政策そのものは徐々に制度的基盤を失っていったのである。このアメリカン・システム政策の中で最大の焦点となったのが、関税政策であった。このような中でのジャクソン大統領の登場は、アメリカン・システムの本格的な見直しを促していくことになるのである。

二　ジャクソン大統領の内陸開発政策批判

ジャクソンは、一八二九年三月四日の第一回就任演説の中で、「連邦政府の合憲的な諸法によって推進されうる限りにおいて、内陸開発と知識の普及はきわめて重要です」と、内陸開発政策の重要性を評価した一方で、連邦政府の権限縮小を明確に示した。[104]「連邦の法を執行する際、行政権力の範囲とその限界を確実に視野に入る範囲にとどめることにいたします。そうすれば、その権限を越えることなく私の職責を確信して果たせます。（中略）各州の権利に関し実施要請のある政策において私は、各州が連《コンフェデラシー》合に与えた権限と各州自体が保持する権限とを混同することのないよう注意し、我が連《ユニオン》邦の主権を有する構成員に対してふさわしい敬意を払い活動することを願っています」[105]。ジャクソンが、政治経済分野において連邦政府の主導的な役割を認めるアメリカン・システムに反対していくことは明らかであった。なお、ジャクソン大統領は、連邦が脅威にさらされた無効宣言論争の際には、州権に対する連邦権力の優位を明らかにした。ジャクソンが、内陸開発、銀行、先住民政策分野と関税政策では異なる対応をしていた点には留意が必要であろう。

基本的にジャクソン大統領の政治的立場は、州内の内陸開発権限は連邦権限ではないというものである。ジャクソンは、一八三〇年五月ケンタッキー州内のメイスヴィル有料道路会社出資法案に対して拒否権を発動する。[106]拒否権そのものはヴァン・ビューレンが起草したものであるが、一州内の地方道路を国有化するのはあまりにも地方利益にかかわりすぎるという。この公的な理由以外に、政敵クレイの露骨な利益誘導に対する反発があったのも事実であろう。ジャクソンはこの拒否権に続いて、その四日後ワシントン&フレデリック有料道路会社に対して、またルイスヴィル&ポートランド運河会社への連邦出資法案に対しても会期末に署名しないまま拒否権を発動したのである。ジャクソン政権は、運河事業への助成を減らし、民間事業に対する連邦出資を廃絶していくことになる。(107)

アダムズ政権は激しい批判を浴びながらも、全体調査法の下で開発事業への技術的財政的助成を継続したのであるが、ジャクソン政権の一八三一年になると、内陸開発工兵委員会は廃止されることになる。その代わり、全体調査法の下での調査は工兵課から分離した地形調査局が続行するのである。(108)

ところで、陸軍内部では調査協力に対する不満が蓄積していた。一八三一年一月、ジャクソン政権の陸軍長官ジョン・H・イートンは、地形調査局が民間の調査を担っており、それが戦時に軍事的な重要性をもちうるとはいえ、地形調査局の第一の任務は要塞、未開地の防衛拠点、沿岸部、軍用道路のための軍事的調査であるとの見解を示していた。(109)結局、陸軍における軍務の見直しとともに、民間の技術者が育ってきたことで、全体調査法は一八三八年に実質的に廃止されるのである。(110)

カンバーランド国道もこの政策方針変更の影響を受けることになる。国道は一八三三年にオハイオ州の州都コロンバスに達してから、建設工事の予算化がますます難しくなっていった。カンバーランド国道はミズーリ州に達するよう計画されていたが、イリノイ州の当時の州都ヴァンダリアで終点となる。道路がボルティモアから七五〇マイル、カンバーランドから五九一マイルのヴァンダリアに達したのは一八五〇年のことであった。(111)結局、当初計画していたミズーリ州都ジェファソン・シティに到達しなかったばかりか、セントルイスにも達しなかったのである。

さて、先述したことでもあるが、懸案となっていた国道の維持管理問題は一八三〇年代に入ると、連邦政府から州政府へ移管することで解決をみることになった。カンバーランド国道は一八三一年から三三年にかけて、メリーランド、ペンシルヴェニア、ヴァージニア、オハイオ各州がそれぞれの自州内部分を有料道路として管理することで合意された。また早くに開通し損壊の激しかったメリーランドとペンシルヴェニア両州内の国道は、連邦政府が大規模な補修を行った上で州に移管されることになった。こうして連邦政府は既設道路の所有権を実質的に関係各州に譲渡するのである。一八二九年から三五年にかけて行われたこれらの本格的な道路補修工事で、連邦政府は一〇〇万ドル超を拠出した。なお、一八三八年カンバーランド国道への予算支出が打ち切られたことによって、未完成のインディアナ、イリノイ両州内の道路は連邦政府から道路関連の諸権限を移譲され、州政府によって建設されることになる。一八三〇年代に入ってから、カンバーランド国道は、もはや「国道」という名称に似つかわしくなくなっていたのである[112]。ちなみに、現在のUSハイウェイ四〇号は、旧カンバーランド国道ルートを組み入れている。

ジャクソン大統領は一八三二年一二月四日の第四回年次教書の中で、保護貿易政策に対しては、戦時において国の安全保障にとって不可欠な製品に制限するよう高関税政策の見直しを提案する。合衆国銀行に対しても政府資金の引き揚げに言及するのである。加えて、国家的ではない事業対象への連邦助成に対しても改めて違憲であるとの立場を明らかにし、交通網開発は民間資金でなされるべきであり、連邦政府ではなく州政府管轄で行う方が望ましいと主張した。ジャクソンはアメリカン・システム政策の基盤を確実に突き崩していくのである[113]。

アメリカン・システムを支えた一連の政策を振り返ってみると、その主要政策である保護関税は一八三三年に低関税法に取って代わられ、全体調査法は一八三八年で役目を終え、そして、第二合衆国銀行は一八三二年七月にその設立特許状期限の更新法案がジャクソン大統領の拒否権発動にさらされた。いずれにせよこれらの主要法案は八年間続いたジャクソン政権で廃止されるか、機能停止に追い込まれていったのである。

ところで、株式への出資であれ、直接の拠出であれ、メイスヴィル有料道路会社に対する拒否権発動に見られるように、一見すると、ジャクソン政権以降連邦拠出が難しくなったように思われることから、連邦政府が国内の開発事業に対して財政的に支援する連邦内陸開発政策は終了したような印象を与える。しかし、実際には、カンバーランド国道の州移管に伴う補修費負担があったように、一八二九年から三七年の間で、一〇〇〇万ドル以上の内陸開発拠出があり、ジャクソン政権が連邦内陸開発政策を中止したわけではなかった。ジャクソン政権は、ミシガン、ウィスコンシン、アーカンソー、フロリダ準州、首都ワシントンという連邦政府管轄下の道路建設や、メイン、アラバマ、ジョージア諸州での郵便道路や軍用道路の建設を進めており、合衆国憲法内での権限の行使を意識した内陸開発政策を実施したのである。実際、一八三〇年の内陸開発予算法案の成立に際しても、例えばデトロイトからシカゴに至る道路建設支出を準州内にとどめるように求める但し書きを付すなど、州管轄内の連邦内陸開発政策に対してきわめて慎重であった。また、連邦公共事業として国家的意義を認める河川改修、港湾整備、安全航行のための拠出も続行した。(114)

ジャクソン政権では連邦内陸開発政策の厳格化に努める一方、新しい交通手段である鉄道に対する支援がこれまでの道路や運河に対する経験を生かしつつも異なる方法で実施されるようになる。どのように鉄道業への公的支援を行ったのかについてであるが、それは、「連邦政府による土地付与、路線調査、鉄道用輸入鉄関税の減免」、「州および地方自治体による援助としては、州有鉄道の建設・運営または州による鉄道建設、資金援助(貸付)および株式・社債の引き受け、資産税または所得税の減税、銀行特権の付与、等々」であった。(115) 鉄道用輸入鉄関税の減免は一八三二年から四三年三月まで一定の範囲内に限り無関税で行われ、鉄道業を優遇した。公有地の下付は、運河、道路建設のために既に実施されており、州政府を通して鉄道建設用地にも流用されたのであるが、鉄道路線用地および資材の付与、専売特権の承認、路線用以外の土地の下付、公有地売却代金の一部付与などが政策として本格化するのは、一八五〇年のイリノイ・セントラル鉄道およびモービル・オハイオ鉄道以降のことである。(116)

三　連邦内陸開発政策の顚末

経済史家マローンが算出した南北戦争前の国勢調査上の分類地域別連邦開発助成総額を見ると、一八〇〇年からの一〇年間で約一九万三〇〇〇ドル、一八一〇年代は一九三万一〇〇〇ドル、一八二〇年代は四四六万五〇〇〇ドル、一八三〇年代は一六三六万五〇〇〇ドル、一八四〇年代は三一七万八〇〇〇ドル、一八五〇年代は九七九万ドルとなっており、一八〇〇年から三九年までの四〇年間で、連邦政府の開発支出は増加の一途をたどっている。そして、一八四〇年代に一時落ち込むのであるが、一八五〇年代に再び急増をみている。連邦支出総額が最も多いのは一八三〇年代である。それは、一八二四年から一八三八年まで存続した全体調査法の時代であり、カンバーランド国道の延伸を承認し道路の維持補修を担った時代であったということがわかる。しかも、一八〇〇年から六〇年までの約六〇年間で地域別の連邦助成状況を見ると、カンバーランド国道の延伸ルートであるオハイオ州、インディアナ州、イリノイ州を含む東北中部が最も助成額が多く、次いで大西洋沿岸南部が入っている。(117)

この期間に連邦助成を受けた州の上位一〇州を挙げると、オハイオ州、デラウェア州、ニューヨーク州、インディアナ州、メリーランド州、ルイジアナ州、マサチューセッツ州、イリノイ州、ミシガン州、ペンシルヴェニア州であり、東北中部と大西洋沿岸中部および南部地域が上位に入っている。(118) マローンの研究によれば、この約六〇年間連邦政府が最も財政支出した開発項目は、第一位が道路であり、以下、港湾、沿岸航行路開発、河川改修、基金拠出、運河、内陸航行路改修となる。(119) ちなみに、マローンは同期間における各地域別の助成対象項目の概要を示している。ニューイングランドは沿岸航行路開発、大西洋沿岸中部は港湾、東北中部は道路、大西洋沿岸南部は運河に対する助成がそれぞれ最も大きな比重を占めており、各地域の開発需要の違いを浮き彫りにしている。[120] 大西洋沿岸南部に関して付言すると、モンロー大統領の教書にも取り上げられたヴァージニア州、メリーランド州が推進したチェサピーク&オハイオ運河が技術的にも難工事であり、閘門を多数建設せざるをえず、多額の費用を要したことと無関係ではない。同運河に関する一八二六年の調査報告書では、三四一マイルの運河建設に約二二三七万ドルもの総工費がかかることが見積もられている。[121] エリー運河が全長三六三マイルで七〇〇万ドルを超える程度の工費であったことを考えれば、膨大な額であったことが理解できる。チェサピーク&オハイオ運河の建設はジョージ・ワシントンの時代からのヴァージニアの夢であったが、夢の代価はとてつもなく高くついただけでなく、多くの技術的困難を乗り越えなければならなかった。しかも、この運河が首都ワシントンからオハイオ川沿岸のカンバーランドにようやく到達したのは一八五〇年のことであったが、そのとき時代は既に鉄道の時代に入ろうとしていたのである。

（1） Sixth Annual Message, December 3, 1822, *Messages and Papers of the Presidents* (New York: Bureau of National Literature, Inc., 1897), 2: 754-64.
（2） Ibid., 2: 759.
（3） *Annals of Congress, 1789-1825* (*AC*), 17th Cong., 2nd Sess., pp. 1347-48; Karl Raitz, ed., *The National Road* (Baltimore: Johns Hopkins University Press, 1996), p. 149.
（4） Joseph Hobson Harrison, Jr., "The Internal Improvement Issue in the Politics of the Union, 1783-1825" (Ph. D. diss., University of Virginia, 1954), p. 536.
（5） Seventh Annual Message, December 2, 1823, *Messages and Papers of the Presidents*, 2: 776-90.
（6） Appendix to *Register of Debates, 1824-1837* (*RD*), 23rd Cong., 1st Sess., p. 322. アメリカ連邦交通省道路局編、別所正彦・河合恭平訳『アメリカ道路史』(原書房、一九八一年)四八―四九頁。

(7) *Messages and Papers of the Presidents*, 2: 785.

(8) *American State Papers* (*ASP*), Miscellaneous, 17th Cong., 1st Sess., No. 526, 2: 934-37; John Lauritz Larson, *Internal Improvement: National Public Works and the Promise of Popular Government in the Early United States* (Chapel Hill: University of North Carolina Press, 2001), pp. 140-41.

(9) Appendix to *AC*, 18th Cong., 1st Sess., p. 3217.

(10) Appendix to *AC*, 18th Cong., 2nd Sess., p. 99.

(11) *Messages and Papers of the Presidents*, 2: 786-87. モンロー宣言の形成・評価にかかわる研究動向は以下が詳しい。Jerald A. Combs, "The Origins of the Monroe Doctrine: A Survey of Interpretations by United States Historians," *Australian Journal of Politics and History*, Vol. 27, No. 2 (1981), pp. 186-96.

(12) *Messages and Papers of the Presidents*, 2: 784-85.

(13) Appendix to *AC*, 18th Cong., 1st Sess., p. 3217.

(14) Forest G. Hill, *Roads, Rails & Waterways: The Army Engineers and Early Transportation* (Norman: University of Oklahoma Press, 1957), pp. 48-49.

(15) *AC*, 18th Cong., 1st Sess., pp. 810, 829-30; Bill No. H.R. 5.

(16) *AC*, 18th Cong., 1st Sess., p. 999.

(17) *AC*, 18th Cong., 1st Sess., p. 999.

(18) *AC*, 18th Cong., 1st Sess., pp. 1005-13.

(19) *AC*, 18th Cong., 1st Sess., pp. 1013-21.

(20) *AC*, 18th Cong., 1st Sess., pp. 994, 1012, 1018.

(21) *AC*, 18th Cong., 1st Sess., pp. 1022-41; James F. Hopkins and others, eds., *The Papers of Henry Clay*, 9 vols. (Lexington, Kentucky: University Press of Kentucky, 1959-92) 3: 572-92.

(22) Ibid., 3: 577-81.

(23) Ibid., 3: 574-81.

(24) *AC*, 18th Cong., 1st Sess., p. 1041.

(25) *AC*, 18th Cong., 1st Sess., pp. 570-71.
(26) *AC*, 18th Cong., 1st Sess., pp. 1468-69. 連邦下院議員の州別投票行動表作成に当たっては、以下を参考にした。Larson, *Internal Improvement*, p. 146.
(27) Appendix to *AC*, 18th Cong., 1st Sess., pp. 3221-26.
(28) 宮野啓二『アメリカ国民経済の形成――「アメリカ体制」研究序説』(御茶の水書房、一九七一年)一三―一六頁。
(29) *AC*, 18th Cong., 1st Sess., p. 1978.
(30) 中嶋啓雄は、対外構想と経済ナショナリズムというアメリカ体制の両面性に言及している。彼は広義のアメリカ体制を土台にモンロー宣言の対外構想があることを指摘し、そこから、一八一二年英米戦争後共和主義的価値観がうすれ自由主義が台頭したことを読み取る。中嶋啓雄『モンロー・ドクトリンとアメリカ外交の基盤』(ミネルヴァ書房、二〇〇二年)八九―九〇頁ならびに一〇一頁の注43を参照のこと。
(31) Maurice G. Baxter, *Henry Clay and the American System* (Lexington, Kentucky: University Press of Kentucky, 1995), p. 27.
(32) Isaac Kramnick, ed., *The Federalist Papers* (New York: Penguin Books, 1788), pp. 133-34.
(33) Thomas S. Engeman, Edward J. Erler, and Thomas B. Hofeller, eds., *The Federalist Concordance* (Chicago: University of Chicago Press, 1988), pp. 533-44.
(34) 宮野『アメリカ国民経済の形成』一四―一五頁。
(35) Hill, *Roads, Rails & Waterways*, p. 49.
(36) Appendix to *AC*, 18th Cong., 1st Sess., pp. 3195-96, 3227-28, 3251-53.
(37) Eighth Annual Message, December 7, 1824, *Messages and Papers of the Presidents*, 2: 824-25.
(38) Hill, *Roads, Rails & Waterways*, pp. 52-54.
(39) *ASP*, Military Affairs, 19th Cong., 1st Sess. No. 292, 3: 184-87; No. 327, 3: 278-81.
(40) Ralph D. Gray, *The National Waterway: A History of the Chesapeake and Delaware Canal, 1769-1985*, 3rd ed. (Urbana: University of Illinois Press, 1989), pp. 37, 47-51; *A Collection of the Laws relative to the Chesapeake and Delaware Canal, passed by the legislatures of the states of Maryland, Delaware, and Pennsylvania, subsequent to the year 1798*

(Philadelphia: L. R. Bailey, 1823), pp. 17-18, 40-41, 49.

(41) Appendix to *AC*, 18th Cong., 2nd Sess., p. 99.

(42) Appendix to *RD*, 20th Cong., 2nd Sess., p. 64; Gray, *The National Waterway*, pp. 63-64.

(43) *RD*, 18th Cong., 2nd Sess., pp. 291-93.

(44) Appendix to *RD*, 19th Cong., 1st Sess., pp. vii, xx.

(45) 鈴木圭介・中西弘次「アメリカ資本主義の発展と鉄道業——南北戦争以前の時期を中心に(一)」『社会科学研究』第二三巻第四号(一九七一年)三六頁。

(46) Appendix to *AC*, 16th Cong., 1st Sess., pp. 2617-18; 18th Cong., 2nd Sess., pp. 110-11.

(47) 地域別人口推移は、以下に掲載されたものが参考になる。Gerald M. Capers, *John C. Calhoun: Opportunist: A Reappraisal* (Chicago: Quadrangle Books, 1969), p. 92.

(48) Charles Sellers, *The Market Revolution: Jacksonian America, 1815-1846* (New York: Oxford University Press, 1991), pp. 188-90.

(49) Ibid., pp. 197-98.

(50) クレイとアダムズが政府高官ポストと連邦下院の票とを取引したのかどうかについては、実は不確かである。クレイの伝記を著し当時の資料を調べたロバート・V・レミニは、「クレイとアダムズとの間で不正取引があったのか。絶対的な証拠は存在しないし、十中八九将来も決して[証拠が見つかることは]ないだろう」と述べる。また、アダムズの伝記を著したネーゲルもアダムズとクレイとの間で取引はなかったと指摘する。Robert V. Remini, *Henry Clay: Statesman for the Union* (New York: W. W. Norton & Company, 1991), pp. 270-71; Paul C. Nagel, *John Quincy Adams: A Public Life, A Private Life* (New York: Alfred A. Knopf, 1997), p. 292.

(51) Remini, *Henry Clay*, p. 273.

(52) Inaugural Address, March 4, 1825, *Messages and Papers of the Presidents*, 2: 860-65.

(53) Ibid., 2: 863.

(54) First Annual Message, December 6, 1825, ibid., 2: 862.

(55) Ibid., 2: 860.

（56） Ibid., 2: 865-83.
（57） Ibid., 2: 864-65.
（58） Ibid., 2: 873.
（59） Carol Sheriff, *The Artificial River: The Erie Canal and the Paradox of Progress, 1817-1862* (New York: Hill and Wang, 1996), p. 54.
（60） Roger Evan Carp, "The Erie Canal and the Liberal Challenge to Classical Republicanism, 1785-1850" (Ph. D. diss., University of North Carolina at Chapel Hill, 1986).
（61） オネイダ・カウンティ、エリー・カウンティ、モンロー・カウンティ、およびオノダガ・カウンティの主要都市は、それぞれユティカ、バッファロー、ローチェスター、そしてシラキュースである。
（62） ユティカは、エリー運河開設まで州西部の中心的都市であった。Ibid., p. 75.
（63） Ibid., pp. 460-65. 人口増加をさらに詳しく見れば、運河周辺地域の中でも近接地域ほど運河の恩恵を受けていた。エリー運河から六マイル以内、六～一二マイル以内、そして一二マイルより離れた地域の一八二〇～三〇年にかけての一〇年間の人口増加率はそれぞれ八五％、二六％、三一％である。また、エリー運河周辺地域の開拓地も急増しており、農民の入植が多かった。
（64） Ibid., p. 462. 人口増加の多くはエリー運河西側地域で起こっており、東側には運河ブームと呼べるものはなかったといえる。
（65） Ibid., pp. 467-68.
（66） Ibid., p. 478. 最も商工業が発達したのは、エリー運河東側ではオルバニー、オネイダ・カウンティであり、西側ではモンロー、オノダガ・カウンティであった。
（67） Ibid., pp. 475-78. 運河の開通により、農村部では、それまで自前で調達していた織物が他地域から搬入されるか、地域の工場で生産されたものを購入するようになった。ニューヨーク州西部においては一八四〇年までに綿および毛織物は家内生産から大規模な工場生産に取って代わられた。
（68） Ibid., Ch. 8; George Rogers Taylor, *The Transportation Revolution, 1815-1860* (New York: Rinehart, 1951), pp. 207-15.

(69) Sheriff, *The Artificial River*, pp. 53-55.

(70) Nathan Miller, *The Enterprise of a Free People: Aspects of Economic Development in New York State During the Canal Period, 1792-1838* (Ithaca: Cornell University Press, 1962), p. 71; Ronald E. Shaw, *Erie Water West: A History of the Erie Canal, 1792-1854*, paperback ed. (Lexington, Kentucky: University Press of Kentucky, 1990), pp. 192-93.

(71) Miller, *The Enterprise of a Free People*, pp. 118-19, 125-26.

(72) Ibid., pp. 171, 265.

(73) ニューヨーク州の運河開発状況を知るには、以下が簡潔である。F. Daniel Larkin, *New York State Canals: A Short History* (Flischmanns, New York: Purple Mountain Press, 1998).

(74) Carl B. Lechner, "The Erie Triangle: The Final Link between Philadelphia and the Great Lakes," *The Pennsylvania Magazine of History & Biography*, Vol. 116, No. 1 (1992), pp. 59-85; Ronald E. Shaw, *Canals for a Nation: The Canal Era in the United States, 1790-1860* (Lexington, Kentucky: University Press of Kentucky, 1990), pp. 58-75.

(75) 北米経済史研究の加勢田博は、エリー運河が北米におけるアメリカの優位を確立し、南北戦争前の国民経済形成を促進したことを指摘する。加勢田博『北米運河史研究』(関西大学出版部、一九九三年)。

(76) First Annual Message, December 6, 1825, *Messages and Papers of the Presidents*, 2: 864.

(77) Third Annual Message, December 4, 1827, ibid., 3: 944-45.

(78) Hill, *Roads, Rails & Waterways*, pp. 58-59.

(79) Forth Annual Message, December 2, 1828, *Messages and Papers of the Presidents*, 3: 983.

(80) Hill, *Roads, Rails & Waterways*, pp. 69-72; Mary W. M. Hargreaves, *The Presidency of John Quincy Adams* (Lawrence, Kansas: University Press of Kansas, 1985), p. 174.

(81) Ibid., p. 176; Shaw, *Canals for a Nation*, p. 157.

(82) *Messages and Papers of the Presidents*, 3: 983.

(83) Hill, *Roads, Rails & Waterways*, pp. 58-59.

(84) *ASP*, Military, 20th Cong., 2nd Sess., No. 390, 4: 14-16; 21st Cong., 2nd Sess., No. 458, 4: 594-96.

(85) *RD*, 20th Cong., 1st Sess., pp. 607-08, 1513, 1692.

(86) *RD*, 20th Cong., 1st Sess., pp. 1521, 1630, 1703.

(87) Appendix to *RD*, 20th Cong., 1st Sess., pp. xvii-xviii; Hill, *Roads, Rails & Waterways*, pp. 74-75, 112.

(88) Appendix to *RD*, 20th Cong., 1st Sess., pp. xvii-xviii.

(89) Hill, *Roads, Rails & Waterways*, p. 60.

(90) Larson, *Internal Improvement*, pp. 149-50.

(91) Laurence J. Malone, *Opening the West: Federal Internal Improvements before 1860* (Westport: Greenwood Press, 1998), Appendix A.

(92) William W. Freehling, *Prelude to Civil War: The Nullification Controversy in South Carolina, 1816-1836* (New York: Harper Torchbooks, 1965), p. 179.

(93) *RD*, 20th Cong., 1st Sess., p. 1513.

(94) Malone, *Opening the West*, p. 28.

(95) *RD*, 20th Cong., 1st Sess., pp. 419, 640-41; Hargreaves, *The Presidency of John Quincy Adams*, pp. 179-80.

(96) *RD*, 19th Cong., 1st Sess., pp. 20-21.

(97) Saul Cornell, *The Other Founders: Anti-Federalism & the Dissenting Tradition in America, 1788-1828* (Chapel Hill: University of North Carolina Press, 1999), pp. 294-98; Freehling, *Prelude to Civil War*, pp. 177-79. カルフーンがナショナリストからセクショナリストにその立場を転換した背景には、ヴァン・ビューレンとの対立、大統領への望みが潰えたこと、多数派民主主義に対する少数派サウスカロライナ州の擁護等諸説あるが、彼の政治観の一貫性を指摘するものもある。斎藤眞はカルフーンのナショナリズムがセクショナリズムと親和性を有していた点を指摘する。斎藤眞「J・C・カルフーンにおけるナショナリズムとセクショナリズム(一)・(二)」『国家学会雑誌』第七四巻(一九六一年)、第七五巻(一九六二年)。

(98) Richard E. Ellis, *The Union at Risk, Jacksonian Democracy, States' Rights and the Nullification Crisis* (New York: Oxford University Press, 1987), pp. 48-56, 66, 84-94.

(99) Richard H. Brown, "The Missouri Crisis, Slavery, and the Politics of Jacksonianism," *South Atlantic Quarterly*, 65 (1966), pp. 55-72.

(100) Lee Benson, *The Concept of Jacksonian Democracy: New York as a Test Case* (Princeton: Princeton University Press,

1961), pp. 129, 131.

(101) Cornell, *The Other Founders*, p. 300.

(102) Ellis, *The Union at Risk*, p. 52.

(103) ジャクソニアン民主主義に関しては以下を参照した。Benson, *The Concept of Jacksonian Democracy*; Harry L. Watson, *Liberty and Power: The Politics of Jacksonian America* (New York: Hill and Wang, 1990); Ronald P. Formisano, "Deferential-Participant Politics: The Early Republic's Political Culture, 1789-1840," *The American Political Science Review*, Vol. 68 (1974), pp. 473-87; idem, "Toward a Reorientation of Jacksonian Politics: A Review of the Literature, 1959-1979," *Journal of American History* (*JAH*), Vol. 63, No. 1 (1976), pp. 42-65; Richard L. McCormick, "Ethno-Cultural Interpretations of Nineteenth-Century America Voting Behavior," *Political Science Quarterly*, Vol. 89, No. 2 (1974), pp. 351-77; James R. Sharp, "Jacksonian Democracy," in *Encyclopedia of American Political History*, edited by Jack P. Greene (New York: Scribner, 1984); Donald B. Cole, "The Age of Jackson: After Forty Years," *Reviews in American History* (*RAH*), Vol. 14, No. 4 (1986), pp. 149-59; Daniel Feller, "Lee Benson and the Concept of Jacksonian Democracy," *RAH*, Vol. 20, No. 4 (1992), pp. 591-601.

(104) First Inaugural Address, March 4, 1829, *Messages and Papers of the Presidents*, 3: 1000.

(105) Ibid.

(106) Veto Message, May 27, 1830, *Messages and Papers of the Presidents*, 3: 1046-56; *RD*, 20th Cong., 1st Sess., p. 1138; Larson, *Internal Improvement*, p. 183.

(107) *RD*, 20th Cong., 1st Sess., pp. 1147-48; *Messages and Papers of the Presidents*, 3: 1056-57; Ellis, *The Union at Risk*, pp. 24-25.

(108) Hill, *Roads, Rails & Waterways*, p. 78; *ASP*, Military, 22nd Cong., 1st Sess., No. 485, 4: 710, 732.

(109) *ASP*, Military, 21st Cong., 2nd Sess., No. 465, 4: 631.

(110) Hill, *Roads, Rails & Waterways*, pp. 89-91.

(111) Raitz, ed., *The National Road*, p. 114.

(112) Appendix to *RD*, 23rd Cong., 1st Sess., p. 322. 『アメリカ道路史』四九―五〇頁。

(113) Fourth Annual Message, December 4, 1832, *Messages and Papers of the Presidents*, 3: 1154-69.
(114) *RD*, 20th Cong., 1st Sess., p. 1148; Second Annual Message, December 6, 1830, *Messages and Papers of the Presidents*, pp. 1063-92（該当部分は以下。pp. 1071-77）; Ellis, *The Union at Risk*, pp. 24-25.
(115) 鈴木・中西「アメリカ資本主義の発展と鉄道業（一）」三五頁。
(116) 同右、三五―三八頁。
(117) Malone, *Opening the West*, p. 29.
(118) Ibid., p. 28.
(119) Ibid., p. 17.
(120) Ibid., p. 24.
(121) Hargreaves, *The Presidency of John Quincy Adams*, pp. 176-77.

結　語

地理史家のD・W・マイニグは、アメリカにおける交通網の発達について次のように指摘する。「正式な国家計画の不在にもかかわらず、あるいはおそらくその不在ゆえに、カルフーンあるいは他の指導者が一八一九年に想像しえたことをはるかに超える規模で、アメリカ人は実際に〈空間を征服した〉のである」と。連邦政府による国家的規模での交通網の整備を欠く中で、アメリカ合衆国では一八六〇年に五〇〇〇マイルあまりの運河や内陸航行路が開通し、約三万一〇〇〇マイルに及ぶ鉄道が操業していたのである。(1)

国家的な視点からなされる体系的な開発計画は、建国後歴代政権において繰り返し取り上げられてきた。本書で言及したように、ジェファソン政権の財務長官を務めたアルバート・ギャラティンは連邦政府として初めて「道路と運河に関する報告書」(一八〇八年)を提出し、連邦財源を活用して、国家的見地から具体的な交通網の整備構想を明らかにした。また、ギャラティンの報告書以後、連邦下院および上院においては、州議会、事業主等からの請願を審議した道路・運河委員会が、様々な開発構想や開発法案を提案してきた。しかしながら、マイニグが指摘するように、国家的な規模で体系的な交通網の開発計画が実現することはなかった。なぜ連邦政府が国家的な開発政策を実行できなかったのか。その最大の障害であり続けたのが、連邦政府と州政府との二重の主権構造に大きな特色のあるアメリカ合衆国の連邦制であり、この連邦制をめぐる国家像の違いにあったことはいうまでもない。その国家像の違いは、常に連邦議会が行使できる内陸開発権限についての憲法解釈をめぐる論争の形を借りて、連邦政府と州政府の権限の範囲とその政策対象を問題としてきたのである。

本書では、反連邦主義に着目し、主にジェファソン政権期からモンロー政権期を対象に、初期連邦制における内陸開発政策の歴史的展開を検討してきた。先述したように、連邦政府として統一国家的な政策を推進する議論枠組みの原型を作り出したのは、ジェファソン政権の財務長官、アルバート・ギャラティンが提出した「道路と運河に関する報告書」であった。そもそもギャラティンは、財源と権限をもつ連邦政府こそが地方、都市の区別なく国家的な観点から広大な領土を抱えるアメリカ合衆国の交通網を充実させることができるという考え方を強く抱いていた。しかも、現行憲法においても州の同意があれば、連邦政府が国内の内陸開発権を有するものとみなしていた。彼は、合衆国憲法との整合性という観点から、州と連邦の二重主権に基づく連邦原理に配慮した政策手法を提示したのであった。

合衆国憲法問題を回避する政策枠組みの提案は、各州の開発事業を後押しするものになったとはいえ、ジェファソンならびにマディソン政権は、外交関係の悪化から、実際に国内において「道路と運河に関する報告書」で提案された開発支援事業を実施することはなかった。その後、一八一二年英米戦争後の経済復興の中で登場したのがボーナス法案であった。同法案は連邦上下両院で可決されながら、一八一七年三月マディソン大統領の拒否権発動によって不成立に終わった。マディソンの拒否権は、憲法修正という条件があれば、連邦政府が内陸開発政策に着手することを認めるというのが本来の趣旨であったと思われる。しかし、この拒否権がその後の内陸開発政策の議論において、連邦政府による開発政策を批判する側にとって象徴的な役割を果たすことになった。

マディソンは州を基盤とする反連邦主義を強めることになりうるボーナス法案を拒否したのであるが、拒否権は、文字通り、現行憲法では連邦政府が開発助成政策を実施できないという主張を後押しするものとなったからである。マディソンの拒否権発動の後、合衆国憲法の修正という条件が重石となった。それは、かつてアンティフェデラリスツであり、連邦政府の権力を憲法内にとどめようとする次期大統領モンローの政策姿勢にも受け継がれたのである。連邦政府による内陸開発政策が一時期袋小路に陥ったのは、当然の帰結であった。

しかし、既に見てきたように、マディソンの拒否権や合衆国憲法問題が障壁となって、連邦助成をめぐる議論が終息することはなかったのである。必要性が政治的行き詰まりを打開する事態がしばしば見られるように、合衆国憲法の解釈および連邦制をめぐる議論は、政権ごとに、さらには同一政権においてすら政策分野によって憲法解釈を変更してきた。その顕著な例が、マディソン大統領の合衆国銀行に対する態度の変化であろう。同様に、モンロー大統領もまた、カンバーランド国道の維持補修問題やその後の全体調査法の成立に見られるように、合衆国憲法の解釈を政策の必要性に応じて変更させるのである。一八二八年の内陸開発予算法案審議の際、サウスカロライナ州の上院議員ウィリアム・スミスが「一〇年前に違憲であったものが今や合憲なのです」と連邦政策の変化について述べているが、これは当時の議員たちの心情を代弁しているように思われる。(2) とはいえ、時代に応じた連邦政策の実施は、連邦制の不断の再定義と無関係であるとはいえないのである。

さて、カンバーランド国道の維持補修問題の解決を契機に、一八二四年全体調査法の成立をみる。同法をきっかけに、これまで国家的な意義があると高く評価されながら、連邦助成を獲得できなかった地方の運河事業に対する財政支援が行われるようになった。その一方で、連邦政府に州や地方からの開発支援の陳情が押し寄せるようになり、調査や港湾整備・河川改修の全国的な広がりは、行政部の権力濫用や政権腐敗の実例として非難の対象となったのである。しかも、全体調査法の下での連邦政府の開発助成システムが機能し始めると、かえって、連邦の内陸開発政策に対する批判が強まり、連邦政府が構想する統一国家的な政策形成が実質的には困難となったのは皮肉なことであった。

それにしても、一九世紀初期における連邦政府の内陸開発政策を概観するとき、アメリカ連邦制の構造的な変化が、一八一二年戦争後からモンロー政権時代にかけて起こっていたと筆者は考えている。この転換を最も大きく象徴するのは先述した全体調査法である。同法は、いわゆるアメリカン・システムの時代に成立した。同時期、ジェファソン政権期から連邦助成を求め長年にわたり請願活動を行ってきたチェサピーク&デラウェア運河事業をはじめとした一連の開発事業が連邦助成を初めて獲得した。もちろん、本書で取り上げたチェサピーク&デラウェア運河事業に見るように、連邦助成を獲得するまでに長い請願活動を積み重ねた歴史があることはいうまでもないが、こうした開発事業が連邦政府から財政的支援を受けるに至った直接的原因としてはモンロー政権における内陸開発政策の方針転換があったからこそである。

なぜモンロー政権において内陸開発政策に転換が起こったのか。その背景には、アメリカ内外を取り巻く政治経済環境の変化があったことを思わざるをえない。一八二三年モンロー宣言の提唱は、ヨーロッパ外交から距離をおくアメリカの姿勢を明確に印象づけるものであった。折も折、外国に依存しない産業構造を築きアメリカの自立的発展を促そうとする一八一二年戦争後の風潮は、アメリカン・システムと総称される一連の経済政策に結実するのである。こうした国内外の政策変化は、アメリカの連邦政治の構造的な変化によって後押しされたと見ることができよう。では、どのような構造的変化が生じていたのであろうか。

第一に、内陸部の西部諸州の相次ぐ連邦加盟と西部出身連邦議員の増加により、ニューイングランド諸州の政治的地位が低下していき、合衆国内の地域間バランスが変化したことが挙げられる。人口増加が著しい西部と大西洋沿岸中部地域との連携、それに対抗するニューイングランドや大西洋沿岸南部地域という地域対立の構造が生まれ、連邦政策の行方を左右するようになったことである。しかし、ニューイングランドと大西洋沿岸南部の地域連携は、その後の保護関税法への対応の違いから瓦解することになるのであるが、連邦政府の内陸開発政策が積極的に実施された背景として、西部の政治的台頭を軽視することはできないであろう。

第二に、中央集権的な連邦政策に反対する反連邦主義が従来とは異なる形で政策構造に浸透していったことである。連邦の内陸開発政策において、どのように反連邦主義的な政策構造が定着していったのか改めて振り返ってみよう。

連邦政府が州政府管轄下の地域において連邦の開発政策を実施する際、カンバーランド国道事業に典型的に見られるように、道路が所在する州政府の同意を要するという条件があった。州の同意という条件は連邦制を考慮すれば不可欠な要素であったが、連邦政府の内陸開発政策において、州政府の意向が連邦政策を左右し、結果として反連邦主義的政治傾向を強める基盤を醸成するという問題があった。この反連邦主義的政策の白眉といえるのが、一八一七年連邦議会で可決されたボーナス法案である。同法案は、あらかじめ州の人口規模に応じて開発基金が配分され州政府の意向を反映して州内の交通整備に活用できるという内容であったため、連邦政府が国家的な交通体系を立案し実施するのを不可能にする性格を有していた。連邦政策でありながら、連邦政府の求心力を弱め、逆に分権構造のさらなる強化を招来することになる同法案に対して、マディソン大統領は廃案にせざるをえなかったのである。しかも、マディソンは、ボーナス法案が意図する連邦政府の内陸開発権限がアメリカの連邦制を揺るがしかねないとの懸念を強く抱き、合衆国憲法上、連邦政府が内陸開発権限を有しないことを拒否権発動の教書の中で明言するのである。

後任のモンロー大統領は、マディソンの内陸開発権限批判を継承すると同時に、連邦権力の拡大をもたらしかねない連邦政策に対する自制を強めていく。行きすぎたモンローの抑制的思考が、一八二二年カンバーランド国道維持補修法案に対する拒否権発動という行為に認められるのである。ところが、モンロー大統領は機能不全に陥ったカンバーランド国道維持補修問題の解決を機に、一転して、連邦の内陸開発政策に対して肯定的な姿勢を打ち出していく。

一八二四年モンローが承認した全体調査法の内容は、大統領の判断によって陸軍工兵隊の調査協力を実施するとしたにすぎない。調査によって重要な国家的意義が認められた開発事業に関しては、その後、連邦議会の審議を経て連邦政府が個別に財政的に支援する方法がとられたのであるが、この全体調査法方式による連邦政策の実施は、連邦政府の内陸開発政策史にきわめて重要な影響を与えたのである。

まず、積極的な意義としては、連邦政府が国内の開発事業において開発助成を実施する法的枠組みを作り出したということである。しかしながら、全体調査法の下で個別開発助成方式がとられたことによって、ギャラティンの報告書以後しばしば提案されてきた連邦政府による体系的かつ国家規模の交通網整備構想が実現される可能性は潰えたのである。その結果、連邦の開発政策は個々の事業に対する支援問題に還元され、反連邦主義的な政策を推進しやすくなったといえる。

第三に、全体調査法は、長年にわたり事業計画の国家的意義を掲げ連邦助成を求めてきた一部の開発事業が連邦の財政的支援を獲得するきっかけを作ったものの、州、地方、事業主が連邦政府の財源と技術を利用しやすい法的枠組みを創出し、連邦助成をめぐって利益誘導の競合を招く結果につながったという弊害が指摘できる点である。連邦制の観点から、この全体調査法の法的枠組みとその後の展開を検討すると、次のような連邦政府と州政府間の関係が見えてくる。開発事業主を含めて州側が開発調査を申請し、それを受けて連邦政府が調査し、時には開発資金をも供給するという連邦政府と州政府との関係は相互補完的な政策協調体制を連邦制下に作り上げたといえる。しかしながら、ひとたびこの開発助成方式が制度化されると、連邦議会における諸州間の競合を招き、連邦の供給資源を拡大しなければ対応できない事態をもたらし、連邦政府は開発拠出金の増額を余儀なくされるとともに、陸軍工兵隊を増大しなくてはならなくなったのである。

そして、第四に、アメリカ政治における近代政党制の誕生である。国内の交通網の開発は、地域的な課題であると同時に国家的な課題でもありうる。アメリカ合衆国における近代政党制の形成は、第二合衆国銀行とメイスヴィル有料道路会社出資法案に対するジャクソン大統領の拒否権が政党のアイデンティティ形成の対立軸となったことが指摘されている(3)。内陸開発政策は、州レベルで経済政策や銀行に対する態度の相違ほど明瞭な政党対立が見られなかったにせよ(4)、連邦レベルで見れば合衆国銀行にしても内陸開発政策にしても、関税政策とともに国家的な利害と地域的な利害が交錯する政策分野であることは否定できない。アメリカ合衆国は本質的に分権的な国家であるが、これらの政策は分権性を乗り越える統一国家的な連邦政策の必要性にも訴える性質がある(5)。政党再編が政策を軸とした明白な政党間対立の様相を呈していたわけではなかったという側面は確かにある。しかしながら、連邦政府の内陸開発政策に反対するアンドルー・ジャクソンやヴァン・ビューレンは「小さな政府」のイデオロギーを掲げて民主党への結集力を高めていった。こうした国家像の違いが、やがてジャクソンの民主党とクレイに代表されるホイッグ党に収斂されていく上で重要な役割を果たしたことは疑いないのである。

それでは、アメリカン・システム下の内陸開発政策は、どのように評価できるのであろうか。結論からいえば、全体調査法の成立によって、これまで実現できないでいた国家的な開発事業に対する開発助成への道を切り開いたことは肯定的に捉えられよう。連邦政府による個別事業に対する開発助成方式が、地方で財政的に中断せざるをえなかった開発事業のみならず新規事業をも活性化しアメリカの交通網発展に貢献したことは疑いない。また、開発助成への請願活動および技術的ないし財政的支援を媒介にして、連邦政府と州政府間の相互補完的な協力関係が築かれたことも確かである。

しかしながら、このことが、全国的な連関性をもつ交通網の整備を進めることにつながる契機とはならなかったこともまた事実なのである。しかも、長年の請願活動の末ようやく実現した連邦助成が、必ずしも連邦政府への求心力を高める役割を果たしたわけではなかったという側面もあった。むしろ、開発助成政策に対する諸州間の競合と対立を増進したばかりか、地政学的に共通利害を有する地域間のセクショナリズムを強める契機と化したといえる。つまり、連邦政府主導で実施しえない開発政策の構造は、諸州の連邦制に対する遠心力を強め、反連邦主義を高める温床となりえたのである。例えば、連邦政府が求心力を強めていなかったことは、連邦の保護関税法における諸州の対応の違いにもうかがえる。連邦権限が集権的に働いた保護関税法の場合、高関税に対する南部の反発に見るように、地域利害に不公平な連邦政策への不満がサウスカロライナ州で連邦法に対する無効宣言を生み、合衆国全体で見れば、連邦制の動揺を招く結果にもなっているのである。

最後に、内陸開発政策を通して見た国家構造の中での反連邦主義の多様性とその作用について言及しておきたい。連邦制の観点で見れば、反連邦主義の論拠である憲法の厳格解釈および州権論の適用には、連邦制の枠内で連邦政府の役割を制限し州主権を運用していくものから、州主権の立場から連邦法の無効宣言、さらには連邦離脱に至るものまである。一八二八年および三二年の保護関税法をめぐってサウスカロライナ州で起こった連邦法に対する無効宣言論争は、州権論の中でも急進的なものである。しかしながら、連邦の内陸開発政策領域においては、関税政策分野に見るような連邦からの離脱をも辞さない過激な反連邦主義の行動は見られない。反連邦主義的言説があったとしても、一方において憲法を厳格に解釈する立場から州内の道路や運河の建設等に対して連邦政府の開発助成を否定するというものから、他方において州権を基盤とする開発政策に対する連邦助成を支持するというものまで、反連邦主義の表れ方にはかなりの政策的幅が見られるのである。

全体調査法の制度枠組みは、国家的な意義のある開発事業の調査支援を実施するというものでしかないが、その運用において、州権を基盤に開発を推進する後者の反連邦主義が連邦政策に浸透していったと筆者は見ている。そのため、アダムズ政権では、州益を増進させるための助成獲得が地域間の受益の不均衡を生み、連邦政府の内陸開発助成をめぐって州および地域間の対立が激化するのである。この地域間の利害対立が、連邦権力を利用して州の利益を実現しようとする勢力に対抗して、合衆国憲法を厳格に解釈する立場から連邦政府の開発権限を否定ないし制限し連邦権力の行使を縮小させようとする前者の、もう一方の反連邦主義の台頭をかえって促すことになり、結果的には、ジャクソン政権における内陸開発政策に反映されていくように思われる。

興味深いことは、どちらの反連邦主義も「国家的」という言説で自らの立場を擁護している点である。もちろん、軍事的にも通商的にも国家的意義のある地方事業は確かにあったが、後者の反連邦主義者は、国家的な意義という言説を用いて、州内の港湾整備、河川改修、道路や運河建設に対する連邦助成獲得を画策しようとした。こうした連邦助成に対して前者の反連邦主義者は、国家的意義が認められないとして反対する。ジャクソン大統領が一八三〇年五月ケンタッキー州内のメイスヴィル有料道路会社出資法案に対して拒否権を発動した際の根拠が、まさに国家的な意義が認められない道路事業に対する連邦支援の拒否であった。このように、内陸開発分野に限ってみれば、統一国家的な政策に反対する反連邦主義は、連邦権限の捉え方も多様でその政策的立場も一様ではないのである。この反連邦主義に関して、一八二八年から三三年の間、連邦危機を招いた保護関税政策およびそこで展開された連邦法に対する無効宣言論争や、マカロック対メリーランド事件等、州に対して連邦政府の優位を確立しようとした連邦司法マーシャル・コートの動きも含めて本書の中で包括的に扱うことができれば、初期アメリカ連邦構造の全体像を捉えることができたのではないかと考えるが、それは今後の課題としておきたい。

もともとアメリカ合衆国は、州を基盤とする分権的な連邦国家であり、州権に重きをおく反連邦主義は連邦構造に内在するものである。しかし、全体調査法が作り出した政策枠組みから指摘できることは、少なくとも一八二〇年代のアメリカ合衆国において、統一国家的な政策が実施可能なほど、国家的な政策枠組みが成熟していなかったということではなかろうか。この交通政策に見られる分権性は、後にアメリカで鉄道網が発達した時代にも継承されるのである。民間会社、地方政府、州政府がそれぞれ独自の規格で鉄道建設にかかわっていたがために南北戦争当初、南部と北部とで採用ゲージが異なったばかりか、北部では少なくとも一一の異なるゲージがあり、フィラデルフィアからチャールストン間では鉄道の軌道幅が八回も変わるため乗換えを要する非効率さであったことはつとに有名である。(6) 鉄道会社のゲージが統一されるのは、南北戦争後のことである。

加えて、連邦助成をめぐる一連の議論を振り返ってみると、産業構造の異なる地域性がより意識されるようになり、連邦政策が地域間の対立軸を形成したことは見逃せない。地域的な経済圏の発達によって、地域が反連邦主義の基盤になりえたからである。さらに、連邦政策をめぐる対立軸が、国家像をめぐるイデオロギー対立をも強め、民主党とホイッグ党との政党対立の一部を構成するものになった。地域対立とイデオロギー対立という重層的な対立軸は、アメリカ合衆国の近代政党制、いわゆる第二次政党制の中で十分消化されえたのかは、別の問題である。

その後のアメリカの歴史を振り返るとき、南部における反連邦主義の急進化は、第二次政党制の枠内にとどまることができなかった。周知のように、その後、奴隷制度をめぐる政策対立に端を発し、南部は連邦内部における政治的比重の低下から脱するために、州主権の強化と連邦の再編に乗り出す。そして南部諸州が連邦を離脱し南部連合を組織し、アメリカ合衆国からの独立を勝ち取ろうとする南北戦争へと発展するのである。

ところで、連邦制に内在する反連邦主義的指向性が、必然的に南北戦争のような事態を招くとは限らない。反連邦主義が表現する地域的不満の感情を民主政治の中でうまく吸収することができれば、連邦の分裂や解体という事態には至らないと考えられるからである。連邦国家であるアメリカはいかに反連邦主義を民主主義のシステムの中に転換させるかという政治的課題を常に抱えているといえよう。

（1） D. W. Meinig, *The Shaping of America: A Geographical Perspective on 500 Years of History*, Vol. 2 (New Haven: Yale University Press, 1986), p. 352.
（2） *Register of Debates, 1824–1837* (*RD*), 20th Cong., 1st Sess., p. 645.
（3） Harry L. Watson, *Liberty and Power: The Politics of Jacksonian America* (New York: Hill and Wang, 1990), ch. 6.
（4） Herbert Ershkowitz and William G. Shade, "Consensus or Conflict? Political Behavior in the State Legislatures during the Jacksonian Era," *Journal of American History* (*JAH*), Vol. 51, No. 1 (1964), pp. 591–621.
（5） Richard L. McCormick, "The Party Period and Public Policy: An Exploratory Hypothesis," *JAH*, Vol. 66, No. 2 (1979), pp. 279–98.
（6） George Rogers Taylor, *The Transportation Revolution, 1815–1860* (New York: Rinehart, 1951), p. 82.

あとがき

本書は、二〇〇五年北海道大学大学院法学研究科に提出した学位請求論文「反連邦主義との闘い――一九世紀初期アメリカの内陸開発政策の展開」(後に『北大法学論集』第五七巻第一～六号に掲載)を基礎とする。刊行に当たって大幅に加筆修正を加えているが、本書のために新たに書き下ろした部分もまた少なくない。加筆修正の趣旨は、反連邦主義の多様性を通して州および連邦政府からなるアメリカの連邦構造をより鮮明にさせるところにあった。幸い財団法人アメリカ研究振興会の研究図書出版助成を得たことによって、本書の刊行を見ることができた。同振興会に心から御礼申し上げたい。また、審査の過程で同振興会理事有賀貞先生(一橋大学名誉教授)をはじめ関係諸先生方より学術上有益なご教示を併せいただいたことについても、深く感謝申し上げたい。

振り返ってみれば、アメリカ政治史研究との出会いは、北海道大学法学部学生のとき古矢旬先生(現東京大学大学院総合文化研究科教授)の三年次ゼミに属したことに遡る。ゼミでは、『コモン・センス』、『ザ・フェデラリスト』、『アメリカにおけるデモクラシー』等のアメリカ政治思想の主要文献を、物事の本質を常に問題にされる古矢先生の懇切丁寧なご指導の下で通読した。なかでも最も魅了されたのが、『ザ・フェデラリスト』であった。合衆国憲法案を批准させるために、フェデラリスツのアレグザンダー・ハミルトン、ジェイムズ・マディソン、ジョン・ジェイが、憲法案擁護論を展開した論文集である。アメリカ合衆国のような広大な領域において民主政治はいかにして可能なのか、また、安定的な政治的秩序を作り出すために、どのような憲法が必要なのか等について論じられているのであるが、それはそのまま、アメリカという国の国造りの物語でもある。この面白さを教えてくれたのはほかでもない古矢先生であった。

大学院修士課程時代は憲法制定期を研究対象としたが、博士課程進学後は、建国期の理念や理想がどのように現実の世界の中で具体化していくのか、また理想を抱きながら実現できない状況ないし環境といったものに、研究関心が移っていった。いわば『ザ・フェデラリスト』のその後である。新たな研究テーマとして選んだのが本書のトピックとなった、分権性の強いアメリカ合衆国における交通網の発達と連邦政府の役割である。この点で、故斎藤眞先生(東京大学法学部名誉教授)に、折に触れご助言をいただく機会があったのは幸せなことであった。

それにつけても、こうした研究関心の変化については、学部時代の政治史の講義が広く影響しているように思われる。指導教官である古矢先生はいうに及ばず、大学には日本政治史の酒井哲哉先生(現東京大学大学院総合文化研究科教授)、ヨーロッパ政治史の田口晃先生(現北海学園大学法学部教授)もいらっしゃった。暗く混沌とした戦前日本の政治過程とその構造を明晰に解き明かす酒井先生の講義はとても新鮮であった。また、田口先生が講じられたウィーンの都市政治史では、時代とともに移り変わるウィーンとその都市を作った人々および政治の営みの物語がなんとも魅力的であり、学部時代に受けた講義が、知らず知らずに私の政治史研究の核となっていることも最近になって気づかされている。

さて、本書は長年にわたって書き継ぎながらなかなかまとめ上げることができなかった。反連邦主義的風土と国家的な視野に立った体系的な交通網の開発政策という相矛盾するベクトルが、州と連邦という二重の主権構造をもつ連邦制の中でどのような関係性を築くのかという本書の問題はあまりにも複雑で一筋縄ではいかなかったからである。とはいえ、この研究テーマを選んだことで、苦しくとも楽しい学究生活を送れたことは間違いない。

特に、北海道大学法学部助手時代に研究のために留学したシラキュース大学歴史学部での日々は幸せで温かな思い出に満ちている。これはひとえに指導教授を引き受けてくださったラルフ・ケッチャム先生のおかげである。ケッチャム先生とジェイムズ・ロジャー・シャープ先生（歴史学部教授）からは初期アメリカ研究の基礎を鍛えられた。エリザベス・ラッシュ＝クイン先生（歴史学部教授）およびそのご家族には研究以外でも大変お世話になった。また、中津川勉（ニューヨーク州立大学教授）・雅子先生ご夫妻と過ごした時間も忘れられない思い出である。

ちなみに、大学の所在地ニューヨーク州西部のシラキュースは、エリー運河によって勃興した周辺都市である。市の中心地を走っていた運河はいまや埋め立てられエリー・ブルバードという名の道路になっているが、かつての検量水門の建物跡には、エリー運河博物館があり、在りし日の運河を偲ぶことができる。また、郊外に足を運ぶと、今や草木に覆われた運河を目にすることができる。運河は史跡公園に指定され、その沿道はサイクリングやジョギングをする人々に親しまれている。運河は一見すると川にしか見えないが、その沿道を歩いていくと水門や高低差を調整するための閘門が現れ、それが紛れもない人工河川であることを実感させられるのである。

さて、本書は多くの方々のおかげで刊行に至っている。これまでお世話になった先生、友人すべてのお名前を挙げることはできないが、北海道では、先述した諸先生以外にも、長谷川晃（現北海道大学法学部教授）、川崎修（現立教大学法学部教授）、中野勝郎（現法政大学法学部教授）諸先生から受けた学恩が忘れがたい。さらには勤務校敬愛大学国際学部において公務のかたわら博士論文を書き上げることができたのは、先輩、同僚諸先生方のご理解と温かい励ましのおかげである。それにもかかわらず、ご指導ご鞭撻をいただいた多くの方々の学恩に報いるものを書き上げえたかと問われると甚だ心もとない限りである。これはひとえに筆者の微力によるものである。

なお、本書の基礎となる文献、資料の収集に当たっては、北海道大学附属図書館、東京大学教養学部附属アメリカ太平洋研究資料センター、シラキュース大学E・S・バード図書館、ニューヨーク歴史協会、ペンシルヴェニア歴史協会などでお世話になった。また、本書の刊行を引き受けてくださった北海道大学出版会と担当編集者の今中智佳子氏に厚く感謝申し上げたい。さらに、『敬愛大学国際研究』に論文を発表して以来お世話になっているインフォメディア・ジャパンの村上ひろこ氏にも心からお礼を申し上げたい。

最後に私事で恐縮であるが、長々と学生を続ける私を快く許してくれた父・信也、母・睦代をはじめ家族にもこの場を借りて感謝したい。

二〇〇九年九月

櫛田久代

地形図

Drawn under the supervision of LLOYD A. BROWN

American History, 2nd ed. (New York: Charles Scribner's Sons, 1984), p. 3.

アメリカ憲法史
M・L・ベネディクト著
常本照樹訳
四六判・二六四頁
定価 二八〇〇円

ミニットマンの世界
―アメリカ独立革命民衆史―
R・A・グロス著
宇田・大山訳
B6判・二八〇頁
定価 一六〇〇円

アメリカ・インディアン史[第3版]
W・T・ヘーガン著
西村・野田・島川訳
四六判・三三八頁
定価 二六〇〇円

政治学のエッセンシャルズ
―視点と争点―
辻　康夫
松浦正孝 編
宮本太郎
A5判・二七四頁
定価 二四〇〇円

身体の国民化
―多極化するチェコ社会と体操運動―
福田　宏著
A5判・二七二頁
定価 四六〇〇円

アメリカ銀行恐慌と預金者保護政策
―一九三〇年代における商業銀行の再編―
小林真之著
A5判・四〇八頁
定価 五六〇〇円

アメリカ大企業と労働者
―一九二〇年代労務管理史研究―
平尾・伊藤
関口・森川 編著
A5判・五六〇頁
定価 七六〇〇円

〈定価は消費税を含まず〉

櫛 田 久 代（くしだ ひさよ）

1966 年徳島県生まれ，1996 年北海道大学大学院法学研究科博士課程単位取得退学。北海道大学法学部助手，敬愛大学国際学部専任講師をへて現在，敬愛大学国際学部准教授。博士（法学，北海道大学）。専攻，アメリカ政治史。主要著作に，“Searching for Federal Aid: The Petitioning Activities of the Chesapeake and Delaware Canal Company,” *The Japanese Journal of American Studies*, No. 14 (2003),「アメリカン・システムの時代における連邦制の実態」日本政治学会編『年報政治学 2005-II』（木鐸社，2006 年）など。

初期アメリカの連邦構造——内陸開発政策と州主権

2009 年 11 月 25 日　第 1 刷発行

著　者　　櫛 田 久 代

発行者　　吉 田 克 己

発行所　北海道大学出版会

札幌市北区北 9 条西 8 丁目 北海道大学構内（〒 060-0809）

Tel. 011（747）2308・Fax. 011（736）8605・http://www.hup.gr.jp

アイワード／石田製本

ISBN978-4-8329-6716-8

事項索引

さ　行

た　行

な　行

は　行

ま　行

や　行

ら　行

わ　行

人名索引

あ 行

アシュマン，エリ・P. (Ashmun, Eli P.) 134
アダムズ，ジョン (Adams, John) 5, 24, 26, 96
アダムズ，ジョン・Q. (Adams, John Q.) 8, 46, 185, 203-206, 213, 214, 217
アダムズ，ベンジャミン (Adams, Benjamin) 117
アーチャー，スティーブンソン (Archer, Stevenson) 89
イェーツ，ジョン・B. (Yates, John B.) 124
イートン，ジョン・H. (Eaton, John H.) 225
イングハム，サミュエル (Ingham, Samuel) 117
ヴァン・ビューレン，マーティン (Van Buren, Martin) 221-224, 245
ヴァン・レンセラー，スティーブン (Van Rensselaer, Stephen) 78, 114, 152
ウィリアムズ，エリ (Williams, Eli) 32
ウィルソン，ジェイムズ (Wilson, James) 3
ウィルソン，ジェイムズ・J. (Wilson, James J.) 109
ウィルソン，トマス (Wilson, Thomas) 117, 129, 136
ウェストン，ウィリアム (Weston, William) 93
ウォーシントン，トマス (Worthington, Thomas) 47
ウッド，サイラス (Wood, Silas) 221
ウッドコック，デイビッド (Woodcock, David) 221
エディ，トマス (Eddy, Thomas) 78
エペス，ジョン・W. (Eppes, John W.) 53
エリコット，ジョセフ (Ellicott, Joseph) 114, 152
エリス，リチャード・E. (Ellis, Richard E.) 10
オークレイ，トマス・J. (Oakley, Thomas J.) 217, 221
オースティン，アーチボルド (Austin, Archibald) 160
オーティス，ハリソン・G. (Otis, Harrison G.) 98

か 行

カー，ジョセフ (Kerr, Joseph) 32
カープ，ロジャー・イヴァン (Carp, Roger Evan) 207
カボット，ジョージ (Cabot, George) 97
カルフーン，ジョン・C. (Calhoun, John C.) 8, 85, 117, 118, 122, 127, 164, 167, 168, 183, 199, 202, 222, 239
ギャラティン，アルバート (Gallatin, Albert) 7, 27, 28, 33, 35, 47-51, 54, 55, 66, 81, 98, 205, 239, 240
ギルピン，ジョシュア (Gilpin, Joshua) 39, 48, 51
ギルピン，トマス (Gilpin, Thomas) 39
キルボーン，ジェイムズ (Kilbourne, James) 125
キング，サイラス (King, Cyrus) 127, 129, 130
キング，ルーファス (King, Rufus) 3, 91, 99
グッドリッチ，カーター (Goodrich, Carter) 11, 54
クラーク，ウィリアム (Clark, William) 29
クリントン，ジョージ (Clinton, George) 86, 96
クリントン，デ・ウィット (Clinton, De Witt) 78, 80, 82, 96, 114, 152
クレイ，ヘンリー (Clay, Henry) 46, 77,

85, 107, 112, 123, 124, 138, 160, 163, 170, 172, 184, 188, 190-192, 197, 199, 203, 205, 222, 224, 245
クレイトン，ウィリアム (Creighton, William)　117
クレイトン，トマス (Clayton, Thomas)　117
グレッグ・アンドルー (Gregg, Andrew)　77
グローヴィナー，トマス・P. (Grosvenor, Thomas P.)　117
クロフォード，ウィリアム・H. (Crawford, William H.)　166, 169, 202-204, 222
ケッチャム，ラルフ (Ketcham, Ralph)　143
ゲデス，ジェイムズ (Geddes, James)　65, 153
ゲリー，エルブリッジ (Gerry, Elbridge)　24
ゴア，クリストファー (Gore, Christopher)　109
コーネル，サウル (Cornell, Saul)　10, 223
ゴールズボロ，ロバート・H. (Goldsborough, Robert H.)　91
ゴールド，トマス・R. (Gold, Thomas R.)　128, 154

さ　行

サージェント，ジョン (Sergeant, John)　165
サリヴァン，ウィリアム (Sullivan, William)　98
サリヴァン，ジョン・L. (Sullivan, John L.)　199
ジェファソン，トマス (Jefferson, Thomas)　4, 25-27, 29-31, 33, 35, 69, 98, 123, 157, 189, 204
シェフィー，ダニエル (Sheffey, Daniel)　117
シーモア，ヘンリー (Seymour, Henry)　152
ジャイルズ，ウィリアム・B. (Giles, William B.)　28, 46, 77
ジャクソン，アンドルー (Jackson, Andrew)　5, 8, 10, 98, 99, 163, 203, 204, 222, 224, 226, 245
ジャービス，ジョン・B. (Jervis, John B.)　153
シャープ，ソロモン・P. (Sharp, Solomon P.)　125
ジャーマン，オベディア (German, Obadiah)　77, 80
シャーマン，ロジャー (Sherman, Roger)　3
ショウ，ロナルド・E. (Shaw, Ronald E.)　153
スターンズ，エイサヘル (Stearns, Asahel)　125
スタンフォード，リチャード (Stanford, Richard)　53
ストアーズ，ヘンリー・R. (Storrs, Henry Randolph)　221
スナイダー，サイモン (Snyder, Simon)　90
スミス，アレグザンダー (Smyth, Alexander)　160
スミス，ウィリアム (Smith, William)　220, 241
スミス，サミュエル (Smith, Samuel)　91, 125, 126, 132, 142
セラーズ，チャールズ (Sellers, Charles)　11, 207

た　行

ダジェット，デイビッド (Daggett, David)　133, 165
タッカー，ヘンリー・S. G. (Tucker, Henry St. George)　158, 164, 166
タットナール，ジョセフ (Tatnall, Joseph)　39
ダラス，アレグザンダー (Dallas, Alexander J.)　109, 111
デ・ウィット，シメオン (De Witt, Simeon)　65, 78
テルフェア，トマス (Telfair, Thomas)　124
トッテン，ジョセフ・G. (Totten, Joseph G.)　199
ドレイトン，ウィリアム (Drayton, William)　217

トンプキンズ，ダニエル・D. (Tompkins, Daniel D.)　113, 152

な　行

中嶋啓雄　87, 196
ノース，ウィリアム (North, William)　78

は　行

パーキンス，トマス・H. (Perkins, Thomas H.)　98
バクスター，モーリス・G. (Baxter, Maurice G.)　197
ハーツ，ルイス (Hartz, Louis)　11
ハーディン，ベンジャミン (Hardin, Benjamin)　125, 127
ハーディン，マーティン・D. (Hardin, Martin D.)　133
バーナード，サイモン (Bernard, Simon)　199
バーナム，ジョセフ・B. (Varnum, Joseph B.)　111
バーバー，ジェイムズ (Barbour, James)　164, 204
バーバー，フィリップ・P. (Barbour, Philip P.)　127, 161, 188, 189, 191, 216
ハミルトン，アレグザンダー (Hamilton, Alexander)　4, 25, 108, 140, 197
ハリソン，ウィリアム・ヘンリー (Harrison, William Henry)　125
バーロウ，ジョエル (Barlow, Joel)　35
ハワード，コーネリアス (Howard, Cornelius)　39
ピッカリング，ティモシー (Pickering, Timothy)　126, 130
ピットキン，ティモシー (Pitkin, Timothy)　165
ヒル，フォレスト・G. (Hill, Forest G.)　12, 187
ピンクニー，チャールズ・C. (Pinckney, Charles C.)　96
フォアマン，ジョシュア (Forman, Joshua)　65, 69
フォーシス，ジョン (Forsyth, John)　165
ブラウン，ジェイムズ (Brown, James)　109
フランクリン，ベンジャミン (Franklin, Benjamin)　3
ブルックス，マイカー (Brooks, Micah)　117
フルトン，ロバート (Fulton, Robert)　65, 79
ベイツマン，イフレイム (Bateman, Ephraim)　117
ベイヤード，ジェイムズ・A. (Bayard, James A.)　45, 46, 77
ヘイン，ロバート・Y. (Hayne, Robert Y.)　216
ベンソン，リー (Benson, Lee)　223
ヘンプヒル，ジョセフ (Hemphill, Joseph)　188, 190, 192
ホーウィズ，エイレット (Hawes, Aylett)　117
ボウク，ウィリアム・C. (Bouck, William C.)　152
ホウルカム，ジョージ (Holcombe, George)　190
ホージー，アウターブリッジ (Horsey, Outerbridge)　91, 109, 117
ポーター，ピーター・B. (Porter, Peter Buell)　70, 72-76, 78, 80, 86
ポープ，ジョン (Pope, John)　70, 72, 73
ホルト，チャールズ・F. (Holt, Charles F.)　12
ボルドウィン，エイブラハム (Baldwin, Abraham)　45
ホーレー，マイロン (Holley, Myron)　114, 152

ま　行

マイニグ，D. W. (Meinig, D. W.)　239
マクレーン，ルイス (McLane, Louis)　201
マーサー，チャールズ・フェントン (Mercer, Charles Fenton)　161
マッキーン，トマス (McKean, Thomas)　38, 45
マッコイ，ドルー (McCoy, Drew R.)　143
マディソン，ジェイムズ (Madison, James)　3, 5, 7, 25, 31, 35, 79-81, 85-89, 91, 96, 98, 99, 106, 116, 137-139, 140-143, 157, 158, 166, 189, 204, 240, 243

マーティン，ウィリアム・D. (Martin, William D.) 216, 220
マローン，ローレンス・J. (Malone, Laurence J.) 12, 218
ミッチル，サミュエル・L. (Mitchill, Samuel L.) 45
ミラー，ネイサン (Miller, Nathan) 152
ムーア，トマス (Moore, Thomas) 32
メイグズ，リターン・J.，ジュニア (Meigs, Return Jonathan, Jr.) 77
メイコム，アレグザンダー (Macomb, Alexander) 198
メイコン，ナサニエル (Macon, Nathaniel) 134
モリス，グーヴェニア (Morris, Gouverneur) 78, 80, 82
モロー，ジェレミア (Morrow, Jeremiah) 109, 110, 117
モンロー，ジェイムズ (Monroe, James) 7, 141, 154-157, 169-173, 180, 181, 185, 186, 189, 199, 204, 241, 243, 244

や 行

ヤング，サミュエル (Young, Samuel) 114, 152
ヤンシー，バートレット (Yancey, Bartlett) 117

ら 行

ライト，サイラス (Wright, Silas) 221
ライト，ベンジャミン (Wright, Benjamin) 153
ライト，ロバート (Wright, Robert) 133
ラコック，アブニア (Lacock, Abner) 133, 136
ラーソン，ジョン・L. (Larson, John L.) 13, 14, 163, 218
ラッシュ，リチャード (Rush, Richard) 204
ラトローブ，ベンジャミン・H. (Latrobe, Benjamin H.) 39, 41, 49, 51, 70
ランドルフ，ジョン (Randolph, John) 86, 108, 128
リヴィングストン，ロバート (Livingston, Robert) 79
リーブズ，ウィリアム・C. (Rives, William C.) 216
ルイス，メリウェザー (Lewis, Meriwether) 29
ルート，エラスタス (Root, Erastus) 120-122
レイブ，マイケル (Leib, Michael) 32, 77, 91
ロウンズ，ウィリアム (Lowndes, William) 161
ローガン，ジョージ (Logan, George) 43
ロス，ジョン (Ross, John) 129
ロバーツ，ジョナサン (Roberts, Jonathan) 111
ロバーツ，ネイサン・S. (Roberts, Nathan S.) 153
ロバートソン，トマス・B. (Robertson, Thomas B.) 122, 125

わ 行

ワシントン，ジョージ (Washington, George) 2, 24, 31, 69, 229

参考文献一覧

全　般

Annals of Congress, 1789-1825.

Register of Debates, 1824-1837.

American State Papers.

Statutes at Large.

Bills and Resolutions.

Journal of the House of Representatives of the United States, 1789-1793.

Journal of the Senate of the United States, 1789-1793.

The Journal of the House of Representatives: James Madison Administration, 1801-1817, 11 vols. Wilmington: Michael Glazier, Inc., 1977.

The Journal of the Senate including the Journal of the Executive Proceedings of the Senate: James Madison Administration, 1809-1817, 10 vols. Wilmington: Michael Glazier, Inc., 1977.

Messages and Papers of the Presidents. New York: Bureau of National Literature, Inc., 1897.

Report of the Secretary of the Treasury on the Subject of Public Roads & Canals. Washington: R. C. Washington, 1808; reprint ed., New York: Augustus M. Kelley, 1968.

Shiptan, Clifford K., ed. *Early American Imprints*, 2nd ser., 1801-19. Worcester, Massachusetts: American Antiquarian Society, 1955 (マイクロフィルム).

The Avalon Project; various web sources for data.

Hening, William Waller, ed. *The Statutes at Large: being a collection of all the laws of Virginia, from the first session of the Legislature in the year 1619,* 13 vols. Charlottesville: The Jamestown Foundation of the Commonwealth of Virginia by University Press of Virginia, 1969.

Adams, Charles Francis, ed. *Memoirs of John Quincy Adams*, 12 vols. New York: AMS Press, 1970.

Adams, Henry, ed. *The Writings of Albert Gallatin*, 3 vols. New York: Antiquarian Press, 1960.

Boyd, Julian P. and others, eds. *The Papers of Thomas Jefferson*, 34 vols. to date. Princeton: Princeton University Press, 1950-.

Farrand, Max, ed. *The Records of the Federal Convention of 1787,* 3 vols. New Haven: Yale University Press, 1966.

Ford, Paul L., ed. *The Writings of Thomas Jefferson*, 10 vols. New York: G. P. Putnam's Sons, 1898.

———, ed. *The Works of Thomas Jefferson*, 12 vols. New York: G. P. Putnam's Sons, 1904–05.

Horne, John C. Van, and Lee W. Formwalt, eds. *The Papers of Benjamin Henry Latrobe: Correspondence and Miscellaneous Papers*, 2 vols. New Haven: Yale University Press, 1984.

Hopkins, James F. and others, eds. *The Papers of Henry Clay*, 9 vols. Lexington, Kentucky: University Press of Kentucky, 1959–92.

Hunt, Gaillard, ed. *The Writings of James Madison*, 9 vols. New York: G. P. Putnam's Sons, 1900–10.

Hutchinson, William T. and others, eds. *The Papers of James Madison*, 17 vols. to date. Chicago and Charlottesville: University of Chicago Press and University Press of Virginia, 1962–.

Ketcham, Ralph, ed. *Selected Writings of James Madison*. Indianapolis: Hackett Publishing Company, Inc., 2006.

Kramnick, Isaac, ed. *The Federalist Papers*. New York: Penguin Books, 1788. 齊藤眞・武則忠実訳『ザ・フェデラリスト』福村出版，1991 年。

Lence, Ross M., ed. *Union and Liberty: The Political Philosophy of John C. Calhoun*. Indianapolis: Liberty Fund, 1992.

Lucier, James P., ed. *The Political Writings of James Monroe*. Washington, D.C.: Regnery Publishing, Inc., 2001.

Peterson, Merrill D., ed. *Thomas Jefferson, Writings*. New York: Literary Classics of the United States, 1984.

Preston, Daniel, and others, eds. *The Papers of James Monroe: A Documentary History of the Presidential Tours of James Monroe, 1817, 1818, 1819*. Vol. 1. Westport: Greenwood Press, 2003.

Rakove, Jack N., ed. *James Madison, Writings*. New York: Literary Classics of the United States, 1999.

Reed, George Edward, ed. *Pennsylvania Archives*, 4th ser., 4 vols. Harrisburg: W. M. Stanley Rav., 1900.

Rosenfeld, Susan, ed. *Encyclopedia of American Historical Documents*, 3 vols. New York: Facts On File, Inc., 2004.

Smith, James Morton, ed. *The Republic of Letters: The Correspondence between Thomas Jefferson and James Madison, 1776–1826*, 3 vols. New York: W. W. Norton & Company, 1995.

Veit, Helen E., Kenneth R. Bowling, and Charles Bangs Bickford, eds. *Creating the Bill of Rights: The Documentary Record from the First Federal Congress.* Baltimore: Johns Hopkins University Press, 1991.

アメリカ合衆国国務省編，斎藤眞・鳥居泰彦監訳『アメリカ歴史統計』全3巻，原書房，1986年。

チェサピーク＆デラウェア運河事業関連

A Collection of the Laws relative to the Chesapeake and Delaware Canal, passed by the legislatures of the states of Maryland, Delaware, and Pennsylvania, subsequent to the year 1798. Philadelphia: L. R. Bailey, 1823 (マイクロフィルム).

First General Report of the President and Directors of the Chesapeake and Delaware Canal Company, June 4, 1804. Philadelphia: John W. Scott, 1804.

Gilpin, Joshua. *A Memoir on the Rise, Progress, and Present State of the Chesapeake and Delaware Canal, accompanied with Original Documents and Maps.* Wilmington: Robert Porter, 1821.

Letters to the Honorable Albert Gallatin, Secretary of the Treasury of the United States: and Other Papers relative to the Chesapeake and Delaware Canal. Philadelphia: John W. Scott, 1808.

The Memorial and Petition of the President and Directors of the Chesapeake and Delaware Canal Company. Washington City: R. C. Weightman, 1809.

Third General Report of the President and Directors of the Chesapeake and Delaware Canal Company, June 2, 1806. Wilmington, 1806.

ニューヨーク州の運河事業関連

Hosack, David. *Memoir of De Witt Clinton with an Appendix.* New York: J. Seymour, 1829.

Laws of the State of New York in Relation to the Erie and Champlain Canals, Together with the Annual Report of the Canal Commissioners and Other Documents, 2 vols. Albany: E. and E. Hosford, Printers, 1825.

欧文単行本・論文

Adams, Henry. *History of the United States of America during the Administrations of Thomas Jefferson.* New York: Literary Classics of the United States, 1986.

———. *History of the United States of America during the Administrations of James Madison*. New York: Literary Classics of the United States, 1986.

Ambrose, Stephen E. *Undaunted Courage: Meriwether Lewis, Thomas Jefferson, and the Opening of the American West*. New York: Simon & Schuster, 1996.

Ammon, Harry. *James Monroe: The Quest for National Identity*. Charlottesville: University Press of Virginia, 1990.

Atack, Jeremy, and Peter Passell, ed. *A New Economic View of American History from Colonial Times to 1940*, 2nd ed. New York: W. W. Norton & Company, 1994.

Banner, Jr., James M. *To the Hartford Convention: The Federalists and the Origins of Party Politics in Massachusetts, 1789-1815*. New York: Alfred A. Knopf, 1969.

Banning, Lance. *The Sacred Fire of Liberty: James Madison & the Founding of the Federal Republic*. Ithaca: Cornell University Press, 1995.

Baxter, Maurice G. *Henry Clay and the American System*. Lexington, Kentucky: University Press of Kentucky, 1995.

Benson, Lee. *The Concept of Jacksonian Democracy: New York as a Test Case*. Princeton: Princeton University Press, 1961.

Brown, Richard H. "The Missouri Crisis, Slavery, and the Politics of Jacksonianism," *South Atlantic Quarterly*, 65 (1966), pp. 55-72.

Brown, Roger H. *The Republic in Peril: 1812*. New York: W. W. Norton & Company, 1971.

Capers, Gerald M. *John C. Calhoun: Opportunist: A Reappraisal*. Chicago: Quadrangle Books, 1969.

Carp, Roger Evan. "The Erie Canal and the Liberal Challenge to Classical Republicanism, 1785-1850." Ph. D. diss., University of North Carolina at Chapel Hill, 1986.

Cayton, Andrew R. " 'Separate Interest' and the Nation-State: The Washington Administration and the Origin of Regionalism in the Trans-Appalachian West," *Journal of American History*, Vol. 79, No. 1 (1992), pp. 39-67.

Cole, Donald B. "The Age of Jackson: After Forty Years," *Reviews in American History*, Vol. 14, No. 4 (1986), pp. 149-59.

Combs, Jerald A. "The Origins of the Monroe Doctrine: A Survey of Interpretations by United States Historians," *Australian Journal of Politics and History*, Vol. 27, No. 2 (1981), pp. 186-96.

Cornell, Saul. *The Other Founders: Anti-Federalism & the Dissenting Tradition in America, 1788-1828*. Chapel Hill: University of North Carolina Press,

1999.

Cornog, Evan. *The Birth of Empire: DeWitt Clinton and the American Experience, 1769-1828.* New York: Oxford University Press, 1998.

Cresson, W. P. *James Monroe.* Chapel Hill: University of North Carolina Press, 1946.

Cunningham, Jr., Noble E. *The Presidency of James Monroe.* Lawrence, Kansas: University Press of Kansas, 1996.

———. *The Process of Government under Jefferson.* Princeton: Princeton University Press, 1978.

DePauw, Linda Grant. *The Eleventh Pillar: New York State and the Federal Convention.* Ithaca: Cornell University Press, 1966.

Ellis, Richard E. *The Union at Risk, Jacksonian Democracy, States' Rights and the Nullification Crisis.* New York: Oxford University Press, 1987.

Engeman, Thomas S., Edward J. Erler, and Thomas B. Hofeller, eds. *The Federalist Concordance.* Chicago: University of Chicago Press, 1988.

Ershkowitz, Herbert and William G. Shade. "Consensus or Conflict? Political Behavior in the State Legislatures during the Jacksonian Era," *Journal of American History*, Vol. 51, No. 1 (1964), pp. 591-621.

Feller, Daniel. "Lee Benson and the Concept of Jacksonian Democracy," *Reviews in American History*, Vol. 20, No. 4 (1992), pp. 591-601.

Formisano, Ronald P. "Toward a Reorientation of Jacksonian Politics: A Review of the Literature, 1959-1979," *Journal of American History*, Vol. 63, No. 1 (1976), pp. 42-65.

———. "Deferential-Participant Politics: The Early Republic's Political Culture, 1789-1840," *The American Political Science Review*, Vol. 68 (1974).

Formwalt, Lee William. *Benjamin Henry Latrobe and the Development of Internal Improvements in the New Republic, 1796-1820.* New York: Arno Press, 1982.

Forner, Eric, ed. *The New American History,* revised and expanded ed. Philadelphia: Temple University, 1997.

Freehling, William W. *Prelude to Civil War: The Nullification Controversy in South Carolina, 1816-1836.* New York: Harper Torchbooks, 1965.

Goodrich, Carter. *Government Promotion of American Canals and Railroads, 1800-1890.* New York: Columbia University Press, 1960.

———, ed. *Canals and American Economic Development.* New York: Columbia University Press, 1961.

———. "Internal Improvements Reconsidered," *The Journal of Economic History*, Vol. 30, No. 2 (1970), pp. 289-311.

Grande, Joseph Anthony. "The Political Career of Peter Buell Porter, 1797-1829." Ph. D. diss., University of Notre Dame, 1971.

Gray, Ralph D. *The National Waterway: A History of the Chesapeake and Delaware Canal, 1769-1985*, 3rd ed. Urbana: University of Illinois Press, 1989.

Handlin, Oscar, and Mary Flung Handlin. *Commonwealth: A Study of the Role of Government in the American Economy: Massachusetts, 1774-1861*. Cambridge: Harvard University Press, 1969.

Hargreaves, Mary W. M. *The Presidency of John Quincy Adams*. Lawrence, Kansas: University Press of Kansas, 1985.

Harrison, Jr., Joseph Hobson. "The Internal Improvement Issue in the Politics of the Union, 1783-1825." Ph. D. diss., University of Virginia, 1954.

———. "Sic Et Non: Thomas Jefferson and Internal Improvement," *Journal of the Early Republic*, 7 (1987), pp. 335-49.

Hartz, Louis. *Economic Policy and Democratic Thought in Pennsylvania, 1776-1860*. Cambridge: Harvard University Press, 1948; reprinted ed., Chicago: Quadrangle Books, 1968.

Heath, Milton Sydney. *Constructive Liberalism: The Role of the State in Economic Development in Georgia to 1860*. Cambridge: Harvard University Press, 1954.

Hickey, Donald R. *The War of 1812: A Forgotten Conflict*. Urbana: University of Illinois Press, 1995.

Hill, Forest G. "The Role of the Army Engineers in the Planning and Encouragement of Internal Improvements." Ph. D. diss., Columbia University, 1950.

———. *Roads, Rails & Waterways: The Army Engineers and Early Transportation*. Norman: University of Oklahoma Press, 1957.

Holt, Charles Frank. *The Role of State Government in the Nineteenth Century American Economy, 1820-1902: A Quantitative Study*. New York: Arno Press, 1977.

John, Richard. *Spreading the News: The American Postal System from Franklin to Morse*. Cambridge: Harvard University Press, 1995.

Ketcham, Ralph. *James Madison: A Biography*, 1st paperback ed. Charlottesville: University Press of Virginia, 1990.

Kushida, Hisayo. "Searching for Federal Aid: The Petitioning Activities of the Chesapeake and Delaware Canal Company," *Japanese Journal of American Studies*, No. 14 (2003), pp. 89-103.

Larkin, F. Daniel. *New York State Canals: A Short History*. Flischmanns, New York: Purple Mountain Press, 1998.

Larson, John Lauritz. *Internal Improvement: National Public Works and the*

Promise of Popular Government in the Early United States. Chapel Hill: University of North Carolina Press, 2001.

———. "Jefferson's Union and the Problem of Internal Improvements," in *Jeffersonian Legacies*. edited by Peter S. Onuf. Charlottesville: University Press of Virginia, 1993, pp. 340-69.

———. "A Bridge, a Dam, a River: Liberty and Innovation in the Early Republic," *Journal of the Early Republic,* 7 (1987), pp. 351-75.

———. " 'Bind the Republic Together': The National Union and the Struggle for a System of Internal Improvements," *Journal of American History*, Vol. 74, No. 2 (1987), pp. 363-87.

Lechner, Carl B. "The Erie Triangle: The Final Link between Philadelphia and the Great Lakes," *The Pennsylvania Magazine of History & Biography*, Vol. 116, No. 1 (1992), pp. 59-85.

Lively, Robert A. "The American System: A Review Article," *Business History Review,* 29 (1955), pp. 81-96.

Maisel, L. Sandy, ed. *The Parties Respond: Changes in American Parties and Campaigns*, 3rd ed. Boulder: Westview Press, 1998.

Malone, Dumas. *Jefferson*, 6 vols. Boston: Little, Brown & Com., 1948.

Malone, Laurence J. *Opening the West: Federal Internal Improvements before 1860*. Westport: Greenwood Press, 1998.

Matthews, Richard K. *If Men were Angeles: James Madison & the Empire of Reason*. Laurence, Kansas: University Press of Kansas, 1995.

McCormick, Richard L. "Ethno-Cultural Interpretations of Nineteenth-Century America Voting Behavior," *Political Science Quarterly*, Vol. 89, No. 2 (1974), pp. 351-77.

———. "The Party Period and Public Policy: An Exploratory Hypothesis," *Journal of American History*, Vol. 66, No. 2 (1979), pp. 279-98.

McCoy, Drew R. *The Last of the Fathers: James Madison & the Republican Legacy*. New York: Cambridge University Press, 1989.

———. *The Elusive Republic: Political Economy in Jeffersonian America*. Chapel Hill: University of North Carolina Press, 1980.

Meinig, D. W. *The Shaping of America: A Geographical Perspective on 500 Years of History*, Vol. 2. New Haven: Yale University Press, 1986.

Miller, Nathan. *The Enterprise of a Free People: Aspects of Economic Development in New York State During the Canal Period, 1792-1838*. Ithaca: Cornell University Press, 1962.

Nagel, Paul C. *John Quincy Adams: A Public Life, A Private Life*. New York: Alfred A. Knopf, 1997.

Onuf, Peter S., ed. *Jeffersonian Legacies*. Charlottesville: University Press of Virginia, 1993.

———. *Statehood and Union: A History of the Northwest Ordinance*. Bloomington: Indiana University Press, 1987.

———. "The Scholars' Jefferson," *William & Mary Quarterly*, 3rd ser., 50 (1993), pp. 671-99.

Pessen, Edward. *Jacksonian America: Society, Personality, and Politics*, revised ed. Urbana: University of Illinois Press, 1985.

Peterson, Merrill D. *The Great Triumvirate: Webster, Clay, and Calhoun*. New York: Oxford University Press, 1987.

Raitz, Karl, ed. *The National Road*. Baltimore: Johns Hopkins University Press, 1996.

Rakove, Jack N. *Original Meanings: Politics and Ideas in the Making of the Constitution*. New York: Alfred A. Knopf, 1996.

Remini, Robert V. *Henry Clay: Statesman for the Union*. New York: W. W. Norton & Company, 1991.

Roland, Daniel Dean. "Peter Buell Porter and Self Interest in American Politics." Ph. D. diss., Claremont Graduate School, 1990.

Rutland, Robert Allen. *The Presidency of James Madison*. Lawrence, Kansas: University Press of Kansas, 1990.

Scheiber, Harry N. *Ohio Canal Era: A Case Study of Government and the Economy, 1820-1861*. Athens, Ohio: Ohio University Press, 1969.

Sellers, Charles. *The Market Revolution: Jacksonian America, 1815-1846*. New York: Oxford University Press, 1991.

Shalhope, Robert. "Toward a Republican Synthesis: The Emergence of an Understanding of Republicanism in American Historiography," *William & Mary Quarterly*, 3rd ser., 29 (1972), pp. 49-80.

———. "Republicanism and Early American Historiography," *William & Mary Quarterly*, 3rd ser., 39 (1982), pp. 334-56.

Sharp, James R. *American Politics in the Early Republic: The New Nation in Crisis*. New Haven: Yale University Press, 1993.

———. "Jacksonian Democracy," in *Encyclopedia of American Political History*, edited by Jack P. Greene. New York: Scribner, 1984.

Shaw, Ronald E. *Erie Water West: A History of the Erie Canal, 1792-1854*, paperback ed. Lexington, Kentucky: University Press of Kentucky, 1990.

———. *Canals for a Nation: The Canal Era in the United States, 1790-1860*. Lexington, Kentucky: University Press of Kentucky, 1990.

———. "Canal in the Early Republic: A Review of Recent Literature," *Journal of*

the Early Republic, 4 (1984), pp. 117-42.

Sheriff, Carol. *The Artificial River: The Erie Canal and the Paradox of Progress, 1817-1862.* New York: Hill and Wang, 1996.

Silbey, Joel H. The *American Political Nation, 1838-1893.* Stanford: Stanford University Press, 1991.

Southerland, Jr., Henry Deleon and Jerry Elihah Brown. *The Federal Road through Georgia, the Creek Nation, and Alabama, 1806-1836.* Tuscaloosa: University of Alabama Press, 1989.

Stagg, J. C. A. *Mr. Madison's War: Politics, Diplomacy, and Warfare in the Early American Republic, 1783-1830.* Princeton: Princeton University Press, 1983.

———.“Between Black Rock and A Hard Place: Peter B. Porter's Plan for An American Invasion of Canada in 1812,” *Journal of the Early Republic*, Vol. 19. No. 3 (1999), pp. 385-422.

Supple, Marry E. and Mary O. Furner, eds. *The State and Economic Knowledge: Reflections on the American and British Experience.* New York: Cambridge University Press, 1990.

Taylor, George Rogers. *The Transportation Revolution, 1815-1860.* New York: Rinehart, 1951.

U.S. Department of Transportation Federal Highway Administration, *America's Highways, 1776-1976: A History of the Federal Aid Program.* Washington D.C.: U.S. Government Printing Office, 1977. アメリカ連邦交通省道路局編, 別所正彦・河合恭平訳『アメリカ道路史』原書房，1981 年。

Walter, Jr., Raymond. *Albert Gallatin: Jeffersonian Financier and Diplomat.* New York: Macmillan Company, 1957.

Watson, Harry L. *Liberty and Power: The Politics of Jacksonian America.* New York: Hill and Wang, 1990.

“A Symposium on Charles Sellers, *The Market Revolution: Jacksonian America, 1815-1846*,” *Journal of the Early Republic*, 12 (1992), pp. 445-76.

和文論文・単行本

秋元英一『アメリカ経済の歴史 1492-1993』東京大学出版会，1995 年。

有賀貞他編『世界歴史体系アメリカ史 1・2』山川出版社，1993-94 年。

五十嵐武士『アメリカの建国――その栄光と試練』東京大学出版会，1984 年。

小澤治郎『アメリカ鉄道業の生成』ミネルヴァ書房，1991 年。

―――『アメリカ鉄道業の展開』ミネルヴァ書房，1992 年。

岡田泰男・須藤功編『アメリカ経済史の新潮流』慶應義塾大学出版会，2003 年。

加勢田博『北米運河史研究』関西大学出版部，1993 年。

楠井敏朗『アメリカ資本主義と民主主義』多賀出版，1986 年。

――『アメリカ資本主義と産業革命』弘文堂，1970 年。

木南　敦『通商条項と合衆国憲法』東京大学出版会，1995 年。

櫛田久代「ジェファソン政権における内陸開発の諸問題(1)・(2)」『北大法学論集』第 47 巻第 3 号，第 47 巻第 4 号(1996 年)，916-62 頁，1154-1200 頁。

――「米連邦下院議員 P・B・ポーターの内陸開発政策」『敬愛大学国際研究』第 8 号(2001 年 11 月)，1-30 頁。

――「アメリカン・システムの時代における連邦制の実態」日本政治学会編『年報政治学 2005-II』木鐸社，2006 年，127-45 頁。

斎藤　眞『アメリカ政治外交史』東京大学出版会，1975 年。

――「J・C・カルフーンにおけるナショナリズムとセクショナリズム(1)・(2)」『国家学会雑誌』第 74 巻(1961 年)，第 75 巻(1962 年)，42-67 頁，539-57 頁。

――『アメリカとは何か』(旧『アメリカ史の文脈』)平凡社ライブラリー，1992 年。

――『アメリカ革命史研究――自由と統合』東京大学出版会，1992 年。

沢登文治「公法　アメリカ合衆国連邦制の発展」『南山法学』第 20 巻第 3/4 号(1997 年)，79-99 頁。

鈴木圭介・中西弘次「アメリカ資本主義の発展と鉄道業――南北戦争以前の時期を中心に(1)・(2)・(3)」『社会科学研究』第 22 巻第 4 号，第 22 巻第 5 号，第 23 巻第 2 号(1971 年)，1-44 頁，50-120 頁，60-136 頁。

田中敏弘『アメリカの経済思想――建国期から現代まで』名古屋大学出版会，2002 年。

田中英夫『アメリカ法の歴史(上)』東京大学出版会，1968 年。

中嶋啓雄『モンロー・ドクトリンとアメリカ外交の基盤』ミネルヴァ書房，2002 年。

中野勝郎『アメリカ連邦体制の確立――ハミルトンと共和政』東京大学出版会，1993 年。

――「アルバート・ギャラティン」『北大法学論集』第 49 巻第 2 号(1998 年)，235-92 頁。

宮野啓二『アメリカ国民経済の形成――「アメリカ体制」研究序説』御茶の水書房，1971 年。

安武秀岳「「市場革命」再考――経済史から学ぶために」『アメリカ経済史研究』創刊号(2002 年)，79-89 頁。

――「米国運河建設期における反独占・州有論―― Pennsylvania 幹線運河経営の場合」『愛知学芸大学研究報告』15 輯(社会科学，1966 年)，45-62 頁。